연설문집 '다시 희망을 노래하자'를 보내드리며

'코로나19'라는 무서운 감염병이 전 세계를 덮쳤습니다.
이 바이러스는 백신이 아직 개발되지 않아
대재앙의 끝이 어디인지 알 수 없기 때문에 더욱 두렵습니다.
마비된 세계 경제가 언제 회복될 수 있을지 답답한 심정입니다.

이 연설문집은 장학금을 수여한 학교의 재학생들에게,
모교의 성장 발전과 고향 진주의 위상 회복을 기원하면서,
동료 기업인의 성공을 축하하며 보낸 덕담도 함께 엮었습니다.
넥센타이어와 관련된 연설문도 물론 포함되었습니다.

힘들고 고통스러운 시기일수록 희망을 가져야한다는 메시지를
여러 가지 사례와 함께 전달하려고 노력하였습니다.

이 연설문집에 게재된 이야기들은
'코로나 바이러스'가 창궐하기 훨씬 이전부터 시작되었지만,
대재앙을 극복하는데 도움이 되리라고 생각합니다.

밝고 활기찬 모습으로 만날 수 있는 날이 어서 오기를 기다리면서
'다시 희망을 노래하자'는 이 문집을 보내드립니다.

2020년 새봄

넥센타이어/KNN회장 강병중 드림

강병중 회장 연설문집

시련과 절망 헤쳐 온
도전과 혁신의 리더십

다시 희망을 노래 하자

다시
희망을
노래
하자

강병중 회장

연설문집

시련과 절망 헤쳐 온 도전과 혁신의 리더십

'타이어 강' 강병중, 세상과 소통하며 희망을 말하다
"천 길 낭떠러지 바위틈에 핀 꽃 한 송이처럼 어디든 희망은 있습니다!"

mediazoom

서문

절망이 깊어질수록
희망을 노래하자!

　젊은이들 사이에 '금수저'니 '흙수저'니 출신 집안을 구분하는 세태가 심각하다. 신분사회였던 고대서부터 근대까지는 그렇다 하더라도 이른바 '열린 사회'라고 하는 현대에도 계층 간 갈등이 더욱 심화되어가고 있으니 큰일이다.
　주어진 여건이나 운명대로만 살아간다면 무슨 재미가 있을까. 인생의 주인공인 개개인의 피와 땀, 고뇌와 열정, 그리고 노력은 아무런 가치도 없다는 말인가.
　유가(儒家)에서 '만인의 스승'이라고 칭송받는 공자(孔子)의 아버지 숙량흘은 노나라 하급 무관이었다. 완력은 드세었지만 이미 70대에 10대 중반이었던 어머니를 만나 공자를 낳았고, 공자 나이 세 살 때 세상을 떠났다. 어머니 역시 공자가 스물을 넘겼을 때 세상을 떠, 공자는 요즈음 말로 '결손 가정'에서 자랐다.
　공자는 부지런히 공부한 끝에 인의(仁義)와 덕(德)을

숭상하는 학자이면서 교육자로 이름을 떨쳤다. 하지만 모국인 노나라에서는 뜻을 펼칠 수 있는 기회가 주어지지 않아 제자들과 함께 관직을 얻으려 여러 나라를 떠돌아 다녔다. 그때 공자의 행색이 얼마나 남루했던지 '상갓집 개(喪家之狗)'라고 불리었다. 그는 비록 살아서는 온갖 고생을 다했지만 그 이후 수천 년 동안 성인(聖人)으로 추앙 받았다.

진나라 장양왕의 아들이었던 진시황은 중국 대륙 천하를 통일하면서 스스로 시황제(始皇帝) 자리에 올랐다. 무소불위의 권력을 휘두르며 수많은 사람들을 죽이거나 여러 학파의 이름난 책을 수없이 불태웠다. 그러나 그도 수명에는 한계가 있게 마련. 모든 게 자신의 손 안에 있었지만 자기 목숨만은 어쩔 수 없는 일이었다. 신하들을 시켜 불로초(不老草)를 찾아오게 했으나 넓고도 넓은 자신의 영토를 순행하던 중 급사하고 말았다. 그러니 '금수저'라고 우쭐대거나 '흙수저'라고 낙담할 일이 아니다.

필자는 진주 근교 농촌 마을에서 태어났다. 500석 정도 농사를 짓던 비교적 부농(富農) 집안이었으나 어머니가 세 살 때 돌아가셔서 외할머니가 키워주셨다. 설상가상으로 아버지마저 열세 살 때 여의었고 농지(農地)문서는 집안 어른에 의해 날려버리고 말았다.

고등학교를 힘들게 다녔고 대학은 병역의무를 마친 후 고학하느라 6년 만에 졸업하였다. '눈물 젖은 빵을 먹어보지 못한 사람은 인생을 논하지 말라'는 말이 있듯이 가난한 사람의 설움은 겪어본 사람만이 알 수 있다. '내가 성공한다면 어렵게 학업을 이어가는 후학들을 도우리라'고 마음을 굳게 먹었다.

어른들끼리 약속해 놓았던 이웃 마을의 처자와 대학 졸업 무렵 결혼하였다. 장인어른의 형제 여러 명이 일본에서 사업을 하고 있었고 처가 집안에서 고향 마을에 학교를 세워 아내가 교편을 잡기도 했다. 처삼촌들의 도움으로 일본을 둘러볼 기회가 있어 사업에 눈을 뜨게 되었다.

일제 중고 트럭을 수입해 국내에 판매하였으며 바퀴가 세 개인 '세 발 자동차'를 기아산업에 제작 의뢰해 '용달차'라고 이름 붙여 보급하였다. 타이어가 자동차에서 얼마나 중요한 역할을 하는지 인식하게 되었다. 재생 타이어를 생산하던 흥아타이어를 넘겨받아 세계적인 튜브 전문회사로 성장시켰다. 그러던 중 경영난을 겪고 있던 우성타이어를 인수해 넥센타이어로 새 출발시켰다. 오늘날까지 필자는 세계 자동차 업계에서 '타이어 강'이라고 불리게 되었다. 미국 라스베가스의 '세바 쇼'와 독일의 '에센 쇼' 등 유명 모터쇼에 해마다 참석하여 견문을 넓혀왔기 때문이다.

넥센타이어 출범 이전에는 부산상공회의소 회장을 세 차례 9년 동안 연임하였다. 합판, 신발, 섬유 등 주종 산업이 무너지거나 해외로 떠나가 공동화된 부산 경제를 살리려고 동분서주하였다. 각고의 노력 끝에 삼성자동차와 한국선물거래소를 부산에 유치하는 성과를 거두었다. 부산과 울산, 경남 등 동남권이 상생 발전해야 수도권 집중화를 막을 수 있다는 신념 하나로 수도권정비법 개정을 성사시켰고 그 이후 여러 차례 '동남권 발전 포럼'을 개최해왔다. 상의 회장을 역임하면서 정계와 관계의 여러 고위 인사와 교류를 넓히게 되었지만, 정치를 하라는 제의를 정중하게 거절하고 기업인

외길만 달려왔다.

　기업을 하면서 고향 시골 학생들에게 장학금을 지원하거나 학교 재단을 운영하였던 적은 있다. 2000년대 들어 월석선도장학회에 이어 KNN문화재단, 그리고 넥센월석문화재단을 설립하면서 장학사업이 체계를 갖추었고 규모도 커지게 되었다. 수천 명에 달하는 장학생들이 자신들의 꿈을 향해 달려가고 있으리라고 확신한다.

　언제 폐교될지 모르는 고향의 소규모 학교는 물론, 학비를 걱정하며 힘들게 공부했던 모교인 고등학교와 대학에는 더욱 짙은 애정이 남아있다. 이 때문에 적지 않은 발전기금과 장학금을 쾌척하였다. 동료 기업인들이 힘들어 할 때는 격려도 했고 성공가도를 질주하면 큰 박수도 보냈다. 오랫동안 지역발전에서 소외되었던 진주와 서부경남을 살리려고 노심초사해왔다.

　이 연설문집은 하나의 소재, 하나의 주제 아래 만든 것은 아니다. 어떤 난관에 부딪혀도 꿈을 잃지 않고 도전하면 성공할 것이라는 내 인생의 경험을 각 분야마다 일관되게 농축시켰다. 세상이 여전히 혼란스럽고 절망하는 사람들이 늘어나고 있어 참으로 안타깝다. 그래서 '천 길 낭떠러지 바위틈에 핀 꽃 한 송이'처럼, 결코 절망하지 말고 희망을 노래하자고 권하고 또 권한다.

2020년 새 봄
가마실 서재에서 **月石 강 병 중**

차례

01.

젊은 세대들에게 꿈과 희망을 심어주며

04	**서문**
	절망이 깊어질수록 희망을 노래하자!

14	서로 이끌어주고 격려하며 꿈을 이루자
18	청소년의 1년은 어른의 10년보다 더 큰 가치
22	상상하고 도전하고 개척하라
26	시간은 누구에게나 차별 없이 주어진다
30	높이 나는 새가 멀리 내다본다
34	아무리 굽은 나무라도 바르게 쓸 수 있다
38	소도시 출신이라도 서울 능가할 수 있다
40	고정관념에서 벗어나야 창의성이 길러진다
45	옥도 갈고닦지 않으면 그릇이 될 수 없다
53	입사시험에 30여 차례 실패한 알리바바 그룹 마윈 회장
55	하늘은 스스로 돕는 자를 돕는다
58	인생의 황금시대 청춘! 힘차게 도약하자
63	물구나무 교육시키는 알리바바 그룹 창업자
67	책 속에 동서고금의 지혜 들어있다
71	자기 자신을 지배하고 통제하라
75	큰 희망이 큰 사람을 만든다
79	학생 수 감소하는 농어촌 학교의 모델이 되어주길
83	도끼를 갈아 바늘로 만드는 끈기와 성실
94	환경을 못 바꿔도 나를 바꾸면 성공한다

다시 희망을 노래하자

98	케네디의 격려받은 클린턴, 30년 후 대통령에
100	최고의 씨름선수는 다른 분야에서도 달인
103	절대, 절대, 절대로 포기하지 말라
108	뉴욕 거리에서 장사하며 문화체험했던 예술가
113	땀은 결코 배신하지 않는다
115	다양한 체험활동은 꿈을 키우는 자양분
119	훈련을 실전처럼 거듭할 때 단련된다
123	단점은 윙크로 지적 장점은 웃음과 칭찬으로
130	지식보다 소중한 것은 상상력
135	쇠는 뜨거운 불에 달구어져야 강해진다
141	목표가 있으면 기어서라도 간다
144	나라의 미래를 보려면 청소년을 보라
150	행복의 지름길은 긍정하는 마음
155	오늘 배우지 않고 내일이 있다고 말하지 말라
163	양어머니 사랑의 결실, 제2의 조던 지미 버틀러

02.

이웃과 함께 세상을 평화롭게

172	선물거래소 부산 설립 최종 확정 감사드리며
175	투철한 기업가정신, 영원한 귀감
177	자동차산업 발전과 도약, 부산시민 염원 담겨있다
186	지역문화 명예 드높인 선구자들
191	정년퇴임은 더 크고 넓은 곳을 향한 시작
196	여든 바라보는 세월, 喜壽! 수많은 인연에 감사드리며
201	세계적 기업 되어 부산경제 살려주길
208	벤처기업의 꿈 키워가는 동남권 발전 요람이 되길
212	기부와 봉사도 습관에 달려있다
214	근면으로 이룬 향토 대기업 교육 보국으로 길이 남으리
219	새로운 정보와 수준 높은 문화의 장 지역 언론 본연의 책무도 다할 것
221	한계에 부딪힌 수도권 위주 발전전략
227	동남권 광역연합은 균형발전의 초석
231	골든타임 놓치면 편작도 못 고친다
234	서울 가지 않아도 건강·생명 지킬 수 있게

다시 희망을 노래하자

03. 좋은 기업이 나라 살린다

- 238 　우리 스스로 변화와 도전 주도해야
- 240 　세계 경제의 3대 중심축, 중국에 진출하며
- 248 　최고의 품질로 국가경제, 지역사회에 보답
- 254 　유럽시장 교두보가 될 체코공장
- 260 　세계 최고 기술력으로 체코 경제에 기여할 터
- 266 　세계로 나아갈 연구개발의 허브
- 268 　끊임없이 혁신하는 기업으로 나아갈 것
- 276 　마음이 맑고 깨끗하면 일은 저절로 풀린다
- 281 　투명한 경영이 기업 키운다

04. 모교사랑 고향사랑 팔십 평생

- 290 　함께 달리고 소리치며 학창시절의 열정을
- 295 　적극적이며 긍정적 자세가 사회생활의 기본 덕목
- 297 　19만 동문 단합하여 새로운 도약 이루자
- 305 　漢水 이남 최고 명문 다시 날아오르자!
- 307 　남모르게 베푼 음덕이 자손을 위한 계책
- 311 　그리운 얼굴 자주 만나 정 주고받고 상생해야
- 314 　고향 진주와 부산의 상생 발전을 기원하며
- 317 　인구 늘어나고 현안 순조로운 진주

05. 건강 챙기며 우정도 쌓고

- 320 　어려울 때 서로 돕는 선후배, 친구 됐으면
- 322 　절체절명의 순간에도 자신감 있으면 해낼 수 있다
- 324 　고향 산천 남강 맑은 물부터 부산 향우들도 마실 수 있어야
- 327 　태산은 한 줌의 흙도 버리지 않는다
- 333 　제2의 박세리·고진영 선수를 기다리며

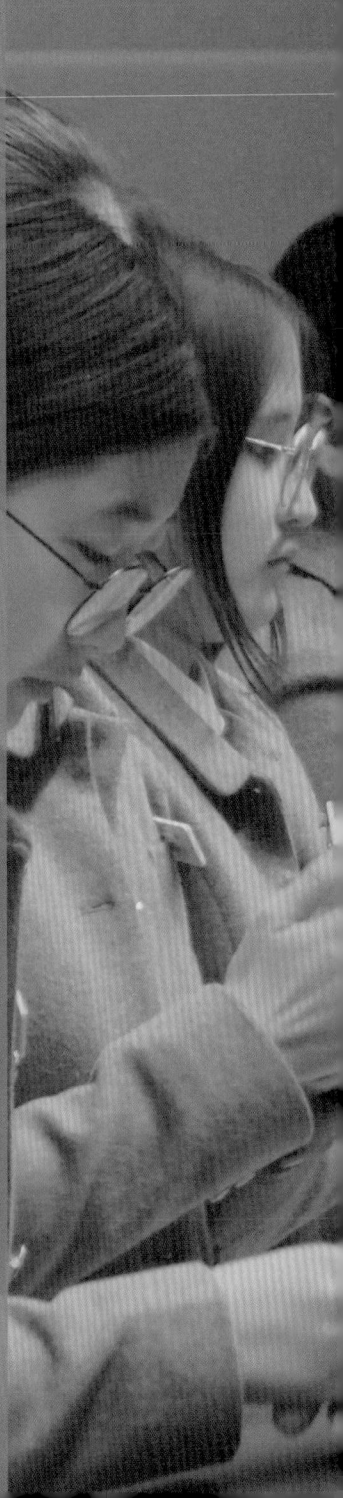

01
젊은 세대들에게
꿈과 희망을
심어주며

넥센월석문화재단이 오늘 장학금을 전달하는 까닭은 여러분의 꿈을 키우고, 용기를 북돋우기 위함입니다. 저 자신도 청소년 시절 경제적 어려움 속에서 공부하고 성장해왔으므로 어려운 환경 속에서 땀 흘리며 노력하는 젊은이들을 보면 박수를 치며 격려하고 싶고 어깨를 주물러주며 용기를 북돋우고 싶어집니다.

서로 이끌어주고 격려하며 꿈을 이루자

2009. 5.
부산 국제외국어고등학교 장학증서 수여식

존경하는 정순택 교장선생님, 그리고 부산 국제 외국어고등학교 교직원 및 학생 여러분! 대단히 반갑습니다. 지난 한 해 동안 모두들 잘 지내셨습니까? 지난해에 이어 올해도 이렇게 여러분을 뵙고 장학증서 수여식을 할 수 있게 된 것을 매우 기쁘게 생각합니다.

저는 지난해 부산국제외국어고등학교와 인연을 맺은 이후로 그간 각종 언론매체를 통해 학교의 발전하는 모습을 줄곧 지켜보고 있었습니다. 개교한 지 6년 만에 이미 다방면에서 명실상부한 국내 최고의 명문으로 자리 잡은 모습을 보며 멀리서나마 항상 여러분의 건승을 기원하고 있었습니다.

학생 여러분!

자수성가한 기업인들 이야기 많이 들어보셨습니까? 저도 그렇게 자수성가한 기업가 중 한 사람입니다. 저희 세대에는 타인의 도움을 쉽게 받을 수가 없었습니다. 오로지 혼자서 무조건 열심히 노력해야만 원하는 바를 성취할 수 있었습니다.

하지만 여러분 세대는 다릅니다. 이제는 혼자서 노력해 성공하기보다는 서로가 이끌어주고 격려하는 과정을 통해 자신의 꿈과 이상을 성취할 수 있는 시대로 변하고 있습니다. 물론 스스로가 열심히 노력하는 것이 기본적인 바탕으로 자리 잡고 있어야 할 것입니다. 이러한 측면에서 여러분은 참으로 좋은 환경에 있습니다. 여러분을 가르쳐주시는 훌륭한 선생님들은 물론, 지금 여러분 옆에 앉아 있는 친구들, 그리고 가족 등 함께하는 이가 참으로 많습니다. 이들은 앞으로 여러분에게 큰 힘이 되어줄 것이며, 저 또한 여러분에게 약소하나마 힘이 되고자 이 자리에 서 있습니다.

저는 작년 정순택 교장님의 요청으로, 장학금 지원을 하면서 여러분에게서 열의와 가능성을 보았습니다. 그래서 세계적인 경제위기로 모두가 어려운 시기를 보내고 있지만, 오늘 이렇게 부족하나마 지난해에 약속한 장학금을 전달하게 되어 무한한 보람을 느낍니다. 또한 작년에 열 명의 학생들에게 지급했던 장학금을 올해는 스무 명으로 늘리게 된 것을 매우 기쁘게 생각합니다.

오늘 장학생으로 선발된 스무 명의 학생은 물론 이 자리에 계신 여러분 모두가 무한한 잠재력을 가지고 있습니다. 바람이 있다면, 여러분 모두가 앞으로 각자의 분야에서 성공하여 21세기 한국을 이끄는 주역이 되어 주시기를 진심으로 바랍니다.

저희 KNN문화재단 또한 여러분이 꿈과 희망을 가꾸며, 학업에 전념할 수 있도록 최선의 노력을 다할 것입니다. 끝으로 여러분 모두의 앞날에 희망과 기쁨이 함께하시길 기원합니다.

감사합니다.

─ 열정만 있으면
반드시 길은 열린다

2010. 4.
반성중학교 장학증서 수여식

　　존경하는 오장환 교장선생님, 그리고 교직원 및 학생 여러분! 오늘 이렇게 역사와 전통을 자랑하며 지역의 많은 인재와 일꾼을 배출해온 반성중학교의 여러분을 뵙게 되어 대단히 반갑습니다. 또한 학교의 모든 분들이 참석하신 이 자리에서 장학증서 수여식을 갖게 된 것을 매우 기쁘게 생각합니다.

　　저는 이웃인 이반성면 길성리 출신으로 이곳에서 초등학교를 졸업하였습니다. 1999년 반성중학교에 통합되기 이전에는, 이반성중학교의 재단이사장으로서 지역의 학생들에게 대학입학 장학금을 지원하는 등 교육발전을 위해 자그마한 힘이나마 보탬이 되고자 노력해왔습니다. 지난해 1월에는 지역의 교육과 문화 발전을 위해 공익재단인 월석문화재단을 설립하였습니다. 오늘 재단 설립 이후 처음으로 반성중학교를 방문하여 지역의 학생들에게 도움을 주게 되어 더욱 기쁘게 생각합니다.

　　학생여러분!

　　교장선생님을 비롯한 저희 세대는 대부분이 어려운 환경에서 자랐습니다. 하지만 모든 것을 희망적이고 긍정적으로 생각하며 밝은 미래를 품고 청소년시절을 보냈습니다. '두드려라, 그러면 열릴 것이다'라는 말이 있듯이 여러분이 하고자하는 열정만 있으면 반드시 길은 열린다고 생각합니다.

　돌이켜 보면 저에게도 청소년시절 많은 역경과 고난이 있었습니다. 하지만 이제는 그 모든 것을 다 이겨내고 여기에 와 있습니다. 역경에 부딪쳐도 절대 포기하지 마세요. 여러분은 포기하지 않는 믿음을 가져야만 합니다. 그 믿음이 여러분을 실망시키지는 않을 것이며, 훗날 남들과 다른 차이를 만들어줄 것입니다.

　오늘 장학생으로 선발된 16명의 학생은 물론 여러분 모두가 무한한 잠재 능력을 가졌다는 것을 잘 알고 있습니다. 앞으로 훌륭한 인재로 성장해 지역발전에 견인차 역할은 물론 국가를 위해 큰일을 해줄 것을 기대합니다. 끝으로 여러분 모두의 앞날에 희망과 기쁨이 함께하길 기원합니다.

　감사합니다.

청소년의 1년은
어른의 10년보다 더 큰 가치

2010. 4.
진주외국어고등학교 장학증서 수여식

존경하는 고영실 교장선생님, 그리고 교직원 및 학생 여러분! 반갑습니다. 지난 1970년 개교 이래, 지역의 인재와 일꾼을 양성해온 진주외국어고등학교를 방문하여 장학증서 수여식을 갖게 된 것을 매우 기쁘게 생각합니다.

저는 이곳에서 태어나 유년시절을 보냈으며 1999년 이전에는, 이 반성중학교의 재단 이사장으로서, 지역 출신 학생들에게 대학 장학금을 지원하는 등 교육발전을 위해 자그마한 힘이 나마 보탬이 되고자 노력해왔습니다. 지난해 1월에는 지역의 교육과 문화 발전을 위해 공익재단인 월석문화재단을 설립하였습니다. 오늘 재단 설립 이후 처음으로 진주외국어고등학교를 방문하여 지역의 학생들에게 도움을 주게 되어 더욱 기쁘게 생각합니다.

학생 여러분.

오늘 장학생으로 선발된 18명의 학생은 물론 이 자리에 계신 학생 여러분 모두가 무한한 잠재 능력을 가졌다는 것을 잘 알고 있습니다. 지금 여러분이 보내시는 1년은 저와 같은 어른들의 10년보다도 더 값지고 중요한 매우 가치 있는 시간입니다. 그만큼 여러분은 인생에 있어서 가장 중요한 시기를 보내고 있는 것입니다.

우리의 인생은 노력한 만큼 그 가치가 있으며, 결코 다른 사람에 의해 만들어지지 않습니다. 기회는 노력하는 자, 준비하는 자의 몫인 것입니다. 여러분보다 인생을 먼저 살아온 선배로서 저의 바람이 있다면 이 자리에 계신 학생 여러분이 미래에 대한 희망과 비전을 가지고 각자의 분야에서 성공하여 21세기 한국을 이끄는 주역이 되시기를 진심으로 바랍니다. 앞으로 우리 월석문화재단 또한 지역의 우수한 학생들이 꿈과 희망을 가꾸며 학업에 전념할 수 있도록 최선의 노력을 다할 것입니다.
　끝으로 여러분 모두의 앞날에 희망과 기쁨이 함께하길 기원합니다. 감사합니다.

창의력 하나가
세상을 바꾼다

2012. 4.
진주제일여자고등학교 장학증서 수여식

여러분 안녕하십니까? 존경하는 민찬식 교장선생님과 여러 선생님들, 또 활달하고 청순한 우리 진주제일여고 학생들을 다시 만나게 돼서 정말 반갑습니다. 동창회 관계자분들과 학부모님들께서도 자리를 함께해주신 데 대해, 매우 감사하다는 말씀을 드립니다.

저는 이반성면의 길성리가 고향입니다. 제일여고가 제 고향에 있는 학교라서 그런지, 우리 학생들이 전부 예전부터 알고 있었던 것처럼 아주 가깝게 느껴집니다.

진주제일여고 학생 여러분!

나는 오늘 여러분에게 크고 아름다운 꿈을 꾸어달라는 부탁을 드립니다. 여러분 가운데는 학자가 되겠다는 사람도 있을 것이고, 사업가나 디자이너가 되겠다는 사람도 있을 것입니다. 여러분은 젊고, 무한한 가능성을 지니고 있기 때문에, 그 꿈을 이룰 수가 있습니다. 목표를 향해 열정을 불태우면서, 부단히 도전하고 개척을 해서, 그 꿈을 반드시 실현시키십시오.

우리가 살고 있는 글로벌 시대는 세계가 하나로 연결돼 있기 때문에, 여러분의 창의력이나 새로운 아이디어 하나가, 세상을 움직일 수도 있게 됐습니다. 진주에 사는 농부가 키운 농작물이 세계 농산물시장의 이목을 끌 수도 있고, 진주에서 생산한 실크가 세계 패션을 선도할 수도 있게 됐습니다. 애플의 스티브 잡스처럼 이제는 누구라도 능력만 있으면 새로운 분야를 개척해서 세상을 바꿀 수가 있게 된 것입니다.

여러분도 잘 알고 있다시피 쉽게 얻어지는 성공은 없습니다. 꿈을 이루기 위해서는 어떤 장애물도 헤쳐 나가겠다는 불굴의 용기가 있어야 하고, 끊임없는 노력과 인내가 필요합니다. 전 세계적인 현상이지만, 우리나라에서도 전문직 여성과 여성 지도자가 많이 나오고 있습니다. 기업이나 관공서 등 여러 직장에서 여성들의 비중이 엄청나게 커졌습니다.

나는 학생들이 원대한 꿈을 꾸고, 또 꿈을 이루어서, 전 세계를 깜짝 놀라게 하고, 지구촌 전체를 행복하게 만들어주기를 기대합니다. 봄꽃처럼 청초한 우리 진주제일여고 학생들이 정말 의미 있고, 아름답고, 또 스스로 만족할 수 있는 삶을 개척해 나갈 것이라 믿습니다.

KNN문화재단은 앞으로도 우리 진주제일여고 학생들에게 계속 관심을 갖고 지원을 하겠습니다. 여러분 모두 건강하고, 또 행운이 함께하길 바랍니다. 감사합니다.

상상하고 도전하고 개척하라

2013. 4.
진주외국어고등학교·반성중학교 장학증서 수여식

　여러분 그동안 안녕하셨습니까. 봄이 와서 꽃이 피는 이런 좋은 시기에, 반성중학교 안명영 교장선생님과 진주외고 고영실 교장선생님을 비롯한 교직원 여러분을 만나 뵙게 되고, 특히 활기차고 청순한 우리 고향 후배 학생들도 만나게 돼 정말 반갑습니다. 또 바쁘신 가운데 유계현 시의회의장님, 반성초등 오영환 교장선생님, 이반성초등학교 박계순 교장선생님을 비롯한 여러분께 감사의 말씀을 드립니다.

　저는 인근에 있는 이반성면의 길성리가 고향입니다. 그래서 이자리에 있는 우리 반성중 학생들과 진주외고 학생들, 이반성면에 사는 대학 신입생 여러분이 아주 가깝게 느껴집니다. 지금 한창 많은 꽃이 피고 있습니다만, 나는 우리 학생들이 가지고 있는 꿈이, 이 세상의 어떤 꽃들보다도 더 아름답게 느껴집니다.

　학생 여러분!

　이 세상은 아주 머리가 뛰어난 사람이나, 똑똑하고 영리한 사람이 꼭 성공하는 시대가 아닙니다. 애플의 스티브 잡스를 보십시오. 잡스는 대학에 입학해 철학을 공부했으나 1년 만에 중퇴했습니다. 그러나 그는 늘 꿈을 가졌고, 상상을 했고, 또 끊임없이 도전을 하고 개척을 해서 성공했습니다.

　학생 여러분! 여러분은 이제 막 땅을 헤집고 올라오는 새싹들이고, 꽃망울을 터뜨리려고 하는 예쁜 꽃들입니다. 원대한 꿈과 이상을 가지고 도전을 하십시오. 여러분 가운데는 과학자가 되고 싶은 학생도 있을 것이고, 또 농부나 사업가가 되기를 원하는 사람도 있을 것입니다. 여러분이 어떤 꿈을 가지고 있든, 집념을 갖고 목표를 향해 치열하게 노력을 한다면, 여러분의 꿈은 이뤄지고, 또 꿈이 자꾸 커질 것입니다.

　글로벌 시대는 전 세계가 하나로 이어져 있습니다. 여러분의 창의력이나 새로운 아이디어가, 전 세계를 움직일 수 있게 됐습니다. 성공을 하려면 용기도 있어야 합니다. 큰 장애물을 만나더라도 위축되지 마십시오. 오늘 이 자리에 있는 학생들은 장애물이 앞을 가로막더라도 부수어버리거나, 뛰어넘으면서 나아가야 합니다.

　저는 고향에서 열심히 공부하는 우리 후배들이 꿈을 자꾸 키워나가는 사람이 돼서, 모두가 훌륭한 사람이 되고, 또 여러분이 자라온 이 고장을 빛내고, 나아가 전 세계적으로 유명한 사람이 되어주기를 바랍니다. 넥센월석문화재단은 앞으로도 큰 꿈을 갖고, 도전하는 학생들을 적극 지원하겠습니다. 여러분의 건강과 행운을 빕니다.

　감사합니다.

━ 용기와 의지가
큰 꽃 피운다

2014. 3
통영 동원중·고등학교 장학증서 수여식

    그동안 안녕하셨습니까. 새 건물에서 처음 열리는 여러분 동원고등학교의 뜻 깊은 입학식에 이렇게 참석을 해서, 거액의 사재를 희사해서 글로벌 교육시설을 만들어 놓으신 장복만 이사장님을 만나 뵙게 되니 감개가 무량합니다.

  또 자리를 함께해주신 동원고등학교 황차열 교장선생님과 동원중학교의 황진호 교장선생님을 비롯한 교직원 여러분, 특히 패기 넘치는 우리 학생들을 만나게 돼서 정말 반갑습니다. 아울러 바쁘신 가운데서도 참석해주신 동창회 관계자분들과 학부모 여러분께도 인사를 드립니다.

  제가 지난해 9월 준공식 때도 축하를 하기 위해 왔습니다만, 보면 볼수록 어떻게 이렇게 좋은 시설을 갖춘 건물을 세울 수 있었을까 하는 감탄이 절로 나옵니다. 제가 지난해에도 여러 학교에 장학금을 지원하면서 제일 먼저 방문한 학교가 동원고등학교였는데, 올해 또, 제일 먼저 동원고등학교를 찾았습니다. 동원고에는 5년째 장학금을 전달하러 오는 것 같습니다. 아마 이처럼 멋진 학교를 만드신 장복만 이사장님의 교육에 대한 뜨거운 열정과, 학교를 이미 명문고 반열에 올려놓은 여러 선생님들의 노고에 감동을 받았고, 특히 의욕 넘치는 우리 학생들이 열심히 공부를 해서 새로운 전통을 만들고, 명문대에도 대거 합격하는 모습이 인상적이었기 때문이 아닐까 생각합니다.

오늘 동원고에 첫 발을 내디딘 신입생과 재학생 여러분!

내가 여러분에게 부탁드리고 싶은 말은 희망을 갖고 꿈을 꾸는 사람이 되어달라는 것입니다. 여러분도 한번 살펴보세요. 지금 우리가 살고 있는 이 글로벌 시대는 공부를 썩 잘하고, 머리가 아주 뛰어난 사람이 성공을 하는 시대가 아닙니다. 스티브 잡스와 같이 상상을 하고 꿈을 꾸는 사람이 세상을 바꾸는 시대입니다. 우리는 모두 크든 작든 꿈을 가지고 있습니다. 여러분이 각자 다르게 가지고 있는 그 소중한 꿈은, 여러분이 용기와 의지를 갖고 열심히 노력만 한다면, 얼마든지 큰 꽃으로 피어나게 될 것입니다.

여러분에게 또 하나 당부 드리고 싶은 것은, 어떤 어려움이 닥치더라도 절대 좌절하거나 포기하지 말아 달라는 것입니다. 긍정적인 마인드를 가지고 세상과 소통을 하면서, 꿈과 희망을 잃지 않고 열정을 불태우는 사람들에게는, 언젠가는 성공을 할 수 있는 기회가 주어질 것입니다.

벌써 봄이 오고 있습니다. 장복만 이사장님이 투철한 사명감으로 만드신 글로벌 교육시설에서 공부를 하는 여러 학생들이, 세상을 봄꽃처럼 아름답게 만들고, 또 글로벌 시대를 리드하는 사람이 될 수 있기를 기대합니다.

여러분의 앞날에 무한한 발전과 건강이 함께하기를 빕니다.

감사합니다.

― 시간은 누구에게나
차별 없이 주어진다

2014. 3.
통영 동원중·고등학교 장학증서 수여식

사재를 희사해 훌륭한 교육시설을 만드신 장복만 이사장님과 인재 육성에 열정을 쏟으시고 계신 선생님들, 그리고 새 마음 새 뜻으로 입학식을 맞이하는 우리 학생들과 학부모 여러분. 안녕하십니까? 넥센월석문화재단과 KNN문화재단의 이사장 강병중입니다. 겨우내 얼었던 자연이 깨어나는 이른 봄을 맞아, 아름다운 통영 동원고등학교를 방문하게 된 것을 기쁘게 생각합니다.

제가 동원고와 인연을 맺게 된 지 벌써 6년째입니다. 저는 동원고가 지난해 1,880개의 학교가 응모한 가운데 교육부에서 시행한 '전국 100대 교육과정 우수학교'에 선정되며 동남권을 대표하는 명문고로 발돋움하는 것을 보고 많은 자부심을 느끼고 있습니다. 이는 지역 교육 발전에 뜨거운 열정을 쏟고 계신 장복만 이사장님과 인재 육성을 위해 노고를 아끼지 않으신 여러 선생님들이 계시기 때문이 아닌가 싶습니다.

오늘 동원고에 첫 발을 내디딘 신입생 그리고 재학생 여러분!

시간은 누구에게나 평등하다고 말합니다. 시간은 모든 사람에게 차별 없이 주어집니다. 다만 그것을 어떻게 쓰느냐는 각자의 몫입니다. 인생에서 '배움'이라는 귀한 시기가 항상 오는 것은 아닙니다. 때를 만났을 때 부지런히 공부하십시오. 매 순간 순간이 쌓여 여러분의 인생을 바꾸어 놓을 것입니다. 여러분보다 인생을 먼저 살아온 선배로서 자신 있게 말씀드릴 수 있습니다. 저는 우리 동원고 학생들이 긍정적인 마인드로 세상과 소통하며 글로벌 시대를 이끄는 리더가 되기를 희망합니다.

넥센월석문화재단과 KNN문화재단은 앞으로도 큰 꿈을 가지고 치열하게 미래에 도전하는 여러분을 적극 지원하겠습니다.

동원고 학생들의 앞날에 피어나는 봄꽃과 같은 이른 봄의 향기가 느껴집니다. 싱그러운 모습과 생동하는 꿈이 여러분과 함께하기를 기원합니다. 감사합니다.

─ 긍정적 사고로
　　꿈을 키워 나가라

2014. 3.
삼정고등학교 장학증서 수여식

여러분 그동안 안녕하셨습니까. 새 학기가 막 시작이 되고, 봄이 오고 있는 이런 좋은 시기에, 이근철 이사장님을 비롯해서 황병석 교장선생님과 교직원 여러분을 만나 뵙게 되고, 특히 패기 넘치는 우리 삼정고 학생들을 만나게 돼 정말 반갑습니다. 또 자리를 함께 해주신 학부모님들께도 인사를 드립니다.

삼정고에는, 일부러 이렇게 꽃이 막 피는 시기를 택해서 찾아옵니다. 학교가 깨끗하고 학생들도 의욕이 넘쳐서, 학교 분위기가 생동하는 봄의 기운을 느끼게 해주기 때문입니다. 이렇게 좋은 학교는 이근철 이사장님과 박정오 명예이사장님의 큰 관심과 지원 덕분에 만들어 질 수 있었습니다. 또 여러 선생님들이 수고를 아끼지 않으셨고, 우리 학생들은 열심히 배우려고 하기 때문에 학교가 자꾸 발전하고 있다고 생각됩니다.

학생 여러분!

저는 오늘 이 자리에서 우리 학생들에게, 끊임없이 도전과 모험을 하면서 인생을 개척하고, 또 우리 사회를 변화시켜 달라는 부탁을 드립니다. 우리가 살고 있는 이 글로벌 시대는 머리가 아주 뛰어난 사람이 성공하는 시대가 아닙니다. 애플의 스티브 잡스와 같이 상상을 하고 꿈을 꾸는 사람이 세상을 바꾸는 시대입니다.

여러분은 긍정적 마인드로 꿈을 키워가면서, 끊임없이 도전하고 개척하는 사람이 돼야 합니다. 여러분은 젊습니다! 여러분의 그 소중한 꿈을 뜨거운 가슴에서 분출하는 에너지로 하나씩 실현시켜 나가야 합니다. 아울러 어떤 어려움이 닥치더라도 포기하거나 좌절하지 말라는 당부를 꼭 드리고 싶습니다. 설사 큰 장애물을 만나더라도 위축되지 말고, 젊은이 다운 열정과 용기로 여러분 앞에 놓인 장애물을 부수어버리거나, 뛰어넘으십시오.

세상은 넓습니다! 여러분이 지칠 줄 모르는 도전정신으로 꿈과 희망을 이루기 위해 노력한다면, 여러분이 할 수 있는 일은 이 지구촌 어디에서든 쉽게 찾을 수 있을 것입니다. 우리 삼정고 학생들이 세찬 바람에도 떨어지지 않는 꽃이 되고, 폭풍에도 꺾이지 않는 튼튼한 나무가 되어 스스로를 아름답게 하고, 나아가 이 사회에 큰 도움을 줄 수 있기를 기대합니다.

넥센월석문화재단은 앞으로도 꿈을 갖고, 치열하게 미래를 개척하는 학생들을 적극 지원하겠습니다. 여러분의 앞날에 건강과 행운이 함께하기를 빕니다.

감사합니다.

― 높이 나는 새가
　　멀리 내다본다

2014. 3.
부산 국제외국어고등학교 장학증서 수여식

　　존경하는 정순택 교장선생님, 그리고 교직원 및 학생 여러분! 대단히 반갑습니다.

　　올해 개교 10주년을 맞게 된 부산국제외고가 나날이 발전한다는 소식을 듣고 무척 기쁘게 생각합니다. 특히 고등학교로는 전국에서 가장 큰 규모인 시청각실 겸 대강당과 체육관의 준공을 앞두고 있다고 하니 참으로 반가운 소식입니다.

　　역사가 비교적 짧은 학교인데도 비약적으로 성장하여 명문고등학교로 자리매김하게 된 것은 정순택 교장선생님의 탁월한 학교경영 능력과 교직원 및 학부모, 학생 여러분의 노력과 성원 덕분이라고 여겨집니다.

　　자랑스러운 부산국제외고 학생 여러분. 우리나라는 지난주 캐나다와 자유무역협정, 즉 FTA 협상을 타결했습니다. 자유무역협정이 발효되면 양국의 상품과 각종 서비스가 무역장벽의 제한을 받지 않고 자유롭게 오고 가게 됩니다. 우리나라와 이 협정을 체결한 나라의 GDP는 전 세계의 55%에 달합니다. 앞으로 중국 베트남과 협정이 체결되면 70%를 넘어서게 됩니다. 그만큼 우리의 상품을 수출하기 수월해졌다는 의미입니다. 다시 말하면 우리 젊은이들이 세계로 나아가 활동할 영역이 크게 넓어졌다는 뜻입니다.

그런데 세계인들과 상대하려면 무엇을 갖추어야 합니까.

해당 분야의 전문지식은 물론이지만, 무엇보다도 첫째가 말이 통해야 합니다. 말과 글은 자신의 의사를 전달하면서 상대방을 이해할 수 있는 가장 기본적인 수단입니다. 여러분이 이 학교에서 공부하는 까닭도 세계인으로서의 기본적 자질인 외국어 능력을 습득하고 함양하기 위함이 아닙니까. 여자골프 세계 랭킹 1위인 박인비 선수가 최근 어느 대회에서 우승한 뒤 유창한 영어로 인터뷰하는 모습을 TV에서 봤는데, 골프뿐 아니라 영어를 어찌 그리 잘하는지 참으로 자랑스러웠습니다.

리처드 버크의 소설 『갈매기의 꿈』에 '높이 나는 새가 멀리 내다본다'는 대목이 나옵니다. 또 우리 속담에 '일찍 일어나는 새가 모이를 먼저 찾는다'고 합니다. 여러분의 꿈과 희망을 조금씩 조금씩 더 키워가면서 부지런히 노력하십시오. 학업은 물론이고 건강과 체력, 다양한 취미활동 그리고 나누고 베푸는 봉사활동을 통해 인성을 함양하십시오. 지덕체(知德體)를 겸비한 미래의 지도자로서의 자질을 부산 국제외고에서 갖추어나가길 당부 드립니다.

오늘 이 자리에 참석한 학생 가운데서 미래의 유엔 사무총장, 노벨상 수상자 같은 세계적인 여성 지도자가 배출돼 대한민국의 영예를 드높여 주시길 기대합니다. 정순택 교장선생님과 교직원 여러분의 노고에 감사드리며 학생 여러분의 건승을 기원합니다. 대단히 감사합니다.

一 겨울에 추워야
  봄꽃이 아름답다

2014. 3.
부산 삼정고등학교 장학증서 수여식

여러분, 대단히 반갑습니다. 국가와 사회에 꼭 필요한 인재를 육성하기 위해 애쓰시는 박정오 이사장님, 이근철 명예이사장님, 황병석 교장선생님과 교직원 여러분, 그리고 미래의 주인공인 삼정고 학생 여러분을 뵙게 되어 대단히 기쁩니다.

장학증서 수여식과 함께 진행될 유도부 창단을 축하하기 위해 참석해주신 부산유도회 송준식 회장님, 부산시 교육청 최상호 장학관님, 학교운영위원회 및 학부모회, 동창회 관계자 여러분께도 인사를 드립니다.

지난겨울엔 무척 많은 눈이 내렸습니다. 눈을 보기 어려운 부산 지역에도 하얀 눈꽃이 피었으며 영동지방엔 산간 마을들이 고립되었습니다. 추운 날씨가 끝없이 계속될 듯 했지만 봄은 찾아왔습니다. 중국의 대문호 루쉰은 '한응대지발춘화(寒凝大地發春華)'라는 시 구절을 남겼습니다. 꽁꽁 얼어붙은 대지에서 봄꽃이 피어난다는 뜻입니다. 다시 말하면 겨울이 몹시 추워야 봄꽃이 더욱 아름답다는 의미입니다.

자연이나 인생살이나 늘 변화합니다. 추운 겨울이 지나면 따뜻한 봄이 찾아오고, 무더운 여름이 지나면 시원한 가을이 옵니다. 우리 인생도 고난이 찾아오더라도 이를 잘 극복해야, 아름다운 꽃을 피우고 튼튼한 열매를 맺을 수 있습니다. 지난 소치 동계올림픽 때 안타깝게도 은메달에 그쳤지만, 우리 국민은 김연아 선수의 경기를 지켜보며 열광하고 자랑스러워하였습니다. 김연아 선수의 영광은 그저 얻어진 것이 결코 아닙니다. 17년 7개월 동안 얼음판에서 수만 번을 미끄러지고 넘어져 발이 상처투성이가 된 다음에야 세계 정상에 올라섰던 것입니다.

자랑스러운 삼정고 학생 여러분! 여러분의 인생항로는 무한한 가능성이 열려 있습니다. 자신이 가장 좋아하고, 가장 잘할 수 있는 분야를 찾아 열심히 노력하십시오. 노력하지 않는 사람이 세계 최고가 될 수는 결코 없습니다. '소년이 늙기는 쉬워도 학문을 이루기는 어렵다. 짧은 시간이라도 가볍게 여겨 헛되이 보내서는 안 된다'는 옛 어른들의 가르침을 명심해야 합니다.

넥센월석문화재단이 오늘 장학금을 전달하는 까닭은 여러분의 꿈을 키우고, 용기를 북돋우기 위함입니다. 저 자신도 청소년 시절 경제적 어려움 속에서 공부하고 성장해왔습니다. 그래서인지 어려운 환경 속에서 땀 흘리며 노력하는 젊은이들을 보면 박수를 치며 격려하고 싶고 어깨를 주물러주며 용기를 북돋우고 싶어집니다.

삼정고의 상징은 웅비하는 용, 높은 이상, 굳은 의지와 지조, 도전정신의 소나무, 그리고 단결을 뜻하는 철쭉입니다. 높은 이상을 향하여 단결하고 도전하면 용처럼 높은 하늘을 향해 웅비할 것입니다. 삼정고 학생 여러분, 여러분이 주인공인 시대가 성큼 성큼 다가오고 있습니다. 끊임없는 노력으로 미래를 여러분의 것으로 만드십시오.

아무리 굽은 나무라도
바르게 쓸 수 있다

2014. 4.
경남 꿈키움학교 개교식

　　경남 꿈키움학교의 개교와 경남 진산학생교육원의 개원을 진심으로 축하드립니다. 오늘이 있기 까지 여러모로 지원과 노고를 아끼지 않으신 고영진 경남 교육감님, 경남도의회 교육위원장님과 양수만 교장선생님께 감사드립니다.

　　저는 진산초등학교 4회 졸업생입니다. 산업화가 진행돼 이농현상이 심화되면서 저의 모교를 비롯한 3개 초등학교가 통합돼 바로 이 자리로 이전하게 되었고, 오늘 꿈키움학교와 진산학생교육원으로 거듭나게 된 것입니다.

　　학교 뒤에 자리 잡고 있는 영봉산, 학교 앞에 내다보이는 꽃개들과 가산천, 그리고 느티나무가 모여 있는 구봉이 숲은 제가 어릴 적 뛰어놀던 곳입니다. 이렇게 자연 풍광이 수려한 곳에서 우리 청소년들이 몸을 깨우고 마음을 살피며, 꿈과 끼를 키워나갈 것을 생각하니 마음 든든해집니다.

　　우리 사회에는 여러 가지 이유로 학교 밖에 방치된 학생들이 많습니다. 학업이 유예되거나 중단된 초·중·고등학생들이 전국에 6만 명이나 된다고 합니다. 이런 학생들이 서로 이해하고 소통하며 꿈을 키워 함께 성장할 수 있도록, 선생님들과 우리 어른들이 모두 노력해야 합니다. 중등과정 기숙형 공립 대안학교인 꿈키움학교가 경남에서는 최초로 개교하게 된 의의는 결코 적지 않습니다. 학교 밖에서 방치된 청소년들이 줄어들수록 사회통합은 가속화되고 우리나라도 선진국으로 진입하게 될 것입니다.

학생 여러분! 이 학교의 교훈처럼 신나고 당당하고 멋지게 공부하고 생활하십시오. 꿈을 키워가고 꿈을 실현해가면 여러분은 머지않아 우리 사회의 주인공이 될 것입니다.

존경하는 선생님 여러분! 아무리 굽은 나무라도 대목수가 먹줄을 튕겨 잘라내면 모두 바르게 쓸 수 있다는 옛말이 있습니다. 이 학생들을 우리나라의 큰 기둥과 대들보로 길러주십시오.

1980년대에 제 모교가 인근 초등학교와 통합될 당시, 저는 바로 이 학교 부지를 매입하여 기증한 바 있습니다. 제 모교나 다름없는 이 학교가 새로운 도약을 할 수 있도록, 또 학생들이 쾌적한 자연환경 속에서 자라날 수 있도록 하기 위하여, 저는 학교 인근에 약 1만평 규모의 숲을 조성해 드릴 계획입니다. 학생 여러분은 이 숲 속에서 맑은 공기도 마시고, 흙도 만지며, 몸과 마음을 살찌우시기 바랍니다.

경남 꿈나무 학교의 개교와 경남 진산학생교육원의 개원을 다시 한 번 축하드리며 한국 교육의 새로운 지평을 열어 가시길 기원 드립니다. 선생님과 학생 여러분, 함께 자리해주신 내빈 여러분의 건승을 빌며 축사에 갈음합니다.

감사합니다.

연어가 거센 강물
거슬러 올라가듯

2014. 4.
남해고등학교 장학증서 수여식

　봄꽃이 활짝 피고 나무들이 새 옷으로 단장하고 있습니다. 이 좋은 계절에 보물섬 남해를 지키고 가꾸시는 김용석 이사장님과 박수남 교장선생님을 비롯한 여러 선생님들을 뵙게 되어 무척 기쁘게 생각합니다. 특히 보물섬 남해의 진짜 보물인 남해고 학생 여러분을 만나게 되어 정말 반갑습니다.

　남해고등학교는 금산의 정기를 고스란히 이어받고, 강진만의 넉넉함을 배울 수 있는 명당에 자리 잡고 있습니다. 이렇게 쾌적한 환경에서 '아름다운 사람이 되자'는 교훈 아래 미래사회를 주도할 창의적 인재로 자라나는 남해고 학생 여러분이 대단히 믿음직합니다.

　자랑스러운 학생 여러분!

　'덕승재(德勝才)', 즉 덕이 재주를 이긴다는 옛말이 있습니다. 친구의 아픔을 나의 아픔인양 함께 걱정해주고 이웃의 어려움을 마치 나의 일인 것처럼 도와주는 사람, 세상 사람들과 더불어 살아갈 수 있는 사람이 덕을 갖춘 사람이며, 아름다운 사람입니다. 중국 한나라를 세운 고조 유방은 학문이 뛰어나거나 무술이 출중한 사람이 아닌데도, 명문귀족 출신의 항우를 물리치고 천하를 통일하였습니다. 지략가 장량, 전쟁을 잘하는 한신, 행정에 밝은 소하 등 참모들을 포용하고 이끄는 리더십을 갖추었기 때문입니다. 삼국지의 영웅 유비도 덕이 있었으므로 제갈공명과 같은 뛰어난 전략가와 관우, 장비, 조자룡 같은 명장들을 이끌 수 있었습니다.

창의적 인재는 어떤 사람입니까? 연어가 거센 강물을 거슬러 올라가 알을 낳듯이, 끊임없이 새로운 방식을 추구하는 사람입니다. 세상일에 호기심을 갖고 끈질기게 의문을 제기하면서 새로운 해결책을 모색하는 사람입니다. 에디슨은 전구를 발명하기 위해 9,999번이나 실패하고도 포기하지 않았습니다. 그의 친구가 "1만 번이나 실패하려고 하느냐"고 나무라자 에디슨은 "나는 실패한 것이 아니라 전구를 만들지 못하는 방법을 알아낸 것"이라고 말했습니다.

학생 여러분! 인성을 길러 아름다운 사람이 되시고, 창의적 사고와 노력으로 미래의 지도자가 되시기 바랍니다. 그리하여 여러분의 고장 남해를 포함해 상대적으로 낙후된 서부경남의 발전을 위해 힘써 노력하는 역군이 되어주십시오.

여러분, 대단히 고맙습니다.

소도시 출신이라도 서울 능가할 수 있다

2014. 4.
하동고등학교 장학증서 수여식

    이병룡 교장선생님을 비롯한 하동고등학교 여러 선생님들을 뵙게 되어 무척 기쁘게 생각합니다. 그리고 오늘 장학증서를 받은 장학생들을 비롯한 하동고등학교 학생 여러분 대단히 반갑습니다.

 하동고등학교는 교가 가사에 표현된 것처럼 지리산 봉우리와 섬진강 맑은 물의 정기를 이어받은 학교입니다. 지난 61년 동안 1만 명이 넘는 졸업생을 배출해 지역사회는 물론 우리나라 각계각층에서 활약하고 있는 서부경남의 명문학교입니다. 특히 지난 2008년 기숙형 공립학교로 지정되고 2010년 청운학사가 완공됨으로써 많은 학생들이 쾌적한 환경에서 공부하고 생활할 수 있게 되었습니다.

 하동고 재학생 여러분!

 우리나라는 서울을 비롯한 수도권에 사람과 돈이 몰려들어 날이 갈수록 비대해지고, 지방은 사람과 돈이 빠져나가 갈수록 위축되고 있습니다. 수도권과 지방이 균형을 맞추어 전 국민이 고루 잘사는 세상을 만들어야 합니다. 하동을 비롯한 서부경남은 울산, 부산, 창원 등 동남권의 동부지역에 비해서도 활력을 잃고 침체된 상태입니다. 서부경남에 새로운 활기를 불어넣어 사람과 돈이 찾아오는 살기 좋은 고장으로 만드는 일은 하동고 학생 여러분을 비롯한 서부경남 젊은이들의 몫입니다.

  비록 인구가 적은 소도시에 살고 있다고 해도 성공하지 말라는 법은 없습니다. 현대 중국을 통일한 모택동이 베이징 천안문 광장에서 수많은 군중 앞에서 연설을 했는데, 그의 말을 알아듣는 사람이 그리 많지 않았습니다. 그는 베이징이나 상하이 같은 대도시 출신이 아니라, 저 멀리 떨어진 변두리인 후난(湖南)성 출신이었으므로 극심한 후난 사투리로 연설을 했기 때문입니다. 중국 대륙의 최고 권력자인 모택동의 사투리를 그 누가 비웃을 수 있었겠습니까.

  여러분에게 주어진 환경을 때로는 활용하고 때로는 극복하면, 빌딩 숲과 자동차 홍수 속에 살아가는 서울 학생들을 충분히 능가할 수 있습니다. 창의적 인재는 포기하지 않는 데서 시작됩니다. 바로 오늘, 이 자리를 그 출발점으로 삼으십시오.

  하동고 학생 여러분과 선생님들의 건승을 기원합니다.

  대단히 감사합니다.

― 고정관념에서 벗어나야 창의성이 길러진다

2014. 5.
함양고등학교 장학증서 수여식

　　황인규 교장선생님을 비롯한 여러 선생님들 안녕하셨습니까. 백성을 수재로부터 보호하기 위해 상림 숲을 조성하신 고운 최치원 선생의 정신을 이어받은 함양고등학교 재학생 여러분 반갑습니다.

　함양고등학교는 내년이면 개교 반세기를 맞는 서부경남의 명문 고등학교입니다. 특히 전국 150개 기숙형 고등학교 가운데 최우수 학교로 선정되었으며, 학력 향상 부문에서도 교육부와 경남교육청으로부터 우수학교로 선정된 바 있습니다. 이렇게 훌륭한 학교의 인재들에게 제가 장학금을 드리고 격려와 응원을 보낼 수 있는 것만으로도 가슴 설레는 일이며 큰 기쁨이 아닐 수 없습니다.

　함양고등학교의 교육 목표가 '바른 인성과 창의성을 갖춘 리더 육성'이라고 알고 있습니다. 인성과 창의성은 학력보다도 훨씬 소중한 덕목입니다. 인성은 사람답게 살고자 하는 성품입니다. 친구와 또는 이웃과 함께 나누고 베풀며 더불어 살아가고자 하는 덕목입니다. 함양고등학교의 교목인 느티나무처럼 시원한 그늘로 수많은 사람들에게 쉼터를 제공해줄 수 있는 넉넉한 마음을 갖추어야 합니다.

　창의성은 고정관념에서 탈출하는 데서 비롯됩니다. 오른손으로

밥을 먹고 글을 써야 한다는 고정관념으로는 오른쪽 뇌와 왼쪽 뇌를 모두 발달시킬 수 없습니다. 오른손으로 던지고 왼손으로 치는 야구선수가 한 손잡이보다 영리하고 재능이 뛰어난 경우를 종종 보게 됩니다. 세계 최고의 축구무대라고 할 수 있는 잉글랜드 프리미어 리그는 창의성이 발현된 꿈의 무대입니다. 최고 수준의 선수들을 모아 무한 경쟁을 시키면서도 창의적인 플레이를 요구합니다. 유럽에서 남미에서, 아시아에서 온 선수들이 축구문화가 서로 다른데도 독창적인 플레이로 경쟁하게 되니 팬들의 사랑을 얻게 됩니다.

강렬한 흥미와 호기심, 그리고 끝없는 도전정신이 창의성을 높여줍니다. '실패는 성공의 어머니'라는 에디슨의 말처럼, 빌 게이츠의 마이크로소프트사는 실패를 중요시합니다. 실패를 해보지 않은 사람은 아무것도 하지 않은 사람으로 취급합니다. 빌 게이츠는 직원들에게 '실패 리포트'를 제출받아 검토합니다. 실패하고 또 실패해도 다시 일어설 수 있는 용기와 도전정신을 기르십시오.

함양고등학교 학생 여러분!

우리나라는 서울을 비롯한 수도권이 지나치게 비대하고 지방은 크게 위축되었습니다. 돈도 사람도 문화도 권력도 수도권에 몰려 있습니다. 결코 정상적인 상황이 아닙니다. 동남권에서도 부산, 울산, 창원의 동부권에 비해 서부경남이 낙후되었습니다. 서부경남에 일자리가 늘어나고 인재가 찾아들어 이 지역의 삶의 질이 향상되는 날이 어서 오길 희망합니다. 함양고 학생 여러분이 훌륭한 인재로 성장하여 이 지역 발전을 앞당겨주시길 간곡하게 당부 드립니다. 선생님과 학생 여러분의 건강과 행복을 기원합니다.

위대한 인물들의
도전정신 이어받자

2014. 5.
진주제일여자고등학교 장학증서 수여식

주용태 교장선생님을 비롯한 진주제일여고 선생님 여러분, 대단히 반갑습니다. 올바른 인성과 능력을 갖춘 미래의 인재를 육성하기 위해 애쓰시는 선생님들께 감사의 인사를 드립니다. '스스로 뜻을 세워 갈고 닦자'는 창학 이념처럼 내일의 주인공이 되기 위해 오늘도 열심히 노력하는 학생 여러분의 노고에 뜨거운 박수를 보냅니다.

학생 여러분, 우리 국민은 지난 한달 여 동안 크나큰 슬픔에 잠겨 있었습니다. 세월호 침몰 사고로 여러분 또래의 고등학생들을 포함한 수많은 인명이 희생되었습니다. 법규를 무시한 무리한 운항, 책임과 의무를 다하지 않는 선장과 선원들의 안이한 직업윤리가 빚은 인재(人災)였습니다.

기초가 탄탄해야 하고 기본에 충실해야 합니다. 그래야만 여러분은 올바른 인재로 성장할 수 있고, 우리나라도 바로 세워집니다. 여러분과 같은 청소년 시절에 인성을 가꾸고 덕성을 함양하여야 법과 원칙, 약속을 준수하며 풍요로운 공동체를 건설할 수 있습니다.

진주제일여고 학생 여러분! 여러분은 5월의 햇살만큼이나 눈이 부시며, 5월의 신록만큼이나 싱그럽습니다. 여러분은 이제 그림을 그리려는 하얀 도화지처럼 맑고 깨끗합니다. 여러분의 꿈과 열정, 그리고 경험과 상상력을 총동원하여 그 누구도 흉내 낼 수 없는 훌륭한 작품을 남겨주시기 바랍니다.

2006년 세계 미술품 시장에서 최고가를 기록한 작품을 남긴 구스타프 클림트는 1900년 오스트리아 비엔나 대학 벽화를 그리면서 작품을 주문한 정부 당국이나 대학 당국의 기대와는 전혀 다른 그림을 남겼습니다. 그는 온갖 비난에도 흔들리지 않고 기득권층의 요구와는 다른 새로운 작품세계를 개척하였습니다. 몇 십 년, 몇 백 년 동안 이어져온 화풍을 그대로 답습하였다면 클림트는 그의 이름을 후세에 남기지도 못했을 것이고, 세계에서 가장 사랑받는 작가가 되지 못했을 것입니다.

21세기를 주도할 창의적 인재는 어떤 어려움에도 굴하지 않는 인내심과 끊임없는 도전정신, 개척정신을 지녀야 합니다. 발명왕 에디슨이 몇몇 발명에 만족하고 부와 명성을 누리는 데 그쳤다면, 1천 가지가 넘는 발명을 할 수 없었을 것입니다. 여러분도 어떤 고난에도 굴하지 않는 위대한 인물들의 불굴의 도전정신을 배워야 합니다.

고맙습니다.

인성 갖춘 첨단산업 역군, 창녕의 큰 기둥 되길

2014. 10.
창녕공업고등학교 후원 협약식

    40년이 넘는 전통의 창녕공고 손희상 이사장님, 그리고 조병암 교장선생님 이하 교직원 여러분, 이렇게 가까운 자리에서 뵙게 되어 무척 반갑습니다. 오늘 창녕공고와 후원 협약식을 갖게 되어 대단히 기쁜 마음입니다.

    저는 자라나는 청소년들을 인성을 함양한 첨단산업 역군으로 성장시키겠다는, 순수한 육영 일념으로, 창녕공고를 후원하게 되었습니다. 따라서 학교 운영을 지원은 하되, 그 어떤 간섭이나 개입은 하지 않겠습니다. 재단이사장님과 교장선생님을 중심으로 교직원 여러분이 일치단결하여 인, 의, 예, 지를 갖춘 성실한 기술인을 양성한다는 교육목표를 구현해주시길 바랍니다.

    '뿌리 깊은 나무'처럼 창녕공고가 건실하게 성장해, 창녕 지역사회는 물론, 대한민국 발전의 밑거름이 되어주시길 기대합니다.

    교직원 여러분의 건승을 빕니다.

    대단히 고맙습니다.

― 옥도 갈고닦지 않으면
그릇이 될 수 없다

2015. 2.
창녕공업고등학교 장학증서 수여식

손희상 이사장님, 조병암 교장선생님을 비롯한 교직원 여러분! 창녕의 산과 들에 봄기운이 가득한 이 좋은 계절에 뵙게 되어 무척 기쁩니다. 그리고 창녕공고 새내기 신입생을 비롯한 전교생 여러분! 화왕산의 정기를 받아 밝고 씩씩한 여러분의 모습을 보니 대단히 자랑스럽습니다.

창녕공고는 지난 40여 년 동안 첨단산업 역군 1만 2천여 명을 배출한 명문 특성화 고등학교입니다. 특히 지난 2년 동안 전국 484개 특성화 고등학교 가운데 취업률 11위를 기록하였습니다. 전국 평균 취업률이 45.3%에 불과한데 창녕공고는 75%라는 높은 취업률을 달성하였습니다. 여러 선생님들의 헌신적인 지도와 졸업생 선배들이 부지런히 노력하였기 때문이라고 생각합니다. 재학생 여러분도 학업과 기술 연마에 힘을 쏟아 취업률 100%를 달성하는, 전국 최고의 명문 특성화고등학교로 성장해 주시기 바랍니다.

학생 여러분! '옥도 갈고닦지 않으면 그릇이 될 수 없고, 사람이 배우지 않으면 도를 모른다'는 옛말이 있습니다. 또 '사람이 배우지 않으면 캄캄한 밤길을 가는 것과 같다'는 옛 어른들의 가르침도 있습니다. 통일신라시대의 대학자였던 최치원 선생이 나이 열 살 때 당나라 유학을 떠날 때, 아버지는 "10년 이내 과거에 급제하지 못하면 돌아오지 말라"고 하시며 "남이 백 번을 할 때 너는 천 번을 하라"고 일렀습니다. 최치원 선생은 6년 만에 과거에 급제하여 벼슬에 올랐으며, '황소'라는 사람이 반란을 일으키니 그를 꾸짖는 '토황소격문(討黃巢檄文)'이라는 유명한 문장을 지어 황소가 깜짝 놀라 뒤로 넘어졌다고 합니다.

학생 여러분! 세계는 지금 창의적인 인재를 요구하고 있습니다. 르네상스 시대 이탈리아의 천재적인 발명왕 레오나르도 다 빈치는 '쇠붙이가 되지 말고 면도날이 되어라'고 말했습니다. 같은 쇠이면서 쇠붙이는 무는 물론 종이 한 장 벨 수 없습니다. 쇠붙이를 숫돌에 부지런히 갈고 닦으면 면도날이 되어 종이는 물론 무도 벨 수 있게 됩니다. 여러분 한 사람 한 사람이 자신이 공부하는 분야에서 세계 최고의 전문가가 되겠다는 각오로 노력한다면 여러분은 물론 우리나라도 세계 최고의 나라가 될 것입니다. 내년 이맘때 이 자리에서 훌쩍 성장한 여러분의 모습을 볼 수 있기를 기대합니다.

갈매기처럼 높이 날아 원대한 꿈을 가져라

2015. 3.
동원중·고등학교 장학증서 수여식

존경하는 장복만 이사장님, 황차열, 김종철 교장선생님을 비롯한 교직원 여러분. 한국의 나폴리라고 불리는 아름다운 미항 통영에서 여러분을 뵙게 되어 대단히 기쁩니다. 장학생을 비롯한 동원중·고등학교 학생 여러분, 여러분의 밝고 씩씩한 모습을 보니 마음 든든해집니다.

동원중·고등학교는 65년 전통을 자랑하며, 훌륭한 교육환경을 갖춘 명문학교입니다.

동원고등학교의 교훈이 '꿈을 가져라', '도전하라' 그리고 '사랑하라'인 것으로 알고 있습니다. 여러분의 고장이 항구이므로, 갈매기를 자주 보았을 것입니다. 리처드 바크의 소설 『갈매기의 꿈』을 읽어보셨습니까. 다른 갈매기들이 먹이를 구하기 위해 비행하는 데 비해, 이 소설의 주인공 갈매기 리빙스턴은 가장 높이 날아오르기 위해 여러 가지 비행기술을 연습합니다. 주인공 갈매기는 "가장 높이 나는 새가 가장 멀리 본다"고 말하였습니다. 눈앞의 먹이를 구하는 데 그치지 않고, 높이 날아 꿈을 실현시키려고 도전합니다. 자유와 자아실현이라는 꿈을 이루기 위한 갈매기의 도전처럼, 여러분도 원대한 이상을 갖고 끊임없이 도전하십시오. 보석인 옥도 갈고닦지 않으면 그릇이 될 수 없듯이, 사람도 배우지 않으면 캄캄한 밤길을 걷는 것과 마찬가지입니다.

학생 여러분!

동원고의 교육목표가 '글로벌시대를 선도하는 인재 육성'입니다. 높이높이 날아 더 넓은 세상을 많이 보고 배워, 세계 속의 인재로 성장하시기 바랍니다. 통영의 아름다운 봄 바다 못지않게 여러분의 학교생활도 즐거우시길 기대합니다.

대단히 고맙습니다.

一 꿈과 끼,
깡으로 도전하라

2015. 3.
부산 국제외국어고등학교 장학증서 수여식

　　정순택 교장 선생님을 비롯한 부산 국제외국어고등학교 선생님, 그동안 안녕하셨습니까. 오늘 장학증서를 받게 될 장학생과 부산국제외고 학생 여러분, 무척 반갑습니다. 봄꽃이 릴레이를 하듯 꽃망울을 터뜨리고, 나무가 연두 빛 새 잎으로 단장하는 좋은 계절에, 해운대 앞바다가 한 눈에 보이는 이 캠퍼스에서 여러분을 뵙게 되어 흐뭇한 마음 그지없습니다.

　부산 국제외고는 개교한 지 불과 10년 만에 서울의 유명 대학 합격자를 다수 배출한 명문학교로 성장하였습니다. 창조적이며 자주적인 품성을 갖춘 세계적 여성 리더를 양성하겠다는 정순택 교장선생님의 꿈이 이루어지기를 기대하고 지원해온 저도 몹시 기쁜 마음입니다.

　지난해 저는 이 자리에서 유엔 사무총장이나 노벨상 수상자 같은 세계적인 여성 지도자가 부산국제외고 학생 가운데서 나오기를 기대한다고 말하였습니다. 그런데 장학생으로 선발된 학생들의 인사 편지를 두 차례 받았는데 '자신감을 가지게 되었다'거나 '더욱 큰 꿈을 갖게 되었다'는 내용이 많았습니다.

　우리의 잠재 능력은 무궁무진합니다. 그런데 대부분의 사람들은 능력을 계발할 생각조차 하지 않거나, 조금 시도하다가 포기해버립니다. 유교에서 공자 다음으로 추앙받는 맹자의 어머니는 이사를 세 번이나 하면서 아들을 대학자로 키워냈으며, 조선시대 명필 한석봉의 어머니는 호롱불조차 끈 채 떡을 썰면서 아들을 서예의 대가로 길러냈습니다.

우리나라 대기업에서 신입사원 채용업무를 맡는 인사담당자들은 꿈과 끼와 깡을 갖춘 젊은이를 합격시킨다고 합니다. 그렇습니다. 꿈은 크게 키우되 하루아침에 성공하려 해서는 안 됩니다. 한 걸음 한 걸음 꾸준히 나아가면 반드시 이루어집니다. 끼는 소질이나 적성을 뜻합니다. 자신이 좋아하고 잘할 수 있는 분야를 찾아내 집중하는 것이야말로 꿈을 이루는 지름길입니다. 선택과 집중은 글로벌 경쟁력을 갖추는 첫 걸음입니다. 깡은 도전정신, 젊음의 패기를 뜻합니다. 오뚝이처럼 넘어지면 다시 일어서는 불굴의 의지로 나아가시기 바랍니다.

부산국제외고 학생 여러분의 건강과 건승을 기원합니다. 대단히 고맙습니다.

― 만 권의 책을 읽고
　만 리를 여행하라

2015. 3.
진주외국어고등학교·반성중학교 장학증서 수여식

　　　　진주외국어고등학교 정귀화 교장선생님, 반성중학교 이도수 교장선생님, 경남 꿈키움학교 최미재 교장선생님을 비롯한 교직원 여러분, 온갖 봄꽃들이 활짝 핀 좋은 계절에 뵙게 되어 반갑습니다. 진주외고, 반성중학교 학생 여러분, 그리고 올해 대학에 진학한 이 고장 출신의 장학생 여러분, 봄기운을 받아 물오른 나무들 못지않게 맑고 밝고 씩씩한 여러분을 만나니 마음 든든합니다.

　진주는 오랜 역사를 자랑하는 충절의 고장이며, 문화와 교육의 도시입니다. 유서 깊은 진주에서 부지런히 배우고 닦으면 우리나라를 이끌고 갈 훌륭한 인재로 성장할 수 있습니다. 진주외고는 남을 배려하고, 봉사하며, 세계 인류 평화에 기여하는 인재를 육성하기 위해 노력하는 것으로 알고 있습니다. 그러기 위해 『명심보감』을 아침저녁마다 낭송하고 있다고 들었습니다. 『명심보감』은 '마음에 새겨야 할 보배 같은 거울'이라는 뜻입니다. 인성 교육에 크게 도움이 될 뿐 아니라, 글쓰기 능력 향상에 보탬이 되고, 한자 실력도 부쩍 늘어날 것입니다.

　진주외고는 또 아침 10분 독서, 독서 고사, 독후감 발표대회 등 독서를 장려하고 지도하고 있는 것으로 알고 있습니다. 옛날 성인들은 만 리를 여행하고 만 권의 책을 읽으라고 하셨습니다. 여행을 통한 다양한 경험은 인생의 폭을 넓혀줄 것이며, 독서를 통해 얻은 여러 가지 지식은 인생의 깊이를 더해줄 것입니다. 책을 즐거운 마음으로 읽고 가슴 깊이 새긴다면 어른이 되어서도 도움 되는 영양제가 되리라 확신합니다.

미국의 미래학자 앨빈 토플러는 시간과 공간, 그리고 지식이 부의 기반이라고 하였습니다. 석유와 같은 물자는 쓰면 쓸수록 줄어들지만, 지식은 사용할수록 새로운 것을 창조해냅니다. 진주의 자랑스러운 젊은이 여러분 아름다운 학창시절을 보람차게 생활하여, 진주는 물론, 대한민국을 이끌어 갈 인재로 성장해주시기를 기대합니다.

여러분, 감사합니다.

― 입사시험에 30여 차례 실패한 알리바바 그룹 마윈 회장

2015. 3.
삼정고등학교 장학증서 수여식

　　존경하는 박정오 이사장님, 그리고 황병석 교장선생님을 비롯한 교직원 여러분 대단히 반갑습니다. 대한민국의 미래를 짊어지고 나아갈 삼정고 학생 여러분의 밝은 모습을 보게 되어 무척 기쁜 마음입니다.

　　학교 뒷산인 백양산에 여러분 학교의 교화인 철쭉이 많이 피었겠지요. 화려하지 않고 수수한 철쭉은 흩어지지 않고 뭉쳐서 피기 때문에 단결의 상징이라고 합니다. 선생님들이 한마음으로 단합하고 학생들이 똘똘 뭉쳐 나날이 발전하는 삼정고의 소식을 듣고 지난해에 이어 올해도 방문하게 되었습니다.

　　자랑스러운 삼정고 학생 여러분.

　　세계 최고의 온라인 기업 가운데 하나인 알리바바 그룹의 창업자 마윈은 "여러 번 실패해도 포기하지 말라"고 하였습니다. 그의 실패 경험은 놀라울 정도였습니다. 대학입시에 두 번 낙방했고, 대학 졸업 후 입사 시험에 30여 차례 실패했습니다. KFC 입사 시험 면접에서는 24명 가운데 23명이 합격했는데 마윈만 낙방했습니다. 하버드 대학 입시에서는 10번이나 떨어졌습니다. 그는 수학 성적이 엉망이었으나, 중국인이면서도 영어는 뛰어났습니다. 9년 동안 외국인을 상대로 가이드를 자청하여 영어실력을 키우고, 세상을 보는 눈을 키웠습니다.

야후 창업자인 제리양이 만리장성 관광을 할 때 가이드를 하면서 인연을 맺었고, 그의 도움으로 알리바바를 창업하게 되었습니다. 마윈은 "기존의 방식이 아닌, 새로운 방식으로 공부하라"고 합니다. 그의 회사에서는 '물구나무 서기'가 필수 교육입니다. 세상을 보는 눈을 달리 하면 새로운 세상이 보인다는 뜻입니다.

삼정고 학생 여러분!

'실패는 성공의 어머니'라는 말이 있듯이, 실패는 부끄러운 게 아닙니다. 포기가 부끄러운 일입니다. 발명왕 에디슨은 9,999번 실패하고도 1만 번째 실험을 계속하였고, 김연아 선수는 17년 동안 얼음판에서 점프 연습을 하여 피겨 여왕이 되었습니다.

학생 여러분, 여러분 앞에는 미국의 시인 로버트 프로스트의 시 제목처럼 '가지 않은 길'이 놓여있습니다. 어느 길이 고난의 길인지, 어느 길이 영광의 길인지 아무도 모릅니다. 여러분 스스로가 가시덤불도 헤치고, 비바람도 이겨내야 합니다. 약간의 고통 때문에 영광의 순간을 포기하지 마십시오. 오늘 이 자리가 여러분의 인생항로에 새로운 활기를 불어넣을 줄 전환점이 되었으면 하는 바람입니다. 참석해주신 모든 분들이 건강하시고 건승하시길 기원합니다.

대단히 감사합니다.

一 하늘은 스스로 돕는 자를 돕는다

2015. 4.
창녕지역 장학증서 합동수여식

창녕 옥야고등학교 하재경 교장선생님, 창녕고등학교 하갑원 교장선생님, 창녕 제일고 임종대 교장선생님, 남지고 유윤재 교장선생님, 창녕 대성고 이진호 교장선생님, 그리고 창녕여고 김석우 교감선생님, 영산고 강춘앵 교감선생님 안녕하셨습니까. 김충식 창녕군수님, 김정재 교육장님, 그리고 이 자리를 빛내주시기 위해 참석해주신 내빈 여러분, 감사합니다.

화왕산 정기를 물려받아 씩씩하고 늠름한 창녕의 젊은이 여러분, 여러분을 만나 보니 제 마음이 무척 든든합니다. 저는 타이어공장으로는 세계에서 손꼽히는 최첨단, 친환경 생산시설을 창녕에 건설하여 가동 중인 기업인으로서, 창녕의 발전을 염원해왔습니다. 그러기 위해서는 창녕의 젊은이들이 이곳 옥야고등학교의 교육목표처럼 '참되고 능력 있는 사람'이 되어 지역사회는 물론, 대한민국의 발전을 이끌어나가는 훌륭한 인재로 성장해주길 간곡히 기대합니다.

우리나라 대기업에서 신입사원을 채용하는 인사 담당자들은 꿈과 끼와 깡을 갖춘 젊은이를 합격시키고, 또 그런 신입사원들이 일을 잘한다고 말하고 있습니다. 꿈은 머지않은 미래에 여러분이 자리 잡고자 하는 좌표입니다. 꿈조차 꾸지 않는 사람은 어디로 갈지

몰라 방황합니다. 꿈은 크게 꾸되, 간절한 마음, 절실한 마음으로 노력해야 합니다.

　끼는 소질과 적성, 타고난 재능을 뜻합니다. 사람은 모든 분야에서 잘하기는 어렵습니다. 여러분이 좋아하고 잘하는 분야를 선택하여 집중하십시오. 선택과 집중은 글로벌 경쟁력을 갖추는 지름길입니다. 공자님의 말씀을 모은 『논어』에 '아는 것은 좋아하는 것보다 못하고, 좋아하는 것은 즐기는 것보다 못하다'고 하였습니다. 경기장에서 경기를 즐기는 운동선수가 가장 잘하듯이, 공부도 즐기면서 하게 되면 성취도가 높아질 것입니다.

　깡은 도전정신, 열정, 패기를 의미합니다. 넘어지면 일어서고, 또 넘어지면 다시 일어서는 오뚝이 정신으로 세상을 향해 달려가십시오. 박지성 선수나 김연아, 손연재 선수는 발이 기형이라고 할 정도로 피투성이가 되고 망가졌지만, 그들은 세계무대에 우뚝 서게 되었고 온 국민의 박수를 받았습니다.

  자랑스러운 장학생 여러분, '하늘은 스스로 돕는 자를 돕는다'는 말이 있습니다. 여러분의 노력은 결코 헛되지 아니할 것입니다. 세계를 향해 달리고 또 달려 나가십시오.

─ 인생의 황금시대 청춘!
　　힘차게 도약하자

2015. 5.
진주제일여자고등학교 장학증서 수여식

　　주용태 교장 선생님을 비롯한 선생님 여러분 안녕하셨습니까. '스스로 뜻을 세워 갈고 닦자'는 건학 이념 아래 '올바른 인성과 능력을 갖춘 사람'이 되고자 배움에 열중하는 진주제일여고 학생 여러분 무척 반갑습니다. 여러분 학교의 교목인 함박꽃나무처럼 순수하면서도 아름다운 여러분의 모습을 대하니 흐뭇하면서도 든든한 마음입니다.

　진주제일여고는 교육과학부로부터 과학중점학교로 지정되어 과학 및 수학 교육에 무게를 두고 있는 것으로 알고 있습니다. 과학이나 수학의 학문적 성취가 없었다면 오늘날과 같은 문명의 혜택을 누릴 수 없었을 것입니다. 여러분이 잘 알고 있는 퀴리부인, 즉 마리 퀴리는 러시아의 지배를 받던 폴란드인이었습니다. 당시 폴란드에서는 여자는 대학에 들어갈 수 없었는데 프랑스로 유학을 떠나 소르본대학에서 여성 최초로 물리학 박사 학위를 받았습니다. 결혼한 이후 남편과 함께 폴로늄과 라듐을 발견했고, 그 공로로 노벨 물리학상과 노벨 화학상을 수상하였습니다.

　퀴리부인은 사후 약 60년 만인 1995년 남편과 함께 프랑스 팡테온에 묻혔습니다. 에밀 졸라나 빅토르 위고 같은 남성 저명인사들이 묻힌 곳에 남편의 공이 아닌, 자신의 공적으로, 그것도 폴란드 출신으로서 프랑스 최고의 성지에 안장되었습니다. 학문이든 예술이든, 경영이든, 남녀의 차이나 민족의 차이는 노력하기에 따라 얼마든지 극복할 수 있음을 보여주었습니다.

 지리산의 웅대한 기상과 남강의 유장한 정신을 이어받은 자랑스러운 진주제일여고 학생 여러분! 민태원 선생의 〈청춘 예찬〉이라는 수필을 읽어보았습니까. 이 글은 '청춘! 이는 듣기만 하여도 가슴이 설레는 말이다'로 시작하여 '이상, 즉 큰 꿈은 청춘이 누리는 특권이다'로 이어집니다. 그리고 '청춘은 인생의 황금시대. 힘차게 노래하며 힘차게 약동하자'로 마무리됩니다. 제가 이 글을 인용한 것은 여러분과 같은 청소년 시기가 황금보다도 더 소중한 시기라는 점을 강조하기 위해서입니다.

 원대한 이상, 높고 큰 꿈을 꾸십시오. 실패를 두려워하지 말고 노

력하며 도전하십시오. 청춘기에는 실패해도 얼마든지 다시 일어설 수 있습니다. 진주제일여고 학생 여러분이 자랑스러운 대한민국, 세계 최일류 국가 대한민국을 이끌어갈 그 날을 기다리겠습니다. 여러 선생님과 학생 여러분의 건승을 기원합니다.

   대단히 고맙습니다.

─ 보물섬 남해의
   진정한 보물은 여러분

2015. 5.
남해고등학교 장학증서 수여식

　　남해고등학교 김용석 이사장님, 박수남 교장선생님을 비롯한 교직원 여러분, 안녕하셨습니까. 남해고 재학생 여러분! 봄이 무르익어 가는 아름다운 남해에서 여러분의 건강한 모습을 볼 수 있어 무척 기쁩니다.

　　남해는 산과 들, 바다에서 수확한 농·수·축산물이 우수한 품질인 데다, 금산의 보리암과 독일마을, 다랭이마을의 풍광 또한 뛰어난 보물섬입니다. 하지만 저는 남해고등학교 재학생 여러분이 남해의 진정한 보물이라고 말하고 싶습니다. 여러분의 패기는 금산보다도 더 높고 여러분의 젊음은 한려수도 남해 바다보다 더 푸르고 활기찹니다.

　　옛날 중국에 '변화'라는 사람이 크고 질 좋은 옥을 발견하여 왕에게 바쳤습니다. 그런데 왕은 다른 감정가의 말만 믿고 '변화'가 거짓말을 했다는 이유로 발꿈치를 자르는 벌을 내렸습니다. 다음 왕도 또 다른 발꿈치를 자르는 벌을 내렸습니다. '변화'의 억울함을 전해들은 세 번째 왕은 옥을 잘 다듬는 장인에게 맡긴 결과, 천하의 보물인 '화씨지벽'을 얻을 수 있었습니다.

　　여러분은 천하의 보물입니다. 다만, 아직 다듬어지지 않았을 뿐입니다. 부지런히 갈고닦아야 찬란한 빛을 낼 수 있습니다. 꿈을 높고 크게 가지고, 열심히 노력하십시오. 시냇물이 모여 큰 바다를 이루듯이 세계에서 가장 높은 에베레스트 산도 한 걸음, 한 걸음이 모여야 정상에 올라설 수 있습니다. 축구선수 박지성, 발레리나 강수진, 체조선수 손연재의 발은 망가지고 상처투성이었습니다. 피나는 연습과 훈련으로 그들의 발은 망가졌지만 많은 사람들로부터 박수갈채를 받을 수 있었습니다. 땀은 여러분을 배신하지 않을 것입니다.

남해고 학생 여러분! 보물섬 남해를 더욱 빛내며 대한민국을 더욱 발전시키는 훌륭한 인재로 성장하기를 기대합니다.

대단히 고맙습니다.

一 물구나무 교육시키는
알리바바 그룹 창업자

2015. 5.
산청고등학교·하동고등학교·함양고등학교 장학증서 합동수여식

　　산청고등학교 김선무 교장선생님, 하동고 이병룡 교장선생님, 함양고 황인규 교장선생님, 그리고 여러 선생님들, 안녕하셨습니까. 지리산의 맑고 높은 기운을 받아, 큰 꿈을 키워가는 학생 여러분을 만나보니 마음 든든합니다.

　　산청과 함양, 하동은 고운 최치원 선생과 남명 조식 선생의 정신이 살아 숨 쉬는 선비의 고장입니다. 세 학교 모두 위대한 선조들의 뒤를 이을, 바른 인성을 갖춘 창의적 인재 육성을 교육의 지표로 삼고 있는 것으로 알고 있습니다.

　　중국의 성인 공자는 '이인위본(以人爲本)'이라며, 사람이 가장 중요하다고 하였습니다. 재물이나 명예, 권력보다도 사람을 중심 가치에 두었습니다. 서양에서는 휴머니즘, 즉 인본사상이 르네상스 이후 발달하였습니다. 사람이 사람답게 살아가려면, 생명을 존중해야 하고, 서로를 배려하고 관용을 베풀 수 있어야 합니다. 나누고 베풀며 더불어 살아가는 생활태도를 청소년 시기에 익숙한 습관으로 만들어야 하겠습니다.

　　서부경남의 자랑스러운 젊은이 여러분, 창의적 인재는 어떻게 길러집니까. 세상일에 호기심을 가져야 하며, 고정관념에서 벗어나

야 하고, 끊임없이 실험해야 합니다. 세계 최대 규모의 전자상거래 기업인 중국의 알리바바 그룹 마윈 창업자는 직원들에게 물구나무 서기 교육을 실시한다고 합니다. 세상을 색다른 각도에서 바라보면 다르게 보인다는 의미입니다.

르네상스 시대의 위대한 발명가 레오나르도 다빈치는 낯선 것에 도전하고 끊임없이 메모를 남겼으며, 1천 개가 넘는 발명특허를 가진 에디슨은 레코드판을 거꾸로 돌리듯 역발상을 하여 인류의 역사를 바꿔놓은 발명을 하였습니다. 학생 여러분이 좋아하는 분야가 그 어떤 것이든, 실패를 두려워하지 말고 도전하고 또 도전하십시오. 실패가 부끄러운 것이 아니라, 포기하는 게 부끄러운 일입니다.

미국의 시인 로버트 프로스트의 시 제목처럼 여러분 앞에는 '가지 않은 길'이 놓여있습니다. 어느 길이 고난의 길인지, 어느 길이 행복의 길인지 아무도 모릅니다. 여러분 스스로가 가시덤불을 헤치고, 비바람을 맞으며 가야 합니다. 부모님이나 선생님은 도움말을 주시겠지만, 여러분 스스로 길을 찾아 가야만 합니다. 한 순간의 고통 때문에 마지막 영광을 포기해선 안 됩니다.

학생 여러분, 서부경남을 발전시키고, 대한민국을 이끌어나갈 훌륭한 인재로 성장해주시기 바랍니다. 참석해주신 모든 분들의 건승을 기원합니다.

대단히 감사합니다.

남이 백 번 공부할 때
천 번 공부한 최치원 선생

2016. 2.
창녕공업고등학교 장학증서 수여식

손희상 이사장님, 조병암 교장선생님, 그리고 교직원 여러분 모두 안녕하셨습니까. 창녕공고 신입생을 비롯한 전교생 여러분, 봄이 시작되는 길목에서 밝고 활기찬 여러분을 만나게 되어 무척 기쁩니다.

창녕공고는 50년 가까운 전통을 자랑하며 첨단산업 역군 1만 2천 명 이상을 배출한 경남의 명문 특성화 고등학교입니다. 대학 진학을 최우선 목표로 삼는 일반 고등학교와는 달리, 인성을 함양하며 첨단기술을 익혀 선 취업 후 진학을 추구하고 있습니다. 일과 학습을 병행하고자 하는 정부의 교육목표에 부응하고 있습니다.

전국의 특성화고등학교들의 취업률이 상승하고 있지만, 창녕공고는 평균 취업률을 훨씬 뛰어넘는 우수한 실적을 거두었습니다. 졸업생 선배들 못지않게 재학생 여러분도 열심히 노력하여, 여러분의 인생을 개척하고 학교의 명예를 빛내주시기 바랍니다.

사랑하는 학생 여러분!

배움에는 시기가 있기 마련입니다. 두뇌가 명석하고 인지능력이 뛰어난 청소년 시절에 학업을 멀리하면 어른이 되어서 반드시 후회하게 됩니다. 지난해 이 자리에서 통일신라시대 최치원 선생의 일화를 말씀드렸습니다. 선생이 나이 열 살 때 당나라로 유학을 떠나려하자 선생의 부친은 "10년 이내 과거에 급제하지 못하면 귀국하지 말라"고 하였습니다. 그러면서 "남이 열 번을 하면 너는 백 번을 하고, 남이 백 번을 하면 너는 천 번을 하라"고 말했습니다. 결국 최치원 선생은 나이 열여섯 살 때 과거에 급제하여 중국대륙에 이름을 날렸습니다.

여러분 한 사람 한 사람이 자신의 전공분야에서 세계 최고가 되겠다는 각오로 노력하십시오. 그림을 그린다면 피카소처럼, 발명을 한다면 에디슨처럼, 축구를 한다면 박지성처럼, 피겨를 한다면 김연아 선수처럼 말입니다. 내년 이맘때 더욱 성장한 모습을 볼 수 있기를 희망합니다. 여러 선생님들의 헌신적인 지도를 기대하며 건승을 기원합니다.

대단히 고맙습니다.

一 책 속에 동서고금의 지혜 들어있다

2016. 2.
통영 동원중·고등학교 장학증서 수여식

존경하는 장복만 이사장님, 황차열 동원고 교장선생님, 배문숙 동원중 교장선생님, 후학 양성에 애쓰시는 교직원 여러분, 안녕하셨습니까. 동창회 및 학부모회 관계자 여러분께도 인사드립니다. 오늘 장학증서를 받은 장학생을 비롯한 학생 여러분 따스한 봄 햇살처럼 밝고 활기찬 여러분을 만나니 마음 든든하고 매우 기쁩니다.

동원중·고등학교는 70년에 가까운 전통을 자랑하며, 대학 캠퍼스 못지않은 훌륭한 교육환경을 갖추었습니다. 동원고등학교는 '전국에서 0.5% 이내 들어가는 명문학교'를 지향하고 있습니다. 서울의 명문대를 비롯하여, 전국의 주요 대학에 많은 합격생을 배출하였습니다. 또 '글로벌시대 인재 육성'에도 힘을 쏟고 있습니다. 고등학교로서는 매우 독특한 교환학생 프로그램을 통해 미국, 프랑스, 벨기에 등 외국 학생 다수가 함께 공부하고 있으며, 동원고 재학생들도 이들 나라에서 공부할 계획이라고 합니다. 나아가 유네스코 네트워크 학교의 우리나라 대표에 선정되어, 동원고 재학생들이 국위를 크게 선양한 것으로 알고 있습니다. 선생님들의 헌신적 지도와 학생 여러분의 노력에 큰 박수를 보냅니다.

자랑스러운 학생 여러분, 옛날 성현들께서는 '만 권의 책을 읽고, 만 리를 여행하라'고 가르쳤습니다. 책 속에 동서고금의 지혜가 모두 들어있고, 우리가 어떻게 살아가야 하는지 길을 제시하고 있습니다. '백문이 불여일견'이라는 말이 있듯이 독서를 통한 새로운 사고와 다양한 경험을 통한 비전을 갖추어야 비로소 '글로벌 시대의 인재'가 될 수 있을 것입니다.

학생 여러분 모두 이 나라의 동량으로 성장하기를 기원합니다. 인재 육성을 위해 헌신하시는 선생님들께도 감사의 마음을 전합니다.

대단히 고맙습니다.

― 세찬 풍파 이겨낸 인생은 향기로워

2016. 3.
삼정고등학교 장학증서 수여식

존경하는 박정오 이사장님, 김용신 교장선생님을 비롯한 교직원 여러분, 대단히 반갑습니다. 오늘 장학증서를 수여받은 장학생과 삼정고등학교 전교생 여러분, 안녕하셨습니까. 꽃샘추위가 기승을 부리는 듯했으나 어느새 봄이 우리 곁에 성큼 다가왔습니다.

쑥이며 냉이, 달래 같은 봄나물들이 꽁꽁 얼어붙었던 대지를 뚫고 고개를 내밀었습니다. 머지않아 산수유, 개나리, 진달래 같은 봄꽃들이 우리 주변을 화사하게 꾸며줄 것입니다. 겨우내 혹한과 찬바람을 견뎌내면서 싹을 틔우고 꽃을 피우듯이 우리 인생도 세찬 풍파를 이겨내야 더욱 향기로울 것입니다.

역사상 가장 존경받는 미국 대통령이었던 에이브람 링컨 대통령은 평생 27차례 역경을 겪어야 했습니다. 가족이 파산했고, 어머니와 누나, 약혼자와 세 아들이 사망했으며, 잇단 사업 실패와 10차례 이상 선거 패배 등 고난은 끝이 없었습니다. 사업 때문에 안게 된 빚을 갚는 데 17년이 걸렸으며, 신경쇠약과 우울증으로 자살 유혹에 시달렸습니다. 링컨은 스스로에게 말했습니다. '길이 미끄러워 넘어졌을 뿐, 낭떠러지에서 추락한 것은 아니야.' 그는 실패와 좌절 속에서도 희망의 끈을 결코 놓지 않았습니다. 마침내 미국의 대통령으로 당선되었고, 노예 해방이라는 위대한 업적을 쌓았습니다.

희망은 사람을 성공으로 이끄는 신앙이라고 합니다. 자랑스러운 삼정고 학생 여러분. 여러분의 희망은 무엇입니까. 여러분 자신들과 가족들, 우리 사회 모든 사람들에게 유익한 희망을 가지십시오. 그리고 한 걸음 한 걸음 착실하게 나아가십시오. 여러분이 흘린 땀방울은 여러분을 결코 배신하지 않을 것입니다.

一 자기 자신을
지배하고 통제하라

2016. 4.
남해고등학교 장학증서 수여식

　　박수남 교장선생님을 비롯한 남해고등학교 교직원 여러분! 미래의 인재를 육성하시느라 노고가 많으십니다. 남해고등학교 재학생 여러분! 봄 햇살처럼 밝고 활기찬 모습을 보게 되어 무척 반갑습니다.

　　얼마 전 신문에 실렸던 내용을 잠시 소개하고자 합니다. 폭풍을 만나 표류하던 선원이 어느 섬에 도착하여 겨우 살았습니다. 그런데 그 섬에서는 표류해온 낯선 사람을 1년 동안 왕으로 모셨다가, 무인도에 내다버리는 풍습을 가지고 있었습니다. 무인도는 나무 한 그루 없는 황무지였으므로 살아남을 방법이 없었습니다. 1년이 지났습니다. 선원이었던 왕은 무인도에 버려졌습니다. 얼마 후 섬사람들이 궁금하여 무인도를 찾아갔습니다. 그런데 황무지였던 무인도는 푸른 낙원으로 변해 있었습니다. 죽었을 것이라고 생각했던 왕은 행복한 나날을 보내고 있었습니다.

　　1년 짜리 시한부 왕은 '살 수 있는 날이 1년밖에 남지 않았다'고 탄식할 수도 있었고, '미래를 준비할 시간이 1년이나 남았다'고 생각할 수도 있었습니다. 그런데 그는 왕으로 지내는 동안 매일같이 무인도를 찾아 나무를 심고 씨를 뿌리며 가축을 길렀습니다. 황무지가 파라다이스로 바뀐 것이지요. 여러분에게 그 어떤 고난과 역경이 닥치더라도, 체념하거나 좌절하거나 포기하지 마십시오.

얼마 전 TV에 소개된 팀황이라는 재미동포 젊은이 이야기를 여러분에게 들려드릴까 합니다. 그의 한국 이름은 황태일이며 올해 24세입니다. 열두 살 때 과테말라에 봉사활동을 갔다가 가난한 탓에 신발 없이 맨발로 뛰어노는 아이들을 목격하였습니다. 그 이후로 부모님에게 신발 사달라는 말을 하지 않았다고 합니다. 무슨 일이든 스스로 해결해나갔습니다. 사회봉사 활동에 적극 나서기도 하였습니다. 열여섯 살 때 오바마 대통령 선거 캠프에 참여했으며, 열일곱 살 때 메릴랜드 주 몽고메리 카운티 교육의원에 당선됐습니다. 스물한 살 때 미국의 모든 법률을 인공지능으로 검색할 수 있는 프로그램을 갖춘 '피스컬 노트'라는 회사를 창업하였습니다. 미국의 유명한 투자자들이 지원하겠다고 줄을 이었습니다. 직원 세 명으로 출범한 회사가 이젠 직원이 100명을 넘었다고 합니다.

팀황은 이렇게 말합니다. "자기 자신을 통제하고 지배하라. 그러면 꿈을 이룰 것이다." 그렇습니다. 불우한 가정환경이나 주변 탓을 해서는 아니 됩니다. 문제는 언제나 자기 자신에게 있습니다. 자신을 절제하고 미래를 준비하는 게 꿈을 이루는 지름길입니다.

여러분의 건승을 기원합니다. 대단히 고맙습니다.

― 미래는
  준비하는 사람들의 몫

2016. 4.
거창 대성고등학교 장학증서 수여식

김종준 교장선생님을 비롯한 거창대성고 교직원 여러분 대단히 반갑습니다. 산자수명한 거창에서 청운의 꿈을 키워가는 대성고 학생 여러분을 만나보니 무척 든든한 마음입니다.

대성고등학교는 이른바 유명 대학 진학률이 몹시 높은 명문고등학교일 뿐 아니라 지리산 극기 훈련이나, 명사 초청 특강, 해외 자매학교 방문 등을 통해 인성교육과 글로벌 리더로서의 자질을 함양하는 명품 교육을 실시하고 있는 것으로 알고 있습니다.

물리학자 아인슈타인 박사는 '인생은 자전거 타기와 같다'고 하였

습니다. 끊임없이 움직여야 균형을 유지할 수 있다는 뜻입니다. 지, 덕, 체를 함께 갖추어야 세상을 변화시키는 리더가 될 수 있습니다. 저도 기업을 경영하면서 '기업은 생물이다'라는 신념을 갖고 있습니다. 변화와 도전을 기피하고 안주하면 경쟁력을 갖출 수 없습니다. 거창대성고등학교의 훌륭한 교육시스템 속에서 여러분의 꿈을 키우고 한발 한발 다가가십시오.

 자랑스러운 대성고 학생 여러분, 여러분에게 그 어떤 고난과 역경이 닥치더라도 체념하거나 좌절하거나 포기하지 마십시오. 희망은 사람을 성공으로 이끄는 신앙이라고 합니다. 미래는 준비한 사람들의 몫입니다.

큰 희망이
큰 사람을 만든다

2016. 4.
합천고등학교 장학증서 수여식

합천고등학교 김남기 교장선생님과 합천의 인재를 육성하시는 여러 선생님들, 안녕하셨습니까. 합천고 재학생과 장학생으로 선발된 합천의 젊은이 여러분, 역사와 전통의 고장 합천에서 만나게 되어 무척 반갑습니다.

합천은 세계문화유산인 팔만대장경의 고장입니다. 몽고군이 침략했을 때 국난을 극복하기 위해 고려시대의 우리 선조들이 몸과 마음을 모아 만든 것이 바로 팔만대장경입니다. 그 어떤 고난과 역경에 처하더라도 희망을 갖고 있으면 얼마든지 극복할 수 있습니다. 희망은 사람을 성공으로 이끄는 신앙이라고 합니다. 영국의 역사학자 토마스 풀러는 '큰 희망이 큰 사람을 만든다'고 말하였습니다.

서울지방법원장을 지냈던 강봉수 변호사의 이야기를 소개하겠습니다. 강 변호사는 소년시절부터 물리학을 공부하려고 했으나, 부모님의 희망에 따라 서울대 법대에 들어가 판사의 길을 걸었습니다. 법관에서 퇴직한 뒤 연봉이 수억 원인 로펌 고문변호사를 그만두고 나이 67세에 미국 유학을 떠나 물리학을 공부했습니다. 그리고 74세인 올해 5월에 물리학 박사학위를 받게 되었습니다. 그는 법관을 하면서도 물리학이라는 꿈을 결코 잊지 않았던 것입니다.

강 변호사는 또 경기도 여주의 주택에 '그룹 홈'을 꾸며 오갈 곳 없는 청소년 10여 명을 돌보는 선행을 해왔다고 합니다.

세계에서 최고 부자인 빌 게이츠는 "어릴 적 나에겐 정말 많은 꿈이 있었고, 그 꿈의 대부분은 많은 책을 읽을 기회가 있었기에 가능했다고 생각 한다"라고 말했습니다.

사랑하는 학도 여러분, 꿈조차 꾸지 않으면 이루어질 수 없습니다. 많은 꿈을, 큰 꿈을 꾸시고, 빌 게이츠처럼 노력하시기 바랍니다. 여러분의 꿈이 이루어지기를 기원합니다.

여러분, 대단히 고맙습니다.

― 고통 없이 거둔 승리는
  영광이 아니다

2016. 4.
창녕지역 고교 장학증서 합동수여식

　창녕여고 박태곤 교장 선생님과 창녕의 여러 학교에서 오신 선생님들, 대단히 반갑습니다. 창녕의 여러 학교에서 선발돼 이 자리에 모인 장학생 여러분을 만나게 돼 무척 기쁩니다.

　창녕은 화왕산 관룡산의 기상을 이어받고 어머니 품안과 같은 낙동강의 넉넉함을 본받은 고장입니다. 경남의 중부 내륙에 위치해 있으면서도 교통이 편리하므로 발전 가능성이 아주 높은 곳입니다. 경남의 군 단위 지방자치단체 가운데 인구가 두 번째로 많을 정도로 성장하였다고 들었습니다. 이 자리에 참석한 학생 여러분이 창녕의 발전을 선도해 나가야 합니다.

　자랑스러운 창녕의 젊은이 여러분! 프랑스의 나폴레옹은 '내 사전에 불가능이란 없다'라는 유명한 말을 남겼습니다. 자유와 평등, 박애의 정신을 전 유럽에 전파했던 나폴레옹이지만, 그가 손쉽게 성공을 거둔 것은 아닙니다. 그러므로 그는 '고통을 거치지 않고 거둔 승리는 영광이 아니다'라고 말했습니다.

　창녕의 젊은이 여러분!

　공부하는 데 힘이 들지 않을 수 있겠습니까. 기술을 연마하는 데 땀을 흘리지 않을 수 있겠습니까. 젊을 때 흘리는 눈물과 땀은 여러분의 평생을 뒷받침해줄 것입니다. 공자님이 이런 말씀을 남겼지요. '일생의 계획은 어릴 때 있으며, 1년 계획은 봄에 있고, 하루의 계획은 새벽에 있다. 어려서 배우지 않으면 늙어서 아는 게 없고, 봄에 밭을 갈지 않으면 가을에 바랄 게 없으며, 새벽에 일어나지 않으면 그 날 할 일이 없다'고 하셨습니다.

홍콩의 유명한 영화배우 성룡이 대학에서 명예박사학위를 받으면서 이런 연설을 하였습니다.

"이 강당 안에 저보다 학력이 낮은 사람은 단 한 명도 없을 것입니다. 너무 가난하여 초등학교를 중퇴하였습니다. 돈을 많이 벌면 원 없이 공부를 하겠다고 어린 시절 결심하였습니다. 그러나 나이가 들어 공부하려니, 머리에 들어가지 않았습니다. 학생이라는 사실을 다행이라고 생각하십시오."

꿈을 키우고 끼를 발휘하십시오. 지금 흘리는 땀방울이 여러분을 세상의 주인공으로 만들어 드릴 것입니다. 대단히 감사합니다.

─ 학생 수 감소하는 농어촌 학교의 모델이 되어주길

2016. 4.
고성 소가야중학교 장학증서 수여식

　귀한 시간 내어주신 박종훈 경남교육감님 감사합니다. 안혜련 교장선생님을 비롯한 소가야중학교 교육가족 여러분 안녕하셨습니까. 고성의 소규모 3개 학교를 통합하여 새로운 학교로 개교하기까지 얼마나 노고가 많았습니까. 자란만의 청정해역이 내려다보이는 이 아름다운 학교에서 지혜를 닦고 인성을 길러갈 학생들이 부럽기만 합니다.

　소가야중학교는 기숙형 거점 중학교인 데다, 훌륭한 시설을 갖추었습니다. 뿐만 아니라 다양한 방과후 학교 강좌를 통해 1인 1악기 연주, 1인 1특기 개발 등 체계적인 교육시스템을 갖춘 것으로 알고 있습니다. 교육과정 설명회를 통해 학부모들의 신뢰를 얻었고, 지역사회와 소통하는 모범을 보여주었습니다. 날이 갈수록 학생 수가 줄어드는 농어촌 지역의 어려움 속에서도, 소가야중학교가 성공모델이 되어주기를 바랍니다.

　소가야중학교 학생 여러분!
　이렇게 아름다운 교육환경과 훌륭하신 선생님들의 가르침 아래, 꿈을 키우고 끼를 발휘하여 우리나라의 큰 기둥이 될, 훌륭한 인재로 성장해주시길 기대합니다. 중학교 교육과정은 미래의 진로를 탐색하는 기간입니다. 여러분이 가장 좋아하고, 가장 잘할 수 있는 분야가 무엇인지, 다양한 체험활동을 통해 찾아보시기 바랍니다.

　교장 선생님께서 여러분에게 책을 한 권씩 선물하셨다고 들었습니다. 『갈매기의 꿈』은 높은 이상을 가르치고, 『오체불만족』은 그 어떤 역경도 이겨내라고, 『모모』는 시간의 소중함과 상상의 힘을 알려줍니다. 책을 많이 읽으면 지식만 늘어나는 것이 아니라 용기가 길러지며, 인성도 갖출 수 있습니다. 고성의 아름다운 학교에서 우리나라를 이끌고 갈 미래의 주인공들을 만나 무척 행복한 시간이었습니다.

　대단히 감사합니다.

― 최치원·조식 선생 가르침 받들어

2016. 4.
함양고등학교 장학증서 수여식

　　함양고등학교 류운수 교장선생님과 함양 산청지역의 여러 선생님들 안녕하셨습니까. 대한민국의 미래를 짊어질 함양 산청의 학생 여러분을 만나게 되어 무척 반갑습니다.

　산청과 함양은 지리산의 정기를 이어받은 고장입니다. 지리산은 하늘을 찌를 듯한 드높은 기상과 세상 만물을 모두 품은 넉넉한 도량을 자랑합니다. 함양은 신라시대 고운 최치원 선생께서 홍수를 예방하기 위해 숲을 조성한 상림이 자랑거리입니다. 산청은 조선시대 남명 조식 선생께서 후학들에게 올곧은 선비정신을 가르친 고장입니다. 두 고장 모두 이런 전통을 바탕으로 수많은 인재를 배출하였습니다. 이제 여러분이 자랑스러운 선조들의 뒤를 이어야 할 때입니다.

　함양과 산청의 청년 학도 여러분! 인생은 흔히 마라톤과 같다고 합니다. 100미터 달리기처럼 전력질주 하다가는 곧 지치고 맙니다. 지금 선두에 나서지 못하더라도 좌절하거나 포기하면 아니 됩니다. 큰 꿈을 가지고 한 걸음씩 부지런히 나아가야 합니다.

　일본 전국시대에 세 영웅이 있었습니다. 오다 노부나가와 도요토미 히데요시, 그리고 도쿠가와 이에야스입니다. 이들의 개성을 멋지게 비유한 이야기가 있습니다. 새가 울지 않으면 오다 노부나가는 새를 죽였고, 도요토미 히데요시는 온갖 꾀를 동원하여 새를 울도록 했으며, 도쿠가와 이에야스는 새가 울 때까지 참고 기다렸습니다. 오다 노부나가는 천하통일을 앞두고 측근에 의해 살해되었고, 도요토미 히데요시는 1인자가 되었으나 그의 세상은 오래 가지 않았습니다. 부하를 사랑하고 백성을 아꼈던 도쿠가와 이에야스는 쇼군이 되었고, 그의 가문은 200년 넘게 일본을 통치하였습니다.

산청과 함양의 자랑스러운 젊은이 여러분!

학업을 부지런히 닦아 기본을 갖추어야 합니다. 여러분이 가장 좋아하고 가장 잘할 수 있는 분야를 찾아 꿈과 끼를 키우십시오. 그리고 어머니 품안 같은 지리산의 넉넉한 도량을 배워 세상 사람들을 돌볼 수 있는 인성을 가꾸어 가시기 바랍니다. 이제 곧 여러분이 세상의 주인공이 됩니다. 큰 꿈을 꾸며 부지런히 정진하십시오.

여러분, 감사합니다. 모두 건강하시길 바랍니다.

一 도끼를 갈아 바늘로 만드는
   끈기와 성실

2016. 11.
창녕제일고등학교·넥센타이어·창녕군 산·학·관 협력 조인식

　　김충식 창녕 군수님, 곽권태 창녕교육지원청 교육장님, 이효환 교장선생님을 비롯한 창녕제일고 선생님 여러분! 그리고 글로벌 기술명장을 꿈꾸는 창녕 제일고 학생 여러분! 청명한 가을하늘 아래 단풍이 물들기 시작한 멋진 계절에 여러분을 뵙게 되어 무척 기쁩니다.

　　창녕제일고는 거점특성화 고교로 한 학급 학생수가 20명인 소수정예 학교라고 알고 있습니다. 특히 경남에서는 유일하게 중장비 가공 자격을 취득할 수 있는 교육과정이 개설된 학교입니다. 오늘 넥센타이어와 창녕군, 창녕제일고등학교가 산·학·관 협력협정을 체결함으로써 학생 여러분의 현장실습과 취업지원은 물론 다양한 지원을 할 수 있도록 노력하겠습니다. 넥센타이어뿐 아니라 창녕에 소재한 여러 기업들이 참여할 수 있기를 기대하며, 학교 측에서 훌륭한 인재를 양성하여 보내주시면 질 좋은 일자리를 제공하겠습니다.

　　창녕제일고 학생 여러분!
　　기술력이 뛰어난 명장이라면 국내 대기업은 물론 세계 어디에서도 환영받을 것입니다. 세계 최고의 프로 리그에서 맹활약하고 있

는 손흥민 선수를 보십시오. 실력이 뛰어나면 외국에서도 사랑받고 환영받습니다. 목표를 분명히 하고 꾸준하게 실력을 키워 나가십시오. 도끼를 갈고 갈아 바늘을 만드는, 마부작침의 끈기와 성실함으로 세계 최고의 기술에 도전하십시오. 머지않아 여러분이 세상의 주인공이 될 것입니다.

여러분, 대단히 감사합니다.

― 포기할 줄 모르는 용기가
  처칠 만들었다

2017. 3.
통영 동원중·고등학교 장학증서 수여식

　　장복만 이사장님, 황차열 교장선생님과 교직원 여러분! 동창회, 학부모회, 학교운영위원회 관계자 여러분! 1년 만에 다시 뵙습니다. 그동안 안녕하셨습니까? 동원 중·고등학교 재학생 여러분! 밝고 활기찬 여러분의 모습을 보니 마음이 든든해집니다.

　저는 3~4월이면 부산과 경남의 10여 개 고등학교를 방문합니다. 그런데 해마다 새 학년이 시작되는 첫날 동원고등학교를 가장 먼저 찾아옵니다. 그 까닭은 명품교육을 통해 글로벌 인재를 육성하겠

다는 의지와 열정을 이 학교에서 확인했기 때문입니다. 대학 진학률이 뛰어난 것은 물론, 상위권 대학 합격자를 상당수 배출하는 등 뛰어난 교육 프로그램으로 많은 성과를 올렸습니다.

자랑스러운 동원고 학생 여러분!

제2차 세계대전 때 히틀러가 이끄는 나치의 침략에 맞서 영국과 전 세계를 구해냈던 윈스턴 처칠 총리를 잘 알고 있을 것입니다. 그는 어릴 때 아버지의 엄격한 교육과 어머니의 무관심 때문에 내성적인 성격이 되었고, 우울증을 앓았습니다. 키는 170센티미터도 되지 않는 단신이었으며, 얼굴은 불도그처럼 못생겼습니다. 잔병치레를 자주 했고 말더듬이였습니다. 성적도 하위권이어서 명문대학에 갈 수 없었습니다. 그러나 그는 역사책을 많이 읽었습니다. 크게 소리 내어 읽음으로써 말더듬이를 치료했고, 나중엔 국민에게 용기와 감동을 안겨준 대웅변가가 되었습니다. 어휘력이 풍부해지고 문장력이 뛰어나 노벨문학상을 받았습니다. 포기할 줄 모르는 용기와, 국가와 국민만을 위한 애국심 덕분에 2002년 영국 국민이 가장 존경하는 위인 1위에 선정되었습니다.

'빈곤과 무지는 극복해야 할 공적이지만, 이 때문에 포기해서는 안 된다.' 장복만 이사장님이 밝힌 동원고등학교 건학 이념 첫 머리입니다. 그렇습니다. 여러분에게 그 어떤 난관이 닥치더라도 이에 굴하지 말고, 원대한 목표를 향해 나아가시기 바랍니다.

대단히 감사합니다.

一 꿈을 꾸고 변화하며 도전하라

2017. 3.
진주외국어고등학교 장학금 수여식

　　진주외고 정귀화 교장선생님, 반성중 이도수 교장선생님, 경남 꿈키움중학교 최미재 교장선생님, 반성초등학교 김판임 교장선생님, 이반성초등학교 오창근 교장선생님, 사봉초등학교 석길환 교장선생님, 그리고 여러 선생님과 내빈 및 학부모 여러분, 안녕하셨습니까.

　진주외고 학생 및 반성중 장학생 여러분!

　봄꽃들이 앞을 다투어 피어나는 계절에 밝고 활기찬 여러분을 만나게 되어 무척 기쁩니다. 저는 고향 진주를 찾을 때마다 보다 많은 학생들이 이곳 학교에서 열심히 공부하며, 운동장에서 신나게 뛰어노는 모습을 보고 싶었습니다.

　최근 몇 년 사이 혁신도시가 완성되면서 진주 인구가 늘어났습니다. 일반성면, 이반성면의 학교에서도 다양하고 수준 높은 교육 프로그램으로 학생들이 증가하기를 바라는 마음 간절합니다.

　자랑스러운 진주의 꿈나무 여러분!

　지난 22일 우리나라의 양대 경제신문에서 한 기업인의 성공스토리를 동시에 사설로 다루었습니다. 그는 〈넷마블〉이라는 IT 게임업체의 최고경영자인 방준혁 회장입니다. 그는 스스로를 '진품 흙수저'라고 말합니다. 성인이 될 때까지 자기 집이 없어 셋집에서만 살았습니다. 학원비를 마련하느라 신문배달도 하였습니다. 그의 학력은 고등학교 중퇴가 전부입니다. 두 차례나 창업하였으나 모두 실패하였습니다. 그럼에도 자본금 1억 원으로 넷마블을 차려, 다시 도전했습니다. 방 회장이 개발한 모바일 게임은 대성공을 거두었습니다. 회사는 급격하게 성장하였고, 오는 5월 상장을 앞두고 있습니다.

현재 넷마블의 추정 가치는 13조 원을 넘어서며, 그의 지분은 3조 원 이상이 될 것으로 예상됩니다. 올해 47세인 방 회장의 목표는 세계 5대 게임업체라고 합니다. 그는 "무모한 꿈은 없다. 꿈을 꿔야 도전할 수 있다"고 말했습니다. 또 "환경을 바꿀 수는 없지만, 나 자신을 바꿔야 성공할 수 있다"고 했습니다.

진주외고, 반성중 학생 여러분!

지금 집안이 가난하고, 외모가 못 생겼다거나, 성적이 떨어져도, 좌절하거나 포기하지 마십시오. 저마다의 소질을 개발하고 장점을 키우면, 미래의 주인공이 될 수 있습니다. 꿈을 꾸고, 자신을 변화시키면서, 도전하십시오.

감사합니다.

一 노력했기 때문에
   후회하지 않았다

2017. 3.
삼정고등학교 장학증서 수여식

　　박정오 이사장님, 이근철 명예이사장님! 창의성과 긍정심을 갖춘 인재를 육성하려는 신념에 경의를 표합니다. 최철배 교장 선생님과 교직원 여러분! 행복한 학교공동체를 만들기 위해 노고가 많으십니다.

　　학교법인과 교직원 여러분의 정성이 모여 삼정고등학교는 지난해 부산시 교육청으로부터 부산발 혁신학교인 다행복학교에 선정된 것으로 알고 있습니다. 자발적 참여와 소통으로 학교문화를 혁신시키고 수업 방식을 변화시켜 학생과 선생님, 학부모가 모두 행복한 학교공동체가 될 수 있기를 기대합니다.

　　자랑스러운 삼정고등학교 학생 여러분!

　　조선시대 실학자인 다산 정약용 선생은 강진에서 유배중일 때 양반이 아닌 중인 출신인 황상이라는 제자를 가르쳤습니다. 제자 황상이 "선생님, 저처럼 둔한 사람도 공부를 잘할 수 있습니까"라고 물었습니다. 정약용 선생은 "부지런하고, 부지런하고, 또 부지런하면 오히려 너 같은 아이가 더 공부를 잘할 수 있다"며 격려하였습니다. 제자 황상은 스승의 말씀을 '삼근계'라며 평생의 신조로 삼았습니다. 그는 추사 김정희도 칭찬한 훌륭한 시인이 되었습니다.

삼정고 재학생 여러분!

2014년 인천 아시안게임에서 금메달을 목에 걸었고, 지난해 리우 올림픽에서 4위에 올랐던 리듬체조 손연재 선수가 얼마 전 은퇴 기자회견을 가졌습니다. 그는 여섯 살 때부터 17년 동안 수없이 많은 부상에 시달리면서도 "스스로를 끝까지 몰아붙였다"고 할 정도로 악착같이 훈련하였습니다. 손 선수는 "선수 시절 아쉬움과 후회라는 두 단어가 가장 두려웠다"며 "앞만 보고 달린 끝에 아쉬움과 후회를 남기지 않았다"고 말했습니다. 노력했기 때문에 후회하지 않고, 행복했다고 말할 수 있었던 것입니다.

땀은 결코 배신하지 않습니다. 부지런히 노력하고, 또 노력하여, 행복한 미래를 가꿔 나갑시다. 그리하여 봄꽃들처럼 우리나라 희망의 상징이 되어주시기 바랍니다.

여러분, 감사합니다.

― 멀리 내다보고
   원대한 꿈을 키워라

2017. 3.
부산 국제외국어고등학교 장학증서 수여식

정순택 이사장님, 김인배 교장선생님과 교직원 여러분! 맹자는 천하의 인재를 가르치는 것을 군자의 세 가지 즐거움, 군자삼락(君子三樂) 가운데 하나라고 하였습니다. 머지않아 우리나라의 여성 지도자가 될 학생들을 지도하는 보람 또한 결코 작지 않을 것입니다.

부산 국제외고생 여러분! 여러분의 밝은 모습을 대하니 이제야 봄이 완연해진 듯합니다. 봄의 선물, 생명의 기운을 듬뿍 받아 새 학년을 활기차게 시작하십시오.

저는 학교 홈페이지를 통해 교장선생님의 학교경영 방침을 보았습니다. 학생들이 수준 높은 논문을 읽고, 토론하고, 작성하며, 발표한다는 대목에 깜짝 놀랐습니다. 또 독서를 생활화하며, 사교육비를 줄일 수 있도록 학교 수업을 충실화한다는 데 크게 공감하였습니다.

세계 제일의 부자이면서 기부를 가장 많이 한 빌 게이츠는 "오늘의 나를 있게 한 것은 동네 도서관"이라고 말하였습니다. 책 속에 길이 있습니다. 위대한 인물들이 걸어온 길과 그들의 지혜가 담겨 있습니다. 창조적이며 창의적인 아이디어의 원천이 책에 있습니다.

　2차 세계대전 때 나치의 침략에 맞서 영국과 전 세계를 구해낸 영국의 윈스턴 처칠 총리는 어릴 때 키는 작고, 불도그처럼 못생겼으며, 말을 더듬었고, 성적은 하위권이었습니다. 그는 역사책을 소리 내어 읽고, 또 읽었습니다. 말더듬이가 치료되었고, 역사 지식과 어휘력, 유머가 풍부해졌습니다. 전쟁의 소용돌이 속에서 국민들에게 용기와 희망을 안겨준 대웅변가가 되었으며, 노벨문학상까지 받았습니다. 2002년 영국 BBC방송이 '가장 존경하는 위인 설문조사'를 했더니, 셰익스피어, 뉴턴, 찰스 다윈, 빅토리아 여왕 등 쟁쟁한 인물들을 제치고 윈스턴 처칠이 1위를 차지했습니다.
　그는 2차 세계대전 때 나치 독일군의 폭탄이 쏟아지는 런던의 한 건물 옥상에서 "네버, 네버, 네버 기브업(Never never never give

up)"이라고 외쳤습니다.

처칠 총리가 죽음을 두려워하지 않고 보여준 용기는 BBC방송을 통해 런던 시민들에게 생생하게 전해져 국민들의 단합을 이끌어내었습니다.

자랑스러운 부산 국제외고생 여러분! 창조인, 자주인, 세계인으로 성장하기 위해 고교시절 3년은 너무나 소중한 기간입니다. '호시우행(虎視牛行)'이라는 말이 있습니다. 멀리 내다보고 원대한 꿈을 키우십시오. 그리고 한 걸음, 한 걸음 꾸준하게 나아가십시오. 여러분의 꿈이 이루어지기를 기원하겠습니다.

대단히 감사합니다.

― 환경을 못 바꿔도
　나를 바꾸면 성공한다

2017. 4.
마산고등학교 장학증서 수여식

　　　　문정식 교장선생님을 비롯한 교직원 여러분! 마산의 젊은 이들을 천하의 인재로 육성하기 위해 노고가 많으십니다.
　자랑스러운 마산고등학교 학생 여러분!
　저는 1955년 이 학교에 입학하여 17회로 졸업하였습니다. 개나리, 진달래, 벚꽃이 앞을 다투며 피어나는 좋은 계절에 모교에서 여러분을 만나게 되어 무척 기쁜 마음입니다. 제가 재학하던 당시는 6.25사변이 끝나고 몇 해 지나지 않았으므로, 국가경제나 개개인의 가정 살림이 몹시 어려웠습니다. 그렇지만 학생들 모두 이상은 높고, 행동은 활달하였습니다. 나라의 미래가 우리에게 달려있다는 자부심으로 열심히 공부하였습니다. 마산고등학교는 각계에서 존경받는 인재들을 많이 배출하였습니다. 저의 동기만 하더라도 소위 SKY대학에 50~60명 합격하였으며, 장차관과 군 장성, 공기업 및 대기업 사장을 지낸 분들이 상당히 많았습니다.
　저도 당시 집안형편이 매우 어려워 힘들게 학업을 이어갔습니다만, 학창시절의 경험이 훗날 기업을 경영하거나 사회생활을 할 때 큰 도움이 되었다고 생각합니다. 저는 그동안 모교 야구부 지원에 힘을 쏟아왔으나, 올해부터는 집안이 어려워 힘들게 공부하는 후배들을 돕기로 하였습니다.

사랑하는 후배 여러분!

고등학교를 중퇴하고 넷마블을 차려 기업의 추정가치가 13억 원을 넘어선, 방준혁 의장은 전형적인 '흙수저' 출신입니다. 그는 "무모한 꿈은 없다. 꿈을 꿔야 도전할 수 있다"고 말했습니다. 또 "환경을 바꿀 수는 없지만, 나 자신을 바꾸면 성공할 수 있다"고 했습니다.

대한민국의 미래를 걸머쥔 마고생 여러분!

가난하다거나, 못생겼다거나, 공부를 못한다고 좌절하지 마십시오. 저마다의 소질과 특기를 갈고 닦으며 기회를 잘 살려 꿈을 이루십시오. 머지않아 여러분이 세상의 주인공이 될 것입니다.

선조들의 나라사랑 장인정신 이어받자

2017. 4.
사천지역 고교 장학증서 합동수여식

　　삼천포 고등학교 정호영 교장선생님을 비롯한 사천지역 여러 학교에서 오신 선생님들, 모두 안녕하셨습니까. 사천의 여러 학교에서 선발된 장학생 여러분, 그리고 삼천포고 학생 여러분 대단히 반갑습니다.

　사천은 예로부터 호국 충절의 고장이었습니다. 이순신 장군의 휘하에서 왜적들을 용감하게 무찌른 강수인, 신춘용, 이곤변, 이안주 장군이 모두 사천 출신입니다. 일제강점기 때 독립운동을 하다 여러 차례 옥고를 치른 정갑주, 최범술 선생도 사천이 낳은 인물입니다. 사천의 도요지에서 만들어진 막사발은 임진왜란 이후 일본에 건너가 이도차완이라고 불리며 일본의 국보로 지정돼 사랑받고 있습니다. 선조들의 나라 사랑과 빼어난 장인 정신을 이제 여러분이 이어 가야 합니다.

　사천에서 생산된 고등훈련기가 인도네시아와 페루 수출에 이어 곧 미국에도 수출될 것이라고 합니다. 그만큼 사천 항공우주산업단지는 서부경남 발전의 핵심입니다. 머지않아 여러분이 이러한 첨단 산업의 주역이 되어야 합니다.

　사천의 자랑이자 희망인 여러분!

집안이 가난하다거나 성적이 뒤처진다고 좌절하거나 포기하지 마십시오. 원대한 꿈을 지니고 한 걸음 한 걸음 꾸준하게 나아가십시오. 머지않아 여러분이 주인공이 될 것입니다.

대단히 감사합니다.

― 케네디의 격려받은 클린턴, 30년 후 대통령에

2017. 4.
창녕지역 고교 장학증서 합동수여식

　　창녕 제일고 이효환 교장선생님을 비롯한 여러 선생님들 반갑습니다. 김충식 창녕군수님과 내빈 여러분, 자리를 빛내주셔서 감사합니다. 창녕군 미래의 희망인 학생 여러분! 신록의 계절에 여러분을 만나게 되어 무척 기쁜 마음입니다.

　창녕은 화왕산, 관룡산의 정기가 서리고, 낙동강이 생명의 젖줄 역할을 하는 복된 고장입니다. 전통적으로 농업이 발달했으나, 우포늪과 유채꽃 축제 등으로 관광객이 모여들고, 사통팔달 편리한 교통 덕분에 산업단지도 크게 늘어났습니다. 창녕은 임진왜란 때 곽재우, 성천희 의병장 등이 왜군을 무찌른 곳이며, 3.1운동 때 대한 독립 만세를 외쳤던 호국의 고장입니다. 이 자리에 참석한 학생 여러분이 창녕을 지키고 발전시킬 견인차가 되어야 하고 주인공이 되어야 합니다.

　장학생 및 창녕 제일고 학생 여러분!

　사람은 누구를 만나느냐에 따라 꿈의 크기가 달라지고 노력 여부에 따라 인생행로가 바뀝니다. 반기문 전 유엔 사무총장은 1962년 고등학교 3학년 때 영어 웅변대회에서 1등을 한 덕분에 미국 백악관을 방문하였습니다. 세계 각국에서 모인 학생 102명 가운데 반기문 학생에게 존 F. 케네디 대통령이 "꿈이 무엇이냐"라고 물었습니다. 그는 "한국의 외교관이 되고 싶다"고 답했습니다. 그러자 케네디 대통령은 "세계의 외교관이 되라"고 격려했습니다. 반기문 학생은 책상 앞에 '세계의 외교관'이라고 장래 희망을 적어 놓고 공부하였습니다. 외무고시에 합격하고, 외무부장관에 이어 유엔 사무총장이 되었습니다. 빌 클린턴 전 미국 대통령도 15세 때 케네디 대통령을 만났습니다. 장래 희망을 묻자 클린턴은 "미국의 대통령"이라고 답했습니다. 케네디 대통령은 머리를 쓰다듬으며 격려하였고, 클린턴은 30년 후 미국 대통령이 되었습니다.

자랑스러운 장학생 여러분!

앞으로 살아가면서 오늘의 마음가짐을 잊지 마시기 바랍니다. 장학생으로 선발되었다는 자신감과 누군가가 나를 응원해주고 있다는 자부심을 항상 간직하시기 바랍니다. 좌절하거나 포기하고 싶을 때 오늘의 모습을 떠올려 보면 다시 일어나 힘차게 전진할 수 있을 것입니다. 여러분이 대한민국의 희망이 될 수 있도록 응원하겠습니다.

대단히 감사합니다.

최고의 씨름선수는 다른 분야에서도 달인

2017. 5.
부산 운송중학교 씨름부 후원행사 격려사

　　운송중학교 신정숙 교장선생님과 씨름부 학생 여러분 부산과 경남을 대표하는 KNN방송국 방문을 환영합니다. 디오라마 전시를 재미있게 잘 보셨는지 궁금합니다.

　운송중학교는 부산교육감 표창을 여러 차례 받았고, 교육부총리 표창도 수상한 모범적인 학교로 알고 있습니다. 제가 운송중학교 씨름부를 후원하게 된 것은 신정숙 교장선생님과의 개인적인 인연도 있지만, 지금은 연예인 활동을 하는 천하장사였던 강호동이 제 조카인 까닭도 있습니다. 한 분야에서 열과 성을 다하여 정상에 올랐던 사람은 다른 분야에서도 최선을 다하면 최고가 될 수 있다는 사실을 제 조카 강호동이 보여주었습니다.

　여러분도 최고의 씨름선수가 되면, 다른 분야에서도 달인이 될 수 있습니다. 꿈을 이루려면 높은 산을 넘어야 하고, 거친 바다를 건너야 합니다. 좌절하거나 포기하지 않는 강인한 정신이 필요합니다. 씨름만 잘 해서는 아니 됩니다. 학업도 열심히 하고, 인성도 길러야 합니다. 그래야 우리 사회를 이끌어가는 훌륭한 인재가 될 수 있습니다.

　여러분이 꿈을 이룰 수 있도록 응원하겠습니다.

― 인생은 속도보다 방향이 중요

2017. 5.
고성 소가야중학교 장학증서 수여식 격려사

　　　　안혜련 교장선생님과 교직원 여러분 안녕하셨습니까. 유승규 교육장님을 비롯한 내빈 여러분 감사합니다. 소가야중학교 학생 여러분, 학부모 여러분! 지난해 방문했을 때보다 학교가 더욱 깔끔해졌고, 학생들의 표정이 밝고 활기가 넘쳐 무척 기쁜 마음입니다.

　소가야중학교는 지역 거점 기숙형 중학교라고 알고 있습니다. 학교 주변의 경치가 뛰어나고, 시설도 깨끗합니다. 교육프로그램도 다양하고 우수하여, 교훈처럼, 너도 나도, 우리 모두 행복한 학교라고 생각합니다. 윈드 오케스트라, 다락 독서프로젝트, 1인 1특기 교육, 외국어 능력 향상 교육, 특목고와 협력 교육 등은 다른 학교에서 찾아보기 어려운 정도입니다. 학급당 학생 수가 13.2명에 불과해 소수 정예교육이 가능합니다. 봉사와 사랑과 소통이 가능한 학교가 가능하리라 판단합니다.

　자랑스러운 소가야중학교 학생 여러분! 이 학교에서는 다양한 진로 탐색 교육을 실시하고 있는 것으로 압니다. 미래의 나의 모습을 그려보고 다양한 체험을 해야 합니다. 인생은 속도 보다는 방향이 중요합니다. 사람은 누구를 만나느냐에 따라 꿈의 크기가 달라지고 노력 여부에 따라 인생행로가 바뀝니다.

  학생 여러분!

  이 아름다운 소가야중학교에서 꿈을 키우고, 꿈을 향해 달리십시오. 머지않아 여러분이 세상의 주인공이 될 것입니다. 여러분, 대단히 감사합니다.

절대, 절대, 절대로 포기하지 말라

2018. 3.
통영 동원중·고등학교 장학증서 수여식

장복만 이사장님, 황차열 교장선생님과 교직원 여러분! 동창회와 학부모회, 학교운영위원회 관계자 여러분! 그동안 안녕하셨습니까? 명문 동원중·고등학교에 입학한 신입생 여러분 환영합니다. 오늘 장학증서를 받은 장학생과 전교생 여러분 반갑습니다.

명품 교육을 통해 글로벌 인재를 육성하려는 동원학당을 방문하니 학구열이 뜨거운 여러분의 의지와 열정을 확인할 수 있습니다. 전국 5% 안에 들어가는 명문학교를 만들겠다는 목표만큼 서울대, 포항공대, 경찰대, 사관학교 등 일류대학에 많은 학생들이 진학했다는 소식을 듣고 저도 무척 반가웠습니다.

동원학당의 건학이념 첫머리에 '가난과 무지는 공적이로되 이를 탓하여 포기하지 말지어다'라고 학생 여러분을 독려하고 용기를 불어넣어 주었습니다. 그렇습니다. 하늘은 스스로 돕는 자를 돕습니다. 우리는 자조 정신을 잊지 말아야 합니다. 서울 청계천 판자촌에서 자라나 상업고등학교를 졸업하고, 은행에 다니며 야간 대학을 나온 김동연이라는 젊은이가 대학의 총장을 지내다가 지금은 경제부총리가 되었습니다. 집안이 가난하여 고등학교 2학년 때 중퇴한 방준혁이라는 젊은이는 여러 차례 실패에도 굴하지 않고 IT 업계의 거목으로 자라나 개인 지분이 3조원이 넘는 넷마블의 의장이 되었습니다.

 2차 세계대전 때 나치 독일의 공습을 받았던 영국의 처칠 수상은 BBC 방송 연설에서 "네버, 네버, 네버 기브업(Never never never give up), 절대 절대 절대로 포기하지 맙시다"라고 국민들에게 용기를 불어넣어 영국과 세계를 구했습니다. 그는 노벨문학상을 받았을 뿐 아니라 2002년 영국 국민이 가장 존경하는 위인 1위에 선정되었습니다.

 동원중·고생 여러분!

 이 아름다운 학교에서 키운 꿈과 지혜가 꽃피고 열매 맺을 수 있는 날까지 끊임없이 정진해 나갑시다. 동원중·고등학교의 무궁한 발전을 기원합니다.

 대단히 감사합니다.

― 너무 지쳐 힘들 때
마음이라도 움직여라

2018. 3.
부산 국제외국어고등학교 장학증서 수여식

정순택 이사장님과 김인배 교장선생님을 비롯한 교직원 여러분 1년 만에 뵙게 되어 무척 반갑습니다. 정부의 정책 변화로 특수목적고가 어려움에 처한 가운데서도 세계적인 여성 리더를 육성하고자하는 노력에 감사드립니다.

자랑스러운 부산 국제외고 학생 여러분!

동백섬과 수영만이 내려다보이는 이 아름다운 캠퍼스에서 학업 성취는 물론, 예능과 체력을 겸비한 글로벌 리더가 되기 위해 끊임없이 노력하는 여러분의 열정에 큰 박수를 보냅니다. 2015년 기준입니다만, 부산국제외고는 전국 31개 외국어고 가운데 학생 1인당 장학금이 가장 많은 1위 학교에 올랐습니다. 역사는 짧지만 내실을 갖춘 교육으로 유명한 학교이기 때문일 것입니다.

학생 여러분!

평창 동계올림픽 스켈레톤에서 금메달을 딴 윤성빈 선수를 아시지요. 18세 때 스켈레톤을 시작한 그가 너무 힘들어 운동을 그만두려고 하자 어머니는 "남이 가지 않는 길을 가고, 개척해야 성공한 사람"이라며 아들을 격려했습니다. 또 주변 사람들이 "왜 위험한 운동을 시키느냐"고 지적하자 어머니는 "위험하지 않은 종목이 어디

있느냐, 위험하지 않는 인생이 어디 있겠느냐"고 반문하였다고 합니다. 어머니의 응원에 힘입어 윤 선수는 하루 8끼를 먹으며 몸무게를 12킬로그램이나 늘렸고 팔굽혀펴기를 하루 1천 개 이상 운동하였습니다.

1억 5천만 권 이상 책이 팔린 브라질의 세계적 작가 파울로 코엘료는 『마법의 순간』이라는 책에서 "다리가 너무 지쳐 움직이기 힘들 때는 마음으로라도 걸음을 멈추지 마세요. 당신의 길을 포기하지 말아요"라고 삶에 지친 독자들을 위로하였습니다.

여러분이 명문 부산 국제외고에 입학했을 때, 새 학년을 시작할 때 어떤 꿈을 지녔으며, 어떤 계획을 세웠습니까. 혹시 그 꿈을 포기하거나, 벌써 지쳐버린 것은 아닙니까. 썰매 종목의 불모지 대한민국에서 금메달을 딴 윤성빈 선수처럼, 40여 년 전 조선소도 없이 대형 선박을 수주했던 고 정주영 회장처럼, 파울로 코엘료의 마법

같은 위로처럼, '나는 할 수 있다'는 '캔두(Can do) 정신'을 잊지 말아야 합니다.

부산 국제외고 학생 여러분! 지금 이 순간, 이 순간이 여러분의 미래를 위해 소중합니다. 여러분의 건승을 기원합니다.

대단히 감사합니다.

一 뉴욕 거리에서 장사하며
  문화체험했던 예술가

2018. 3.
진주외국어고등학교·반성중학교 장학증서 합동수여식

　　진주외고 정귀화 교장선생님, 반성중학교 이혜영 교장선생님, 그리고 이 자리에 참석하신 교장선생님들과 교직원, 내빈 여러분! 아름다운 고장 진주에서 뵙게 돼 무척 기쁩니다. 진주외고를 비롯한 각 학교에서 오신 학생 여러분! 이 지역 출신으로 대학에 진학한 신입생 여러분! 밝고 늠름한 여러분을 대하니 마음이 든든합니다.

　　제가 여기 오기 전에 여러분의 학교 홈페이지를 살펴보았습니다. 진주외국어고는 오래 전부터 10분 독서교육과 『명심보감』 읽기를 매일 실천해왔습니다. 반성중학교는 자유학기제와 다양한 방과후학교를 운영해왔습니다. 경남 꿈키움학교는 공동체 회의와 1인1악기 연주가 눈에 띄었습니다. 반성초등학교는 발명교실, 영어회화, 뉴 스포츠, 사군자 등 특별활동이 두드러져 보였습니다. 비록 대도시가 아닌 시골에 자리 잡은 학교이지만, 다양한 특별활동을 통해 학생들의 꿈과 끼를 키워나가려는 노력에 따뜻한 박수를 보냅니다. 학생들이 저마다의 개성을 살리고 특기를 개발하여야 세계무대에서도 당당하게 활약할 수 있을 것입니다.

　　자랑스러운 진주의 꿈나무 여러분!

지난 평창 동계올림픽 개·폐회식 중계방송을 보셨습니까? 1,200여 개의 드론이 오륜기를 수놓았고 동계올림픽 마스코트 수호랑의 모습으로 비행했습니다. 고구려 여인들의 군무와 현대적인 판소리가 융합의 절정을 이루어 오대양 육대주로 퍼져나갔습니다. 3천여 명의 출연자와 1천여 명의 스태프가 새벽까지 추위에 몸을 떨며 연습하고 또 연습하고 리허설 한 결과입니다. 수십억 명의 시청자가 감탄을 자아냈고, 세계 언론들이 극찬했습니다. 한국인의 기술적 역량과 문화적 저력을 유감없이 과시했습니다.

이렇게 멋진 개·폐회식을 연출한 사람은 송승환 총감독이었습니다. 그는 여섯 살 때 아역 탤런트로 시작하여 연극배우, TV쇼 진행자를 하며, 사업에 실패한 부모님의 빚을 모두 갚은 소년 가장이었습니다. 대학을 중퇴하고 미국 뉴욕으로 가서 길거리에 좌판을 깔고 시계를 팔며 3년여 동안 브로드웨이 등에서 미국 문화를 체험했

습니다. 타악기를 두드리며 요리를 하는 '난타' 공연을 기획해 세계 57개국 310개 도시에서 큰 박수를 받으며 한국 문화를 세계에 알렸습니다. 20년이 넘은 지금도 명동과 제주도, 태국 방콕에서 상설 공연을 하고 있습니다. 예술가, 공연기획자로서의 다양한 체험과 세계무대에 도전하고 개척하겠다는 그의 열정과 의지가 오늘날의 성공 신화를 일구었습니다.

진주를 지키고 대한민국의 국위를 널리 선양할 젊은이 여러분! 여러분이 좋아하고, 잘할 수 있는 분야를 갈고 닦아, 세계로 도전하고 또 도전하십시오.

여러분, 대단히 고맙습니다.

一 높이 날아야 멀리 볼 수 있다

2018. 3.
서부경남지역 고교 장학증서 합동수여식

하동고등학교 강주평 교장선생님을 비롯한 하동, 산청, 합천, 함양에서 오신 선생님들, 만나게 되어 대단히 반갑습니다. 서부경남의 미래를 짊어진 학생 여러분! 지리산의 맑은 정기를 받은 여러분을 만나니 무척 기쁩니다.

지방소멸이라는 말을 들어보았습니까? 앞으로 30년 후엔 우리나라에서 84개 시·군·구가 소멸되고, 1,383개 읍·면·동이 사라진다고 합니다. 저출산으로 아기 울음소리가 들리지 않고, 젊은이들이 일자리를 찾아 대도시로 이동하기 때문입니다. 전국에서 소멸 위험이 높은 지방 읍·면·동 20위 가운데 서부경남 5개면이 포함되었습니다. 합천, 거창, 산청, 하동, 남해, 의령 등 대부분의 군 지역이 소멸 위험 지역입니다.

쾌적한 생활환경과 편의시설, 우수한 교육기관, 질 좋은 일자리가 마련되어야 합니다. 서부경남이 활기를 되찾고 발전할 수 있도록 여러분이 노력해주십시오.

'높이 나는 새가 멀리 본다'는 말을 여러분도 잘 아시겠지요. 리처드 바크의 소설 『갈매기의 꿈』에 나오는 구절입니다. 소설 속의 갈매기들은 대부분 현실에 안주하면서 그저 먹이를 찾으러 다닙니다. 그러나 주인공 조나단은 높이 날아오르는 꿈을 이루려 노력합니다. 높이 날아야 멀리, 더 넓은 광경을 바라볼 수 있으며, 우리의 미래도 조망할 수 있습니다. 중국 당나라 시절의 시인 왕지환은 시 '관작루에 올라'에서 '천리 너머 풍경을 바라보기 위해, 한 층 더 높이 계단을 오른다'라고 노래하였습니다. 지리산에 오르면 경남, 경북, 전남, 전북이 모두 보입니다. 산을 오르면 힘이 들어도, 넓은 세상을 보고 통찰할 수 있습니다. 당장의 편안함, 조그마한 즐거움을 위해 미래를 외면하지 마십시오.

올해는 '책의 해'입니다. 책은 세상을 향한 창입니다. 책을 읽으면 선인들의 지혜가 여러분의 것이 됩니다. 그런데 우리 국민들은 부끄러울 정도로 책을 읽지 않습니다. 책 속에 길이 있는데, 길이 없다고 불평하는 사람들이 많습니다. 내일의 주역이 될 여러분은 달라져야 합니다. 옛사람들은 만 권의 책을 읽고, 만 리를 여행하라고 하였습니다. 그래야만 지혜와 경험이 축적돼 경륜이 깊어집니다. 마치 높은 산에 올라 천하를 굽어보는 것과 같습니다.

서부경남, 나아가 대한민국의 주인공이 될 여러분의 건승을 기원합니다.

대단히 감사합니다.

一 땀은 결코
배신하지 않는다

2018. 3.
삼정고등학교 장학증서 수여식

　　　　삼정고 이근철 이사장님, 박정오 명예이사장님, 최철배 교장선생님을 비롯한 교직원 여러분! 무척 반갑습니다.

　산에 들에 봄꽃이 피기 시작하였습니다. 봄은 모든 생명체가 우주의 기운을 받아 소생하는 계절입니다. 봄은 생명의 계절이자 청춘의 계절입니다. 새 학년이 시작되는 이 좋은 계절을 맞이하여 여러분도 어깨를 쭉 펴고 맑은 공기를 들이마시며 꿈의 나래를 활짝 펴시기 바랍니다.

　학교 홈페이지를 통해 지난 대학입시에서 수도권을 비롯한 여러 우수 대학에 많은 학생들이 합격하였다는 소식을 보았습니다. 또 유도부 김하윤 학생이 지난해 전국체전에서 2관왕을 차지해 삼정고는 물론, 부산의 명예를 드높였다고 합니다. 무척이나 반갑고 기쁜 소식이었습니다.

　장학생을 비롯한 삼정고 학생 여러분!

　지난 평창 동계올림픽에서 은메달을 딴 이상화 선수를 아시지요. 그는 고질적인 왼쪽 무릎 부상과 오른쪽 허벅지 부상으로 4년 동안 시달리면서, 기상-훈련-잠으로 이어지는 일정을 새벽, 오전, 오후, 야간에 걸쳐 하루 네 차례나 반복하였습니다. 이미 올림픽 금메달두 개를 딴 이상화 선수가 은메달에 그쳤다고 해서 우리 국민 누구도 그를 꾸짖지 않고 오히려 박수를 보냈습니다.

그렇습니다, 여러분! 인생이라는 머나먼 항해를 떠나려면, 건강해야 하며, 저마다 실력을 갖추어야 하며, 긍정적 사고방식과 불굴의 의지와 용기를 길러야 합니다. 전 세계적으로 저서 1억 5천만 권이 팔린, 브라질 출신인 이 시대 최고의 작가 파울로 코엘료는 그의 저서『마법의 순간』에서 "살다보면 흔히 저지르게 되는 두 가지 실수가 있습니다. 첫째는 아예 시작하지 않는 것이고, 둘째는 끝까지 하지 않는 것입니다"라고 강조하였습니다.

여러분 가운데 아직 시도조차 하지 않은 학생은 없겠지요. 그렇다면 이젠 끝까지 도전하고 도전하십시오. '땀은 결코 배신하지 않는다'는 말이 있지 않습니까. 삼정고의 무궁한 발전을 기원하고 학생 여러분의 도전을 응원합니다.

대단히 감사합니다.

다양한 체험활동은
꿈을 키우는 자양분

2018. 4.
소가야중학교 장학증서 수여식

　　소가야중학교 안혜련 교장선생님과 교직원 여러분, 제가 방문할 때마다 무척 아름다운 학교라는 느낌이 들었습니다. 이런 학교에서 근무하는 여러분이 참 부럽다고 생각할 정도입니다. 변덕스러운 봄 날씨에도 모두 건강하시리라 믿습니다.

　　소가야중학교 학생 여러분, 학교 홈페이지를 보니 플루트, 색소폰, 통기타, 밴드연주반까지 생겼고, 요가와 다도 체험을 할 수 있다고 해서 깜짝 놀랐습니다. 중학교에서 오케스트라단을 운영하는 경우도 드물 것입니다. 이런 다양한 체험활동과 특기교육이 여러분의 인성에 도움이 될 것이며, 꿈을 키워나가는 데 훌륭한 자양분 역할을 하리라고 확신합니다.

　　지난해 여러분이 보내준 편지를 보니, 일본 교토와 오사카를 다녀왔더군요. 역사적으로 일본은 우리나라에 많은 상처를 안겨준 나라이지만, 우리가 배울 점이 많은 나라임에는 틀림없습니다. 이웃나라를 여행하면서 그들의 장점은 우리가 배우고, 그들의 단점은 우리가 되풀이하지 않도록 마음에 새겨야 합니다. 여행은 우리의 견문을 넓혀줄 뿐 아니라, 경험이 쌓이면 지혜로운 사람이 될 수 있습니다.

소가야중학교에서 '다락(多樂) 독서 프로젝트'를 진행하듯이, 즐거운 마음으로 책을 많이 읽으면 여러분에게 보약과 같을 것입니다. 세계 최고의 부자이자, 미국 마이크로소프트사 창업주인 빌 게이츠를 여러분도 아실 것입니다. 그는 하버드 대학을 다니다 중퇴했습니다만, "오늘의 나를 만들어준 것은 도서관"이라고 말하였습니다. 일곱 살 때부터 부모님이 사다주신 백과사전을 처음부터 끝까지 다 읽었습니다. 책 읽는 습관을 기르기 위해서였습니다. 그리고는 위인전을 두루 읽었습니다. 컴퓨터 프로그래밍도 책을 읽으며 독학으로 배웠습니다. 그는 장서가 1만 2천 권인 개인 도서관을 갖추고 항상 책을 가까이 합니다. 엄청난 개인 재산을 사회에 환원하는 자선사업가가 된 그는 세계 각국에 도서관을 지어주는 나눔 활동을 하고 있습니다.

소가야중학교 재학생 여러분!

여러분도 책을 가까이 하고 여행을 하며 지혜를 넓혀 가고, 봉사와 나눔 활동으로 이웃 사랑의 정신을 길러 가십시오. 머지않아 여러분이 세상의 주인공이 될 것입니다.

대단히 감사합니다.

一 책은 과거를 비추는 거울, 미래를 보는 망원경

2018. 4.
창녕지역 고교 장학증서 합동수여식

　　김충식 창녕군수님, 창녕고 하갑원 교장선생님과 여러 학교에서 오신 선생님들, 모두 안녕하셨습니까. 장학생으로 선발된 창녕지역의 젊은이 여러분, 산 좋고 물 맑은 창녕에서 만나게 되어 무척 기쁩니다.

　화왕산과 우포늪은 창녕의 자랑이며, 낙동강은 이 고장의 젖줄입니다. 때마침 유채꽃 축제가 한창 열리고 있습니다. 유채는 식용유로 많이 사용되고, 윤활유나 절삭유로도 활용됩니다. 노란 유채꽃 물결은 봄의 상징이나 다름없습니다. 하지만 유채꽃보다 더 아름다운 것은 바로 여러분입니다. 여러분은 아직 활짝 만개하지는 않았으나 가능성은 무궁무진합니다.

　지식을 쌓아 지혜를 키워나가고, 다양한 경험으로 경륜을 넓혀나가면, 무슨 일이든 해낼 수 있습니다. 좌절하거나 포기하지 않으면 세상의 주인공이 될 수 있습니다. 지혜를 키우고 경륜을 넓히는 방법으로 독서를 권장하고 싶습니다.

　올해는 우리 정부가 정한 '책의 해'입니다. 우리나라 성인 10명 가운데 4명은 1년에 책을 한 권도 읽지 않는다고 합니다. 옛 사람들은 '남아수독 오거서'라고 가르쳤습니다. 즉, 남자라면 다섯 수레 분

량의 책을 읽어야 한다는 것입니다. 또 안중근 의사는 여순 감옥에서 사형이 집행되기 전, '하루라도 책을 읽지 않으면 입안에 가시가 난다'는 글씨를 남겼습니다. 투자의 귀재로 불리는 미국의 워런 버핏은 하루의 3분의 1에 해당하는 시간을 책과 투자 자료를 읽는다고 합니다. 자산이 354억 달러, 우리 돈으로 37조나 되는 홍콩의 갑부 리카싱은 잠들기 전 30분 동안 책을 읽었습니다. 그는 집안이 어려워 16세 때 플라스틱 공장에 들어가, 18세 때 매니저가 되었으며, 22세 때 창업하여 성공하였습니다.

  이들은 책을 통해 지식을 쌓을 뿐 아니라, 정보를 수집하고, 집중력과 판단력을 향상시켰습니다. 책은 과거를 비춰주는 거울이며, 미래를 내다보는 망원경입니다. 여러분, 좋은 책을 많이 읽어 미래를 설계하고 꿈을 키우십시오.

  대단히 감사합니다.

훈련을 실전처럼 거듭할 때 단련된다

2018. 4.
마산고등학교 장학증서 수여식

문정식 교장선생님, 그리고 교직원 여러분, 반갑습니다. 자랑스러운 마산고 재학생 여러분, 만나게 되어 무척 기쁩니다. 합포만이 내려다보이는 모교 교정에 서고 보니 감개무량합니다.

마산고의 교화는 태산목입니다. 나무도 꽃도 무척 크며, 사철 푸른 잎을 지니고 있습니다. 꽃은 희고 열매는 붉으며 향기가 빼어납니다. 그래서 젊음의 상징이라고 합니다. 우리 마고생들은 태산목과 같은 크고 푸른 꿈을 지니고, 불타는 열정으로 노력하며 아름다운 향기를 내뿜기를 바랍니다.

마산은 3.15의거, 부마항쟁으로 대표되는 민주화운동의 성지입니다. 나라가 어지러울 때 바로 잡으려는 정신이 투철한 곳입니다. 그 중심에 마산고 출신들이 자리 잡고 있었습니다. 평상시에는 부단히 노력하여 정계, 경제계, 학계, 문화예술계의 큰 기둥이 되어 국가와 국민들에게 기여해왔습니다. 여러분은 선배들의 빛나는 전통을 잊지 말고 계승 발전시킬 수 있도록 노력해주기를 당부 드립니다.

여러분, 우리나라 양궁 선수들이 활을 참 잘 쏘는 줄 알고 있지요. 지난 아홉 차례 올림픽에서 금메달 23개, 은메달 9개, 동메달 7개 등 모두 39개 메달을 획득했습니다. 그런데 양궁 국가대표로 선발되려면 낙타가 바늘구멍 통과하는 것보다 어렵다고 합니다. 남녀 각 148명이 1차 선발전에 나서 40명만 2차 선발전에 오르고 이 가운데 20명이 3차 선발전에, 또 8명만 1,2차 평가전에 나서며 그 결과 4명이 대표선수로 뽑힙니다. 8개월 동안 27차례 선발전, 평가전을 치르면서 한 사람이 화살을 약 4,000발을 쏜다고 합니다. 비가 오거나 바람이 불어도 양궁 선수들은 집중하고 또 집중해야 표적의 한가운데 과녁을 맞힐 수 있습니다.

여러분은 자신의 생활에, 학업에 얼마나 집중하고 있습니까. '하늘은 스스로 돕는 자를 돕는다'라는 자조정신을 잊지 마십시오. 훈련을 실전처럼, 거듭하고 거듭할 때 단련되고 연마됩니다. 땀은, 여러분의 노력은 여러분을 결코 배신하지 않습니다. 올림픽 금메달이든, 청운의 푸른 꿈이든 이룰 수 있습니다. 여러분의 건승을 기원합니다.

대단히 고맙습니다.

一 지방소멸 위기
타개할 주인공 되어야

2018. 4.
진주지역 고교 장학증서 합동수여식

　　진주고등학교 김철근 교장선생님과 진주지역 여러 학교에서 오신 선생님들께 인사드립니다. 대단히 반갑습니다. 진주의 희망이자 미래의 주역인 학생 여러분! 여러분의 늠름한 모습을 보니 정말 마음이 든든합니다.

　제 고향이 진주시 이반성면이어서 진주를 찾을 때마다 어머니 품 안에 안긴 듯 마음이 푸근해집니다. 진주에 자리 잡았던 경남도청이 부산으로 떠난 이후 진주를 비롯한 서부경남 지역은 발전은커녕 뒷걸음질쳐왔습니다. 부산과 울산, 마산과 창원의 발전을 우두커니 지켜보아야 했습니다. 다행스럽게도 혁신도시가 조성되면서 많은 공공기관이 이전해왔고, 경상남도 서부청사가 들어서 서부대개발의 동력을 얻었습니다. 진주·사천 항공우주산업 국가산업단지가 지정돼 새로운 희망을 갖게 되었습니다.

　앞으로 30년 후엔 우리나라에서 84개 시·군·구가 소멸되고 1,383개 읍·면·동이 사라진다고 합니다. 인구가 줄어들어 지방소멸의 위기에 처한 서부경남에서 진주가 발전 동력이 되어야 서부경남 전체가 지탱할 수 있습니다. 이 자리에 참석한 학생 여러분이 진주를 꽃 피울 희망의 씨앗이 되어줄 것을 간곡히 당부 드립니다.

올해는 '책의 해'입니다. 책은 세상을 향한 창입니다. 책을 읽으면 선인들의 지혜가 여러분의 것이 됩니다. 그런데 우리 국민들은 부끄러울 정도로 책을 읽지 않습니다. 2017년 실태조사에서는 성인의 1년 평균 독서량이 8.3권이며 10명 가운데 4명은 1년에 1권도 읽지 않는 것으로 나타났습니다. 책 속에 길이 있는데, 길이 없다고 불평하는 사람들이 많습니다. 내일의 주역이 될 여러분은 달라져야 합니다.

옛사람들은 만 권의 책을 읽고, 만 리를 여행하라고 하였습니다. 그래야만 지혜와 경험이 축적돼 경륜이 깊어집니다. 마치 지리산과 같은 높은 산에 올라 천하를 굽어보고 호령하는 것과 같습니다. 오랜 세월동안 많은 사람들에게 감동을 안겨준 책이 고전입니다. 고전과 같은 양서를 많이 읽어 여러분의 미래를 밝히고 대한민국이 나아가야 할 길을 제시해주십시오.

서부경남, 나아가 대한민국의 주인공이 될 여러분의 건승을 기원합니다. 대단히 감사합니다.

단점은 윙크로 지적
장점은 웃음과 칭찬으로

2018. 5.
거창 대성고등학교 장학증서 수여식

　　김종준 교장선생님을 비롯한 교직원 여러분! 계절의 여왕이라는 5월에 거창대성고를 방문하게 되어 무척 기쁩니다. 자랑스러운 거창 대성고 학생 여러분! 점점 짙어져가는 신록처럼 싱그러운 여러분을 만나니 마음 든든합니다.

　수도권 대학에 매년 100명 이상 진학하는 전국적인 명문학교가 된 것은 여러 선생님들의 보살핌과 학생 여러분의 노력 덕분입니다. '웃음 소통 리더십'이라는 프로그램을 통해 단점은 윙크로 지적하고, 장점은 크게 칭찬한다니, 즐거운 학교, 신바람 나는 학교가 될 수밖에 없을 것입니다. 방과 후에 그룹스터디를 통해 학업실력을 향상시키고, 교과와 독서, 시사문제를 토론해 비판력·논리력을 키운다고 들었습니다.

　2차 세계대전 때 영국의 처칠 수상은 영국 의회 '비밀의 방'에서 히틀러와 싸울 것인가를 놓고 핵심 각료 7명과 토론하였습니다. 당시 외무장관은 영국 혼자 싸울 수 없으므로 협상하자고 하였습니다. 처칠은 각료 25명 전원을 소집하여 "협상을 시작하면 영국은 노예국가로 전락한다"며 "영국이 최후를 맞아야 한다면 우리 모두 쓰러져 죽은 후라야 한다"고 사자후를 토했습니다. 각료들은 환호했고 협상론은 사라졌습니다. 처칠의 강철 같은 의지가 영국과 세계를 구해냈습니다.

어릴 때 말썽쟁이였던 처칠은 세 번 낙방 끝에 육사에 진학했습니다. 못생긴 얼굴에 말더듬이였고 공부도 뒤떨어졌던 그가 육사에서는 급한 성격을 고치고 허약한 체력과 부족한 공부를 보충했습니다. 자신과의 처절한 싸움 끝에 어엿한 군인으로, 정치인으로 성장했습니다. 약점을 고치려 노력한 덕분에 처칠은 세계를 구한 영웅이 된 것입니다.

학생 여러분!

논리적으로 비판하고 분석하려면 독서를 많이 해야 합니다. 길이 보이지 않는다고 방황하는 사람은 책을 읽지 않기 때문입니다. 독서를 통해 꿈을 키우고 미래를 설계해 나가십시오. 여러분의 능력은 무궁무진하며 앞길은 활짝 열려 있습니다.

대단히 감사합니다.

一 교육이 운명과
　　세상을 바꾼다

2018. 5.
남해 제일고등학교 장학증서 수여식

　　남해 제일고 하은상 교장선생님과 교직원 여러분! 80년이 훨씬 넘은, 오랜 전통을 지닌 학교를 찾게 되어 무척 기쁩니다. 보물섬 남해의 진짜 보물인 남해 제일고 학생 여러분! 여러분의 밝고 늠름한 모습을 대하니 마음이 든든해집니다.

　남해는 천혜의 절경을 자랑하는 관광지이면서 농수산물이 풍부한 고장입니다. 오랜 역사 속에서 충절을 지키고 기개를 드날린 전통을 지닌 곳입니다. 우리 선조들의 얼을 이어받고 선배님들이 세운 금자탑을 이 자리에 참석한 재학생 여러분이 계승해야 합니다.

　자랑스러운 남해 제일고 학생 여러분, 열정을 갖고 노력하면 성공할 수 있다는 사례를 하나 소개하겠습니다. 미국 뉴욕 할렘은 흑인들과 남미 출신 이주민들이 사는 빈민가입니다. 미국에서 교육 수준이 최하위이며, 청소년 범죄율 1위인 도시입니다. 그런데 이곳의 데모크라시 프렙 고등학교에서는 2009년부터 한국어 교육을 실시하고 있습니다. 일주일에 네 시간씩, 3년을 가르칩니다. 고등학교를 졸업하기 위한 필수과목입니다. 태권도와 한국무용, 사물놀이 등 한국문화를 체험시킵니다. 한국에서처럼 복장검사를 하고, 학부모에게 통신문을 보내며, 예절 교육을 시키면서 유교 문화를 가르칩니다.

한국이 어디 있는지 모르던 학생들이 한국어와 한국문화를 배우니, 자신이 세상의 중심이라는 자신감을 갖게 되었습니다. 졸업생 100%가 미국의 4년제 대학에 진학하게 되었고, 명문 예일, 프린스턴, 브라운 대학 합격생이 나오더니, 드디어 하버드대학 합격생도 배출했습니다. 뉴욕의 8학군 고교보다 훨씬 더 훌륭한 결과를 얻었습니다. 한국어를 가르치는 한국인 선생님들의 열정 덕분이었습니다.

이 고등학교 창립자인 세스 앤드류 씨는 오바마 대통령의 교육자문위원으로 발탁되기도 하였습니다. 할렘 거리의 같은 또래들이 마약과 폭력에 물들어 범죄자로 전락할 때, 이 학교 학생들은 명문 대학에 진학했습니다.

교육이 한 사람, 한 사람의 운명과 세상을 바꿔 나갑니다. 한 학생의 자신감이 전교생의 자신감으로 커져갑니다. 학생 여러분의 가능성은 무궁무진합니다. 확신을 갖고 열정적으로 도전하면 무엇이든 이루어집니다.

대단히 감사합니다.

꽃길만 다닐 수 없고 가시밭길도 걸어야

2019. 3.
삼정고등학교 장학증서 수여식

　　이근철 이사장님, 박정오 명예이사장님, 윤경호 교장선생님을 비롯한 교직원 여러분! 안녕하셨습니까. 그리고 삼정고등학교 재학생 여러분! 봄은 만물이 생동하는 생명의 계절이며, 청춘의 계절입니다. 오늘 여러분을 만나니 참 따뜻한 봄기운을 느끼게 되었습니다.
　　삼정고 학생들의 진학성적이 나아지고, 자질도 우수해진다는 반가운 소식을 종종 듣습니다. 유도부 선수들은 부산 체육의 명예를

드높이고 있습니다. 지난주 부산의 한 기업인이 통영에서 운영하는 학교에 다녀왔습니다. 이 학교는 지난 대학입시에서 서울대, 고려대 연세대를 비롯하여 서울의 유명대학과 지방의 명문 국립대에 많은 합격자를 배출했습니다. 전국 0.5% 이내 명문고등학교로 육성시키는 목표였는데, 새 교육프로그램 도입으로 3년 후 더욱 좋은 성적을 올린다고 합니다.

  삼정고도 선생님들의 열정과 학생 여러분의 노력으로 명문학교로 성장하리라 굳게 믿습니다. 삼정고가 명문고가 되면, 장학금을 지원하는 저의 보람이기도 합니다.

  우리는 살아가면서 성공하다가도 실패하고, 실패하다가도 성공합니다. 처음부터 끝까지 꽃길만 다닐 수 없고, 때론 가시밭길도 가게 됩니다. 실패라는 쓴맛을 보았을 때 포기하지 않는 게 무엇보다 중요합니다. 이케에 라키코라는 일본의 여자 수영선수는 중학교 3학년 때 19년 동안 깨어지지 않았던 여자 접영 100미터 일본신기록을 세웠습니다. 그리고 지난해 아시안게임에서 6관왕을 차지해 대회 최우수선수로 선정되었습니다. 내년 도쿄에서 올림픽을 개최하는 일본 사람들은 19세 소녀 이케에가 금메달을 많이 안겨 주리라 크게 기대해왔습니다.

  그런데 이 유망주 스타가 최근 백혈병에 걸려버렸습니다. 일본 열도에 야단이 났습니다. 올림픽 장관은 실망했다고 말했다가 아베 총리의 질책을 받았습니다. 그러나 이케에 본인은 "신은 극복할 수 없는 시련은 주지 않습니다. 자신이 극복할 수 없는 벽은 없다고 생각합니다"라고 말하였습니다. 이케에는 여러분 또래의 소녀입니다. 얼마나 당당합니까.

여러분 개개인은 모두 소중한 존재입니다. 다른 사람과 비교해 집안형편이 어렵다거나 학업성적이 뒤처진다 해도 결코 실망해서는 아니 됩니다. 무엇보다 자기 자신을 사랑하십시오. 그래야 친구도, 이웃도 사랑할 수 있습니다. 이케에 선수처럼 자존감을 가져야 무서운 병도 이겨낼 수 있습니다.

사람은 누구나 단점과 함께 장점도 갖추고 있습니다. 나의 약점에 대해 실망하거나 괴로워하지 말고 강점에 집중하십시오. 서두르지 말고 꾸준히 노력하면 세계적인 인재가 될 수 있습니다.

대단히 고맙습니다.

― 지식보다 소중한 것은 상상력

2019. 3.
부산 국제외국어고등학교 장학증서 수여식

　　　　정부의 교육정책에 발맞추면서 자주적인 글로벌 인재를 양성하시는 정순택 설립자님의 노고에 감사드립니다. 김인배 교장선생님을 비롯한 교직원 여러분! 부산 국제외고 교정에 들어서면 항상 봄의 향기가 가득합니다.
　자랑스러운 부산 국제외고생 여러분!
　우리 사회는 급격한 변화의 한가운데 있습니다. 지구온난화로 기후는 물론 생태계가 바뀌고 있습니다. 대구에서 많이 재배했던

사과는 경북 영주와 봉화를 거쳐, 이젠 휴전선 근처인 강원도 양구에서도 생산됩니다. 인공지능, 즉 AI는 세계 정상급 바둑 기사들을 물리쳤고, 명의라고 소문난 베테랑 의사들보다 암 진료를 정확하게 합니다.

영국 프리미어 리그에서 활약 중인 손흥민 선수가 한 경기를 뛰면, 빅 데이터가 이동경로, 패스 방향, 심박 수, 신진대사량 등을 분석해 선수 한 명 당 520만 개의 자료를 제공합니다. 축구에서도 정확하고 세밀한 자료가 우수한 성적을 올렸습니다. 4차 산업혁명의 거센 물결이 내일을 어떻게 바꿀지 알 수 없습니다. 이처럼 환경이 바뀐다면 우리도 변화해야 적응하고 극복할 수 있습니다.

부산 국제외고는 그동안 7년 연속 최우수 특성화고로 평가받았으며, 학력증진 분야에서도 3년 연속 교육감 표창을 받았습니다. 우수한 특목고인 부산국제외고가 일반고로 전환하게 된 까닭은 4차 산업혁명 시대에 걸맞은 인재를 육성하기 위해 창의 융합적이며 학생 주도적 교육을 실시하기 위함이었습니다. 그리고 학부모에게 부담이 되는 학비를 대폭 낮추고 교육의 질은 더욱 높이기 위한 교육자적 양심에 따른 것이었습니다.

부산 국제외고생 여러분!

20세기에 가장 영향력이 컸던 과학자인 아인슈타인은 '지식보다 소중한 것은 상상력'이라는 명언을 남겼습니다. 오래된 지식은 노후화돼 활용할 수 없지만, 호기심에서 비롯된 상상력은 끊임없이 새로운 가치를 창조해냅니다. 새로운 가치는 부(富)의 원천입니다. 에디슨은 초등학교 3학년 때 학교서 바보라고 불리며 쫓겨나왔지만, 1,000개가 넘는 특허를 가진 발명왕이 되었습니다. 월트 디즈니는 자신의 농장에서 기르던 애완 생쥐로부터 미키 마우스의 영감을 얻어 디즈니랜드라는 제국을 이룩했습니다.

흔히 가난한 사람은 '할 수 없는 이유'를 찾느라 스트레스에 무너지고, 부자는 '할 수 있는 이유'를 설명하면서 스트레스를 활용한다고 합니다. 사물을 대할 때마다 "왜?" "어떻게?"라는 질문을 거듭하십시오. 지적 호기심은 창의력을 키워 새로운 세상을 열리게 할 것입니다. 다양한 학문을 배우게 되면 상상력과 창의력이 더욱 발달될 것입니다. 여러 선생님과 재학생, 졸업생들이 모두 힘을 합쳐 더욱 찬란한 이정표를 세워나갈 것을 기원합니다.

여러분의 건승을 기다리겠습니다. 감사합니다.

一 가시에 찔리지 않고 장미를 딸 수는 없다

2019. 3.
진주외국어고등학교·남해 제일고등학교·반성중학교·고성 소가야중학교
장학증서 합동수여식

　　반성중학교 이혜영 교장선생님, 진주외고 고영봉 교장선생님! 그리고 진주, 남해, 고성에서 오신 교장선생님을 비롯한 여러 선생님들. 새싹이 돋아나고 꽃이 피는 춘삼월 호시절입니다. 고향의 젊은이들, 여러 선생님들과 뜻 깊은 자리를 갖게 되어 기쁩니다.
　제가 고향을 찾을 때마다 인구가 줄어들고 신입생이 감소하고 있어 무척 안타깝습니다. 그런 까닭에 지역 발전에 조금이라도 보탬이 되고자 정성을 쏟고 있습니다.
　사랑하는 고향의 젊은이 여러분! 인간의 기술이 아무리 발전하고 경제가 성장한다고 하여도, 세상에는 갈등과 분열, 다툼과 폭력이 그치지 않습니다. 관심과 배려, 사랑과 화해로 극복해야 합니다. 청소년 시절의 인성 교육이 얼마나 소중한지 모두가 명심해야 합니다. 위대한 명상가이자 로마제국의 황제였던 마르쿠스 아우렐리우스는 "쇠는 뜨거운 불에 달구어야 더욱 강해진다"고 말하였습니다. 여러분에게 어떤 시련이 닥치더라도 "나를 강하게 만들어주는 이로운 것"이라고 받아들이십시오.
　가시에 찔리지 않고 장미꽃을 딸 수는 없습니다. 가시에 찔렸을 때 아름다운 장미를 얻기 위한 과정이라고 생각하십시오. IT업체인

넷마블을 설립한 방준혁 의장은 집안 형편이 너무 어려워 고등학교를 중퇴한 게 학력의 전부였습니다. 사업에 실패해도 또 도전했고, 잠을 설치며 새 제품을 개발했습니다. 대기업에 넘겨진 넷마블의 실적이 부진하자 방 의장은 회사를 다시 살려냈고, 수천 억대 자산가가 되었습니다.

여러분은 "왜" "무엇을 위해?" 살아갑니까? 자아를 실현하고, 세상 사람들을 이롭게 해야 합니다. 여러분이 즐기면서 꿈을 이룰 수 있고, 또 세상에 널리 도움이 되는 일을 찾아 인생의 목표로 세우십시오. 소통하며 공감하고 노력하면, 여러분의 꿈은 반드시 이루어집니다.

남해 제일고 출신으로 후배들을 격려하기 위해 멀리 부산서 오신 이갑준 부산상의 상근부회장님을 비롯한 내빈 여러분과 학생, 선생님들께 감사의 인사와 성원의 박수를 보냅니다.

대단히 고맙습니다.

一 쇠는 뜨거운 불에
   달구어져야 강해진다

2019. 4.
밀성학원 4개교 장학증서 합동수여식

충의와 전통의 고장 밀양에서 육영사업에 몸과 마음을 다하시는 밀성학원 손홍상 이사장님과 손영주 교장선생님 등 여러 선생님들, 밀양을 지켜오신 내빈 및 학부모님들! 무척 반갑습니다.

맹자는 군자의 세 가지 즐거움, 즉 군자삼락(君子三樂)에 '천하의 영재를 얻어 교육하는 즐거움'을 그 하나로 꼽았습니다. 그런데 '천하의 왕이 되는 것은 제외한다'고 두 번이나 강조했습니다. 사람을 길러내는 일은, 왕이 되는 것보다 소중하다고 여겼습니다.

봄의 향기가 가득한 밀성여중에 모인 젊은이 여러분! 여러분이 우리나라는 물론, 세계를 선도할 인재가 되어야, 왕이 되는 것보다 더욱 큰 즐거움을 선생님들에게 드릴 수 있습니다. 하지만 전국의 지방은 인구가 줄어들어 인재를 찾기가 쉽지 않습니다. 밀양의 인구를 늘리면서 재도약을 위해 노력하는 밀양 시민 여러분의 노고가 머지않아 빛을 발휘할 것이라고 확신합니다. 젊은이들이 찾아오는, 살기 좋은 도시 밀양으로 만들어야 합니다. 이 자리에 참석한 청소년 여러분의 두 어깨에 달려있습니다.

스페인 빌바오는 제철과 조선업으로 부유한 도시였으나 쇠락하였습니다. 그러자 구겐하임 미술관을 세워 한 해 관광객이 100만

명 넘게 찾아와, 수십 억 달러의 관광 수입을 올리고 있습니다. 자동차 도시 미국 디트로이트는 시 정부가 파산선언을 할 정도였으나, 시 당국의 노력으로 창업 기업이 증가하면서 인구가 크게 늘어났습니다. 프랑스는 문 닫은 기차역을 오르세 미술관으로 바꿔 파리의 3대 미술관으로 키웠습니다.

우리 농촌도 생산뿐 아니라, 가공 유통 체험 관광을 함께할 수 있는 6차 산업 시대가 열리고 있습니다. 생명공학의 원천이기도 하며, 4차 산업혁명의 신기술도 활용 중입니다. 여러분의 창의적 발상과 끊임없는 도전이 고향을 살릴 수 있습니다. 다행히 밀성고등학교는 대학 진학 성적이 해마다 좋아지고 있습니다. 지난 입시에서 서울대, 연대 등 수도권 대학에 여러 명이 합격했고, 부산대, 경북대 등 국립대학에만 30여 명이 합격하였습니다.

'될성부른 나무는 떡잎부터 다르다'고 합니다. 밀성고가 잠재능력이 풍부한 인재 확보로 성과를 거두었습니다만, 교장선생님의 적극적 인재 유치와 선생님들의 세밀한 지도로 전국적인 명문학교로 도약한 통영 동원고등학교를 벤치마킹해야 합니다. 거창고나 거창대성고도 마찬가지입니다.

밀양의 꿈나무인 밀성학원 재학생 여러분! 가시에 찔리지 않고 장미꽃을 딸 수는 없습니다. 위대한 명상가이자 로마제국 황제였던 마르쿠스 아우렐리우스는 "쇠는 뜨거운 불에 달구어져야 강해진다"고 말하였습니다. 고난이 닥쳐 포기하고 싶더라도 다시 일어나 도전한다면, 시련을 이겨낸 여러분은 새로운 모습으로 분명 달라져 있을 것입니다. 여러분, 힘내십시오.

一 포기하지 말아, 너의 인생이야

2019. 4.
마산고등학교 장학증서 수여식

　　문정식 교장선생님을 비롯한 교직원 여러분! 안녕하셨습니까? 그리고 자랑스러운 마산고 후배 여러분! 대단히 반갑습니다.

　한국은 국토가 좁고 천연자원이 부족하며 자본도 넉넉하지 않습니다. 세계와 경쟁하려면 인재를 육성하여 첨단기술력을 확보해야 합니다. 재학생 여러분과 선생님들의 열정과 노력에 달려 있습니다. 저는 모교를 방문할 때 마다 가슴이 벅차오르면서도 한편으로는 가끔씩 안타까운 마음이 들 때가 있습니다.

　6.25 동란의 소용돌이가 지나간 직후 나라는 몹시 어지러웠습니다. 끼니조차 잇기 어려울 정도로 생활이 몹시 곤궁했던 시절에 집안과 나라를 살리기 위해 청운의 꿈을 품고 마산고를 다녔습니다. 이 학교에서 공부했던 선후배 동기생들이 기둥이 되고 대들보가 되어 대한민국을 세계 10위권의 경제력을 지닌 나라로 일으켰습니다.

　모교에서 큰 성과를 올렸다는 반가운 소식이 들려오지 않았습니다. 하지만 입시제도가 바뀐 이후 하향평준화의 늪에 빠진 탓인지 특정학교를 꼭 집어 성공사례를 소개할 필요까지는 없겠지만, 변화된 여건에서도 노력하기에 따라 마고의 위상은 높아질 것입니다.

　벼를 비롯한 농작물은 농부의 발자국 소리를 듣고 자란다고 합니다. 선생님들의 정성이 학생들의 인성은 물론, 지성을 키울 수 있습니다. 교사는 단순한 직업인이 아니라 군주나 부모처럼 충효의 대상입니다. 방황하는 제자가 있다면 바른 길로 이끌어주십시오. 마고생 여러분도 안일에 빠져 세월을 덧없이 보내지 마십시오.

독일 출신 방송인 다니엘 린데만은 영화 〈국제시장〉의 주인공인 영화 속의 아버지를 떠올리며 피아노곡 '스토리'를 작곡 연주하였습니다. 그는 앨범 뒷장에 한국의 젊은이들에게 보내는 메시지를 남겼습니다. "잊지 말아. 너의 인생도 하나의 이야기인 것을. 포기하지 말아. 너의 스토리를"이라고 격려하였습니다.

'삼포 세대'라는 말이 나오더니 이제는 '오포 세대'라는 말이 나옵니다. '금수저'가 아니라 '흙수저'라며 왜 자신의 소중한 인생을 포기합니까? 미국 연방하원의장을 지낸 폴 라이언은 미국산 '흙수저'였습니다. 16세 때 아버지가 돌아가시는 바람에 사회보장연금을 받아 알츠하이머병을 앓던 할머니를 모시면서 맥도날드 아르바이트, 식당 웨이터, 피트니스 트레이너를 하며 힘겨운 세월을 보냈습니다. 28세 때 하원의원에 당선돼 42세 때 부통령 후보로 나서기도 했습니다. 역경을 이겨낸 스토리와 두터운 신망 덕분에 하원의원에 10선하였으며, 45세 때인 2015년 미국 최연소 하원의장이 되었습니다. 자녀들과 많은 시간을 보내겠다며 정계은퇴를 선언하였지만, 그는 언젠가는 백악관의 주인이 될 만한 인물로 성장하였습니다.

실패하더라도 포기하지 않고 다시 일어나 도전한다면 폴 라이언처럼 후회하지 않는 삶을 이룰 수 있습니다. 여러분의 꿈이 이루어지고 모교가 더욱 발전하기를 기원합니다.

사막에서 오아시스가 꿈이듯 망망대해에선 북극성이 나침반

2019. 4.
창녕지역 고교 장학증서 합동수여식

하갑원 교장선생님 등 창녕지역 고등학교에서 오신 여러 선생님들! 날씨 변화가 심한 환절기에 모두 건강하신지 궁금합니다.

젊은이들이 서울로, 대도시로 몰려가는 바람에 인재를 얻기가 힘이 듭니다. 도끼를 갈고 또 갈아 바늘을 만든다는, '마부작침(磨斧作針)'의 심정으로 창녕의 젊은이들을 키워주실 것을 부탁드립니다.

창녕의 4개 고등학교에서 모인 꿈나무 여러분!

고령화와 저출산 때문에 지방은 소멸 위기에 놓여 있다고 합니다. 아기 울음소리가 사라지고, 초등학교 신입생을 찾기 힘든 현실입니다. 창녕은 넥센타이어 덕분인지 청년들이 돌아오고 인구가 늘었습니다. 그러나 소멸 위험지역에서 벗어나기엔 아직 충분하지 않습니다. 위기는 다시 말해 기회입니다. 경남의 오지 가운데 하나인 거창은 교육도시라고 이름이 나면서 바람에 전국에서 학생들이 찾아오고 있습니다. 교장선생님의 탁월한 인재 유치 전략 덕분에 통영 동원고등학교도 명문학교라고 소문이 나 경남 각 지역에서 진학하려고 합니다. 지역 공동화에서 벗어나려면 교육에서 시작해 기업 유치와 창업 지원에 적극 나서 일자리를 많이 만들어야 합니다.

자동차 도시로 유명했던 미국의 디트로이트는 파산 선언을 했는데, 시 당국의 노력으로 창업 기업이 증가하면서 활력을 되찾고 있습니다. 폴란드의 옛 수도 크라쿠프시는 소금광산을 관광자원으로 활용해 한 해 150만 명이 찾는 도시재생의 활력소로 만들었습니다. 일본의 오이타 현은 벳부, 유후인 등 온천명소를 되살리면서 일본 최고의 온천 관광지가 되고 있습니다.

창녕의 미래는 이 자리에 참석한 여러분에게 달려 있습니다. 기업을 유치하든, 상상력 넘치는 아이디어로 도시를 변화시키든, 문화와 생태, 생명공학이 결합된 새로운 농업을 진흥시키든, 여러분이 즐기며 잘 할 수 있는 진로를 택해 도전하십시오.

명상가이자 로마 황제였던 마르쿠스 아우렐리우스는 "쇠는 뜨거운 불에 달구어져야 더욱 강해진다"고 말했습니다. 만약 여러분에게 시련이 닥쳐온다면 '더욱 강해지는 과정'이라고 여기며 흔쾌히 받아들이세요.

사막을 건너는 사람에게 오아시스가 꿈이듯이, 깜깜한 밤, 험한 바다를 운항하려면 북극성을 나침반 삼아야 합니다. 실패를 두려워하지 말고 도전하십시오. 미래는 여러분이 주인공입니다.

대단히 감사합니다.

목표가 있으면
기어서라도 간다

2019. 4.
서부경남지역 고교 장학증서 합동수여식

　　진주고등학교 김철근 교장선생님과 여러 학교에서 오신 선생님들! 환절기에도 모두들 건강하신지요?

　역사와 전통의 도시 진주에서 자리를 함께한 장학생 여러분!

　우리는 지금 급격한 변화의 소용돌이 한 가운데 서 있습니다. 오늘날 기술은 상상을 초월할 정도로 급속하게 발전하고 있으나, 인간의 사고방식과 생활양식, 사회제도는 그다지 달라지지 않았습니다. 불이 난 유조선에서 불구경만 하고 있는 사람은 어떻게 될까요? 소화기로 불을 끄든지, 선박에서 탈출해야 살아남을 수 있습니다. 1988년 영국 북해에서 석유시추선 화재가 발생했습니다. 168명이 희생됐으나 바다에 뛰어든 사람은 일부 살아남았습니다. 때로는 죽음이냐, 아니면 약간의 생존 가능성을 선택해야 할지 우리는 결단해야 합니다.

　지방소멸이라는 보도가 자주 나오더니 2029년이면 우리나라의 총인구도 감소세로 돌아선다고 합니다. 경남에서도 서부지역이 인구가 적고 가장 낙후한 것은 변화하려는 의욕과 노력이 부족했기 때문입니다. 항공우주 국가산업단지가 조성되고 남부내륙철도가 개통되면 서부경남은 새로운 도약의 계기를 맞이하게 됩니다. 하지만 세계시장을 선도할 기업과 물류혁신을 가져올 철도가 개통되어도 이를 활용할 수 있는 글로벌 인재가 없으면 '사상누각(沙上樓閣)'에 불과합니다.

여러분이 실패를 두려워하지 말고 변화를 이끌어내야 합니다. '달인' 연기를 하는 김병만이라는 개그맨을 잘 아실 것입니다. 그는 고등학교 졸업 후 30만 원을 가지고 무작정 서울로 갔습니다. 옥탑방에서 생활하면서 아르바이트를 하며 연기학원에 다녔습니다. 겨울엔 천장에 고드름이 달려있을 정도로 몹시 추운 방이었습니다. 공중화장실에서 찬물로 샤워하다가 관리인의 꾸지람을 종종 들었습니다. 연기 연습을 하느라 지하철에서 승객들을 웃기려고 온갖 시늉을 했고, 버스에선 큰 소리로 연설하며 승객들의 반응을 살펴보기도 했습니다. 일곱 차례 낙방한 끝에 KBS 개그맨 공채에 합격했습니다. '달인' 연기를 하느라 온몸에 멍이 들고 상처가 나더라도 출연하지 못하면 팬들에게 잊혀질까 봐 아프다고 밝히지 않았습니다. 그는 자신을 '거북이'에 비유합니다. 목표가 있으면 기어서라도 가겠다는 각오입니다.

프리랜서 마켓 '크몽'의 대표 박현호 사장은 진주 출신입니다. 그는 대학 1학년 때 재미삼아 게임 소프트웨어를 판매하는 온라인 쇼핑몰을 개설해 산업부장관 상을 받을 정도로 실력파였습니다. 그러나 창업한 이후 성적은 10전 10패였습니다. 빚만 떠안은 채 신용불량자가 되어 고향으로 돌아왔습니다. 그때 재능을 가진 사람과 재능을 필요로 하는 사람을 연결하는 아이디어가 떠올라 다시 '크몽'이라는 회사를 만들었습니다. 각 분야 전문가 9만 명을 확보했고,

거래 수 27만 건을 달성해 지난해 연 매출 700억 원을 올렸습니다. '절대 평범하지 않겠다'는 그의 좌우명이 성공으로 이어졌습니다.

장미꽃을 따려면 가시에 찔릴 수 있다는 각오를 해야 합니다. 여러분의 도전정신이 서부경남과 대한민국을 살릴 것입니다.

대단히 고맙습니다.

월석선도장학회

나라의 미래를 보려면 청소년을 보라

2006. 4.
월석선도장학회 장학증서 수여식

안병욱 검사장님, 부산지방 검찰청 간부 여러분, 그리고 범죄예방위원 부산지역협의회 위원 여러분. 오늘 이처럼 제가 존경하고 있는 여러분을 모시고 2006년도 상반기 월석선도장학회 장학금 수여식을 갖게 되어 매우 기쁘게 생각합니다.

먼저 바쁘신 와중에도 불구하고 오늘 이 자리에 참석해주신 여러분께 깊은 감사의 말씀을 드립니다. 2006년도 어느덧 4월을 지나 계절의 여왕이라는 5월을 향해 가고 있습니다. 오늘 이 장학금 수여식에 대한 저의 기대는 매우 크고 감회 또한 새롭습니다. 수년 전 평생을 부산 경남 지역에서 뿌리를 내린 기업인의 한사람으로서 기업 이윤의 사회 환원을 위해 무엇을 하는 것이 좋을까 많은 고민을 했었습니다. 그러던 차에 미래의 주역인 청소년을 선도·보호하고 어려운 학생들에게 조금이나마 희망을 주는 것이 사회에 보탬이 되지 않을까 생각하게 되었고, 또한 어려운 여건 속에서도 우리 청소년들을 지도해오신 위원 여러분과 범죄 없는 밝은 사회 구현에 노력하시는 검찰 여러분의 모습을 보고, 십여 년 전부터 해오던 장학사업을 체계화시키기 위해 재단법인 월석선도장학회를 설립하게 되었습니다.

그것이 벌써 올해 상반기로 6번째를 맞이하게 되었고, 올해도 변함없이 청소년과 지역사회에 약속한 장학금 전달식을 가지게 되어 무한한 보람을 느낍니다. 특히, 올해는 5억 원의 추가 출연을 통해 처음 설립 때 약속한 20억 원의 기금을 조성하게 되어 개인적으로도 기쁘기 그지없고, 또한 앞으로도 계속적인 지원을 할 것입니다.

내빈 여러분.

우리 청소년들은 국가와 민족의 장래를 짊어질 21세기의 주역들입니다. '그 나라의 미래를 보려면 청소년을 보라'는 말이 있듯이 차세대 주역이 될 청소년들을 어떻게 육성하느냐가 미래사회를 대비하는 데 있어 주요 관건이 되기 때문입니다. 하지만 우리 주변에는 건전한 어른으로 성장하기 위해 적잖은 고통을 겪는 청소년들을 볼 수가 있습니다. 순간의 잘못으로 소년보호시설에 가게 된 청소년도 있습니다.

현재의 환경이 아무리 어렵더라도 좌절하지 말고 과거의 실수를 툭툭 털고 일어설 수 있는 용기가 필요합니다. 새로운 모습으로 바른 길로 돌아서는 것도 청소년만이 누릴 수 있는 특권이기 때문입니다. 우리 기성세대 또한 과거의 사고방식이나 행동양식에 준하여 청소년을 판단하지 말고, 청소년들의 정서와 특성을 살피면서 보다 넓은 시야로 이해하고 받아들여야 하겠습니다.

그리고 청소년 여러분.

지금 여러분은 또 다른 출발점에 서 있습니다. 새로운 미래가 여러분에게 손짓하고 있습니다. 살아가다 뜻밖의 어려움과 장애물을 만날 수도 있습니다. 그 어떤 경우에도 용기와 자신감과 희망을 잃지 마십시오. 자신에게 닥친 시련을 새로운 도전과 도약의 계기로 만들어 가십시오.

'사랑은 나눌수록 커지고 고통은 나눌수록 적어진다'는 말이 있습니다. 월석선도장학회는 청소년들에게 새로운 기회와 희망을 주고 싶습니다. 이러한 기회와 희망을 받은 청소년들이 한국의 미래를 이끌고 사회에 봉사하는 훌륭한 인재로 성장하기를 기대하며, 또한 자라나는 여러분의 후배들이 힘껏 껴안을 수 있는 든든한 버팀목이 되어주시길 바랍니다. 오늘 장학금 수여식에 참석하신 여러분께도 우리 청소년에 대한 더 많은 관심과 월석선도장학회에 대한 지도편달을 부탁드립니다.

끝으로 이 자리를 빌려 여러분께 월석선도장학회의 지속적인 활동과 더불어 나누며 함께 사는 기부문화 창달에도 힘쓸 것을 약속드리며, 이 자리를 빛내기 위해 참석해주신 존경하는 안병욱 검사장님과 검찰 가족 여러분, 그리고 범죄예방협의회 위원 여러분께 다시 한 번 깊은 감사의 말씀을 드립니다.

감사합니다.

一 청소년이 행복한 사회, 미래에 대한 약속

2006. 9.
월석선도장학회 장학증서 수여식

　　범죄 없는 법치국가 실현을 위해 노력하고 계신 부산지방검찰청 안병욱 검사장님과 검찰 간부 여러분, 그리고, 우리사회를 건강하고 따뜻하게 만들기 위해 수고를 아끼지 않으신 범죄예방위원회 부산지역협의회 위원 여러분. 오늘 '2006 밝은 사회를 위한 범죄예방 한마음대회'개최를 진심으로 축하드리며, 존경하는 여러분과 함께 이 자리에 참석하여 축사를 하게 된 것을 매우 기쁘게 생각합니다. 또한, 그동안 청소년 선도뿐만 아니라, 보호관찰, 갱생보호 지원 등 다양한 범죄예방 활동의 공로로 오늘 이 자리에서 표창을 받으신 수상자 여러분께 축하의 말씀을 드립니다.

　아울러 어려운 환경 속에서도 밝고 모범적인 생활로 하반기 월석선도장학회 장학금을 받는 60명의 청소년 여러분께도 축하와 격려의 말씀을 드립니다.

　월석선도장학회는 미래의 주역인 청소년을 선도 보호하고 어려운 학생들에게 조금이나마 희망을 주는 것이 사회에 보탬이 되지 않을까 하는 저의 생각과 어려운 여건 속에서도 언제나 활기찬 모습으로 범죄예방과 청소년들을 지도해 오신 위원 여러분, 그리고 범죄 없는 밝은 사회 구현에 노력하시는 검찰 여러분의 모습을 보고, 십여 년 전부터 해오던 장학사업을 체계화시키기 위해 설립한 장학재단입니다.

특히, 올해는 5억 원의 추가출원을 통해 처음 설립 때 약속한 20억 원의 기금을 조성하게 되어 개인적인 기쁨과 더불어 올해도 변함없이 청소년과 지역사회에 약속한 장학금을 전달하게 되어 무한한 보람을 느낍니다.

존경하는 내빈 여러분!

한 국가가 융성하기 위해서는 그 나라의 청소년들이 밝고, 맑고, 반듯하게 성장해야 합니다. 국가와 사회에 있어 청소년들을 건전하게 육성하고 보호하는 일이 최우선 과제가 되어야 하는 이유입니다. 청소년이 행복한 사회는 우리의 미래에 대한 가장 확실한 약속이기 때문입니다. 하지만 많은 청소년들이 자기들의 기대와는 다른 환경 때문에 고민하고 괴로워하고 있는 것이 현실입니다. 좋지 않은 어른들이나 사회의 유혹에 빠져 잘못을 저지르게 되는 일도 있습니다.

청소년을 둘러싼 주위 환경이 더욱 악화되어 가고 있는 때일수록 우리의 청소년들을 이해하는 노력이 필요합니다. 그리고 그들이 스스로 올바른 방향으로 나아가게끔 도와주는 활동은 참으로 중요하다고 생각합니다. 그런 의미에서 범죄예방 위원 여러분께서 하고 계신 청소년 선도를 비롯한, 다양한 범죄예방 활동은 우리 사회를 한층 밝고 건강한 사회로 만들어 갈 것입니다.

오늘 「2006 밝은 사회를 위한 범죄예방 한마음대회」는 이러한 봉사활동으로 사회의 든든한 버팀목이 되고 계신 범죄예방위원 여러분의 사기진작과 함께 지난 1년간의 활동사항을 뒤돌아보고 더욱 노력하고자 새로운 결의를 다지는 의미있는 자리입니다. 바쁘신 일상 속에서도 언제나 활기찬 모습으로 활동하고 계시는 신정택 회장님과 여러분의 노고에 진심으로 감사의 마음을 전해드리며 앞으로도 지속적인 활동과 성과를 기대하겠습니다.

저 또한 이 자리를 빌려 여러분께 월석선도장학회의 지속적인 활동을 약속드리며, 오늘 이 자리에 참석하신 안병욱 검사장님과 검찰가족 여러분, 그리고 범죄예방 위원 여러분과 학생 여러분 가정에 항상 희망과 행복이 가득하시기를 기원합니다.

행복의 지름길은 궁정하는 마음

2013. 5.
월석선도장학회 장학증서 수여식

부산지방 검찰청 김희관 검사장님과 존경하는 검찰 간부 여러분, 그리고 범죄예방 부산지역협의회 신정택 회장님을 비롯한 위원 여러분. 하루가 다르게 초록이 제 모습을 찾아가는 싱그러움이 가득한 5월입니다. 오늘 평소 제가 존경하는 여러분을 모시고 2013년도 상반기 월석선도장학회 장학금 수여식을 갖게 된 것을 기쁘게 생각하며, 이 자리에 참석해주신 여러분께 깊은 감사의 말씀을 드립니다.

또한, 어려운 여건 속에서도 밝고 모범적인 생활로 장학금을 받게 된 60명의 중·고등학교 청소년 여러분께도 축하와 격려의 말씀을 전합니다. 꿈을 향해 한 걸음씩 내딛는 청소년 여러분을 가까이서 응원할 수 있다는 것 또한, 제가 장학금 수여식에 참석할 때마다 느끼는 참으로 기분 좋은 설렘인 것 같습니다.

존경하는 내빈 여러분.

월석선도장학회는 평생을 부산·경남에 뿌리를 내린 기업인의 한 사람으로서, 어려운 환경 속에서도 열심히 공부하고 노력하는 학생들에게 작은 힘이나마 보탬이 되고자하는 저의 생각과, 청소년 선도와 범죄예방에 힘쓰시는 위원 여러분의 진솔한 모습을 보고, 십여 년 전부터 운영해오던 장학 사업을 체계화시켜 설립한 장학재단입니다. 지난 2003년 첫 장학금 수여식을 가진 것이 엊그제 같은데, 올해로 벌써 11년째를 맞이하게 되었습니다. 이번 상반기 수여식을 포함하면, 지금까지 1,200명의 청소년에게 장학금이 지급돼 감회가 새롭습니다. 이 모든 것은 이 자리에 계신 여러분의 도움이 있었기에 가능했다고 생각하며, 이 자리를 빌려 다시 한 번 감사를 드립니다.

존경하는 내빈 여러분, 청소년은 우리 사회의 미래를 이끌어갈 주역입니다. 이 땅의 청소년들이 세상에 당당히 나서지 못하고 학창시절부터 패배의식에 젖는다면, 우리 사회에 희망이란 없을 것입니다. 이렇듯 차세대 주역인 청소년들이 경제적 혹은 사회적 문제 등의 현실적인 벽에 부딪혀 좌절하거나 낙담하지 않도록 돕는 것은 우리 기성세대의 주요한 책무이자, 의무입니다. 우리는 청소년들이 올바른 방향으로 성장할 수 있도록 꾸준히 격려하고, 창의적인 꿈을 끊임없이 뒷받침해주어야 할 것입니다.

청소년 여러분, 법륜스님의 책에 '자기에게 주어진 조건을 긍정적으로 보는 게 행복으로 가는 지름길이다'라는 글귀가 있습니다. 지금 자신의 환경이 어렵다고 느껴지더라도 꿈을 포기하지 마십시오. 내일은 오늘의 연장으로, 오늘 우리가 어떻게 사느냐에 따라 우리의 미래가 결정됩니다. 장학생으로 선발된 여러분 모두는 미래에 대한 무한한 잠재력을 가지고 있습니다. 따라서 귀한 배움의 시기에 가슴속에 꿈과 희망을 품고, 지성과 인성을 갈고닦아 나간다면, 사회의 훌륭한 일원으로 성장해나갈 수 있을 것입니다. 저희 월석선도장학회는 앞으로도 지속적인 활동을 통해 여러분의 지원자 역할에 최선을 다할 것입니다.

  오늘 장학금 수여식에 참석하신 내빈 여러분께서도 우리 청소년에 대한 변함없는 성원과 관심을, 그리고 저희 장학회에 대한 아낌없는 지도 편달을 부탁드립니다. 끝으로, 오늘 이 자리에 참석해주신 검찰 관계자 여러분과 범죄예방 협의회 위원 여러분께 다시 한 번 감사의 말씀을 드리며, 여러분의 가정에 웃음과 행복이 가득 하기를 기원합니다.

  감사합니다.

ㅡ 인성 가꾸고 덕성 키워
   나라의 대들보로

2014. 5.
월석선도장학회 장학증서 수여식

존경하는 부산지방검찰청 백종수 검사장님을 비롯한 검찰 간부 여러분, 법무부 법사랑위원 부산지역연합회 신정택 회장님을 비롯한 위원 여러분, 그동안 안녕하셨습니까.

우리 국민은 지난 한 달 여 동안 크나큰 슬픔에 잠겨있었습니다. 세월호 참사로 인해 수많은 꽃다운 젊은이들을 잃고 말았습니다. 기본을 소홀히 하고 원칙을 지키지 않으며 직업윤리를 무시한 어른들 때문이었습니다.

하지만 우리는 여기서 포기하거나 좌절할 수는 없습니다. 다시 일어서야 합니다. 이웃의 아픔을 함께 나누고, 기초를 튼튼히 하며 약속과 질서를 잘 지키는 사회를 건설해야 합니다. 청소년들부터 인성을 가꾸고 덕성을 함양하여 우리 대한민국의 보다 튼튼한 주춧돌이 되고 대들보가 되도록 어른들이 앞장서 모범을 보여야 합니다.

내빈 여러분, 최근 잇따라 발생한 아동학대 사건에서도 알 수 있듯이 우리 사회에는 가정에서 버림받은 어린이들이 상당수 있으며, 가정과 학교 밖에서 방황하는 청소년들이 적지 않습니다. 국가와 사회가 이들을 따뜻한 가슴으로 받아들여 꿈과 용기를 불어넣어 주어야겠습니다.

지난 2003년부터 시작된 월석선도장학회가 한 해에 두 차례씩 벌써 스물두 번째 장학금을 지급하게 된 까닭도 바로 이런 취지에서 비롯되었습니다. 그동안 1,200명이 훨씬 넘는 장학생을 배출하게 된 것은 오로지 법사랑위원 여러분과 각계각층의 관심과 성원 덕분이라고 생각합니다.

오늘 장학금을 받게 된 청소년 여러분에게 축하의 말씀 드립니다. 여러분은 5월의 대자연을 닮은 듯 눈부시도록 싱그럽고 아름답습니다. 여러분의 가정이 비록 가난하거나 불우하더라도, 여러분의 심성은 맑고 깨끗하며, 미래는 활짝 열려있기 때문입니다. 보다 넓고 큰 세상을 향해 도전하십시오. 여러분이 포기하거나 좌절하지 않는다면 세상은 도전해볼만한 가치가 있으며, 여러분이 주인공이 될 것입니다.

출발이 너무 늦었다거나, 지금 속도가 느리다고 포기하지 마십시오. 인생은 마라톤이므로, 지금 아무리 빨리 달려도 42.195킬로미터를 완주하지 않으면 아무런 소용이 없습니다. 베토벤은 청각장애를 겪으면서 불멸의 교향곡을 남겼으며, 초등학교만 나온 에디슨은 1천 개가 넘는 위대한 발명을 하였습니다. 폴란드의 퀴리 부인은 조국을 잃고도 본인은 물론, 남편과 딸, 사위 모두 합쳐 노벨상을 다섯 차례나 받았습니다.

제가 이 자리에서 장학금을 수여하면서 여러분을 응원하고 격려할 수 있다는 사실은 저 자신으로서도 무척 가슴 설레는 일이었습니다. 월석선도 장학생 여러분, 다시 한 번 축하드리며, 이 자리가 여러분 인생에 소중한 전환점이 되었으면 하는 바람입니다.

一 오늘 배우지 않고
내일이 있다고 말하지 말라

2014. 11.
월석선도장학회 장학증서 수여식

　　　　존경하는 부산지방검찰청 백종수 검사장님을 비롯한 검찰 간부 여러분, 그리고 법무부 법사랑위원 부산연합회 신정택 회장님과 위원 여러분, 찬바람이 불기 시작하는 계절에 건강하신지요. 법과 원칙이 존중되는 사회를 만들기 위해 애쓰시는 여러분을 모시고 월석선도장학회 2014년 하반기 장학금 수여식을 갖게 되어 무척 기쁘게 생각합니다. 공사 다망하신데도 이 자리에 참석해주신 여러분께 깊은 감사의 말씀을 드립니다.

　어려운 환경에도 굴하지 않고 모범적인 생활로 장학금을 받게 된 학생 여러분 축하드립니다. 인성과 덕성의 토대 위에 창의적 지식을 쌓아가는 청소년이라야 대한민국의 동량이 될 수 있습니다. 월석선도장학회는 이 같은 취지에서 지난 2003년부터 한 해에 두 차례 장학금을 지급해왔습니다. 벌써 1,300명이 넘는 장학생을 배출하게 된 것은 법사랑위원 여러분의 관심과 성원 덕분이었습니다.

　영국의 계관시인 윌리엄 워즈워드는 '어린이는 어른의 아버지'라고 노래하였습니다. 어린이의 맑고 순수한 마음, 그리고 무한한 가능성을 어른들도 본받아야 한다는 뜻이라고 생각합니다. 그런데 어린이들이 청소년으로 자라나면서 세상에 물들기 시작하여, 가정과 학교에서 벗어나는 경우가 적지 않습니다. 위기에 처한 청소년들이 본연의 모습으로 돌아오려면 가정과 학교는 물론, 우리 사회 전체가 지극한 관심과 사랑으로 보듬어주어야 합니다. 월석선도장학회는 앞으로도 위기의 청소년들이 미래의 희망이 될 수 있도록 후원하겠습니다.

자랑스러운 장학생 여러분, 흔히 인생을 마라톤 경기에 비유합니다. 당장 눈앞의 이익에 사로잡히지 말고, 꿈을 실현시키기 위해 소처럼 한 걸음씩 뚜벅뚜벅 나아가라는 의미입니다. 그러나 한편으로는 인생은 너무나 짧습니다. 중국 송나라의 주자는 "오늘 배우지 않으면서 내일이 있다고 말하지 말며, 올해 배우지 않고서 내년이 있다고 말하지 말라"고 하였습니다. 주자는 또 "소년이노학난성(少年易老學難成)하나니 일촌광음불가경(一寸光陰不可輕)하라"고 하였습니다. 이 말은 '소년이 늙기는 쉬우나 학문을 성취하기는 어려우니, 짧은 시간이라도 가벼이 여겨서는 안 된다'는 뜻입니다.

장학생 여러분, 여러분 앞에 주어진 한 시간 한 시간을 소중하게 생각하여 부지런히 배우고 실천해야 합니다. 마라톤 선수가 한 걸음 한 걸음을 착실하게 내디뎌야 42.195킬로미터 풀코스를 완주할 수 있는 것과 마찬가지입니다. 부디 열심히 노력하여 여러분의 꿈을 성취하고 나라의 큰 재목으로 자라나시기 바랍니다.

참석하신 내빈 여러분, 우리 청소년들을 위한 여러분의 노고에 깊이 감사드리며, 앞으로도 청소년 선도와 육성에 변함없는 관심과 성원을 부탁드립니다. 내빈 여러분과 장학생 여러분의 가정에 건강과 행복이 가득하길 기원하며 인사말에 갈음합니다.

― 연습벌레 피아니스트 조성진처럼 스스로 노력하라

2015. 11.
월석선도장학회 장학증서 수여식

　　사회 정의를 구현하기 위해 노력하시는 정인창 검사장님을 비롯한 부산지방검찰청 관계자 여러분 안녕하셨습니까. 법무부 법사랑위원 부산연합회 신정택 회장님과 회원 여러분, 그리고 축하해 주기 위해 참석하신 내빈 및 학부모 여러분 뵙게 되어 무척 반갑습니다. 학업에 충실하며 품행이 방정하여 모범 청소년으로 추천받은 장학생 여러분에게도 축하의 말씀을 드립니다.

　월석선도장학회가 지난 2003년부터 한 해에 두 차례 선발한 장학생이 벌써 1,500명을 넘어섰습니다. 검찰청 관계자 여러분과 법사랑위원 여러분의 성원 덕분이라고 생각하며 감사드립니다.

　가정과 사회의 보살핌을 받지 못하는 청소년이 줄어들고 우리 사회의 희망으로 성장할 수 있도록 모두가 노력해야 합니다. 얼마 전 미국 메이저리그 야구팀으로부터 1,280만 달러, 우리 돈으로 146억 원 포스팅 금액을 제안받은 넥센히어로즈의 홈런왕 박병호 선수를 여러분 모두 알고 계실 것입니다. 박 선수는 고교 시절부터 유망주로 손꼽혀왔으나 LG트윈스 소속일 때 1군과 2군을 오가며 좋은 성적을 내지 못하였습니다. 그러나 넥센히어로즈로 트레이드되어 오면서 달라졌습니다. 박 선수 스스로도 피나는 노력을 하였지만, 당시 김시진 감독이 믿음을 주었고, 자신감을 갖게 하였습니다. 박병호 선수는 2년 연속 홈런왕에 올랐고, 이젠 자랑스러운 메이저리그 선수가 되었습니다.

　부모와 자녀가, 선생님과 학생이 서로 믿고 격려한다면 우리 청소년들은 무한 성장할 수 있습니다. 올해 쇼팽 피아노 콩쿠르에서 우승한 조성진 피아니스트도 부모님의 신뢰와 사랑 속에 세계적인 연주자가 되었습니다. 연습벌레인 조성진이 피아노 앞에 앉아있으면 그의 부모님은 "제발 밖에 나가 놀다 오너라"고 할 정도였습니다. 그는 무대에 오르기 전 얼마나 많이 연습을 했던지, "무대에서 연주할 때는 차라리 휴식과 같다"고 말하였습니다.

　자랑스러운 장학생 여러분!

　여러분의 부모님과 선생님들은 여러분을 믿고 사랑하십니다. 이런 믿음과 사랑을 바탕으로 여러분 스스로 노력해야 합니다. 노력하지 않고 성공하는 사람은 없습니다. 노력하지 않고 박수받은 사람은 없습니다. 오늘 이 자리가 장학생 여러분의 미래를 새롭게 개척하는 소중한 전환점이 되기를 간절히 바랍니다. 참석하신 모든 분들의 건승을 기원합니다.

　대단히 고맙습니다.

一 초등학교를 중퇴하고도
대스타가 된 성룡

2016. 4.
월석선도장학회 장학증서 수여식

존경하는 황철규 검사장님과 부산지검 관계자 여러분! 원칙이 지켜지는 사회를 만들기 위해 노고가 많으십니다. 법무부 법사랑위원회 부산연합회 회원 여러분! 밝고 건강한 세상을 만들기 위한 노력에 경의를 보냅니다. 오늘 장학증서를 받은 장학생 여러분! 여러분의 건강하고 활기찬 모습을 대하니 무척 반갑습니다.

월석선도장학회는 2003년부터 한 해 두 차례 장학생을 선발하여 지금까지 1,600명에 가까운 청소년들을 지원해왔습니다. 우리 청소년들이 그 어떠한 이유로든 교육에서 소외되어서는 아니 된다는 일념에서 장학 사업을 계속해왔습니다. 부산지검과 법사랑위원 여러분의 성원이 있었기에 가능했음은 물론입니다.

자랑스러운 장학생 여러분!

홍콩의 유명한 영화배우 성룡을 아십니까. 그가 홍콩의 어느 대학에서 명예박사학위를 받았을 때 이런 이야기를 했습니다.

"이 강당 안에서 저보다 학력이 낮은 사람은 단 한 명도 없습니다. 저는 너무나 가난해서 초등학교를 중퇴하였습니다. 언제가 돈을 많이 벌면 원 없이 공부해야겠다고 어린 시절 결심했습니다. 열심히 일했고 운도 따랐습니다. 그래서 공부를 하려고 했습니다. 그러나 머리에 들어가지 않더군요. 공부하는 데 때가 있다는 것을 깨달았습니다. 특히 학생 여러분, 여러분이 학생이라는 사실을 다행스럽게 생각해야 합니다."

홍콩과 할리우드를 주름잡는 대스타 성룡도 나이가 드니 공부가 되지 않는다고 고백한 것입니다. 그러니 장학생 여러분, 지금 공부하지 않으면 평생 후회하게 됩니다.

여러분이 잘 아실 프랑스의 나폴레옹은 "내 사전에 불가능은 없다"라고 유명한 말을 남겼습니다. 그러나 나폴레옹인들 무슨 일이든 쉽게 성공한 것은 아니었습니다. 여러분, 공부하기 힘들다고 하지만 학교를 졸업하고 사회생활을 하려면, 수십 배 수백 배 더 힘든 과정을 거쳐야만 합니다. 지금 참고 또 참는, 그러면서 꿈을 향해 다가가는 인내력을 길러야 합니다.

여러분 모두의 건승을 기원합니다. 대단히 감사합니다.

고통을 겪지 않은 승리는 진정한 영광이 아니다

2016. 11.
월석선도장학회 장학증서 수여식

존경하는 황철규 검사장님과 부산지검 관계자 여러분, 법과 원칙이 지켜지는 사회를 만들기 위해 노고가 많으십니다. 법무부 법사랑위원회 부산연합회 회원 여러분, 건강한 사회를 만들기 위한 자원봉사 활동에 박수를 보냅니다. 밝고 활기찬 장학생 여러분, 무척 반갑습니다.

월석선도장학회는 올해로 14년째, 한 해 두 차례씩 장학생을 선발하여 1,600명이 넘는 청소년들을 지원해왔습니다. 나라의 동량이 될 청소년들이 그 어떤 이유로든 학교와 사회에서 소외되어서는 안 된다는 일념 때문이었습니다. 부산지검과 법사랑위원 여러분의 성원 덕분이었습니다.

자랑스러운 장학생 여러분.

여러분은 성적 때문에 고민합니까? 집안이 가난해서? 친구로부터 따돌림을 받아 고민합니까? 상처 많은 나무가 아름다운 무늬를 남긴다고 합니다. 나폴레옹은 "고통을 거치지 않고 얻은 승리는 영광이 아니다"라고 말하였습니다. 여러분이 지금 겪고 있는 온갖 걱정, 번민, 고통은 더욱 튼튼하게 자라기 위한 성장통입니다. 그러니 자신감을 갖고 밝고 희망찬 내일을 꿈꾸기 바랍니다.

지난여름 리우 올림픽 펜싱 결승전에서 우리나라의 박상영 선수는 10대 14로 뒤져 1점만 잃어도 패하는 절체절명의 순간을 맞았습니다. 그러나 박 선수는 "나는 할 수 있다"라는 말을 수없이 되풀이하면서 결국 역전에 성공해 금메달을 땄습니다.

미국의 라이트 형제는 어릴 적 아버지가 사다 준 장난감 비행기를 가지고 놀면서 새처럼 하늘을 훨훨 날고 싶다는 꿈을 가졌습니다. 형제는 도서관에서 여러 자료를 찾아 연구하고 실험하였습니다. 실험 비행에 여러 차례 실패해도 다시 도전하였습니다. 그러나 뉴욕타임스가 사설을 통해 "100년이 지나도 인간이 하늘을 날 수 없으니 더 이상 비행에 대해 논하지 말자"고 조롱할 정도로, 많은 사람들은 형제의 도전을 무시하였습니다. 하지만 그 사설이 실린 지 얼마 뒤인 1903년 12월 라이트 형제는 3미터 높이로 100미터 가량 비행에 성공하였습니다. 자전거 수리공에 불과했던 라이트 형제가 비행기를 발명한 것입니다.

친애하는 장학생 여러분. 몇 번의 실패에 좌절하지 말고, 여러분의 꿈을 향해 도전하십시오. 머지않아 여러분이 세상의 주인공이 될 것입니다.

대단히 감사합니다.

─ 양어머니 사랑의 결실, 제2의 조던 지미 버틀러

2017. 4.
월석선도장학회 장학증서 수여식

존경하는 황철규 검사장님을 비롯한 부산지검 관계자 여러분! 정의로운 사회를 만들기 위해 노고가 많으십니다. 법사랑위원회 부산연합회 회원 여러분! 밝고 명랑한 사회를 조성하려는 자원봉사 활동에 감사드립니다. 장학생으로 선발되어 이 자리에 참석한 학생들과 학부모 여러분! 아름다운 계절에 만나게 되어 무척 기쁩니다.

월석선도장학회는 2003년부터 시작돼 1년에 두 차례 장학증서 수여식을 개최하였습니다. 장학생이 모두 1,700여 명에 달하게 되었습니다. 부산지검과 법사랑위원회의 성원 덕분입니다.

자랑스러운 장학생 여러분, 그리고 법사랑위원회 회원 여러분!

미국 프로농구 팬들을 열광시키는 '지미 버틀러'라는 선수를 아십니까. 그는 열두 살 때 친어머니로부터 버림받고 집을 나가 친구 집을 옮겨 다니거나 노숙하였습니다. 길거리 농구를 하다가 알게 된 한 소년의 집에서 생활하게 되었는데, 이 소년의 간곡한 요청으로 이 집 가족으로 입양되었습니다. 이 집 자녀는 6명이며 백인인데, 흑인인 버틀러가 가족이 된 것입니다. 어머니 미셸 램버트는 "동생들로부터 존경받는 형이 될 것과 농구뿐 아니라 공부도 열심히 할 것"을 요구하였습니다. 가난한 집안이었지만 어머니 미셸은 버틀러를 정성껏 뒷바라지했고, 버틀러는 농구를 열심히 하면서 모범적인 생활로 보답하였습니다. 버틀러는 2011년 미국 프로농구팀 시카고 불스에 입단했고, 두 차례나 올스타에 뽑혔으며, 리우 올림픽 미국 대표선수가 되어 금메달을 목에 걸었습니다. 버틀러는 5년에 9,600만 달러, 우리 돈 1,000억 원이 넘는 금액에 재계약했으며, 제2의 마이클 조던이라고 불립니다. 백인 어머니의 눈물겨운 사랑이 흑인 양아들의 성공을 가져왔습니다.

장학생 여러분!

집안이 가난하여 배움의 기회가 적다고 좌절하지 마십시오. 아주대학 김동연 총장은 서울 청계천 판자촌에서 살면서 상고를 다녔고, 은행에 근무하면서 야간대학에서 공부했습니다. 입법고시 행정고시에 합격하여 경제기획원에서 공직을 시작해, 장관급인 국무조정실장까지 올라갔습니다. 대학 총장을 하면서 월급 절반을 털어 학생들을 해외 명문대 연수를 보냈고, 강연료와 원고료를 모아 가난한 학생들에게 생활비를 지원했습니다.

게임업체 넷마블의 방준혁 회장은 가난 때문에 고등학교도 중퇴했습니다. 그러나 '일 중독'이라는 말을 들을 정도로 열심히 노력하여 모바일 게임을 개발해 대성공을 거두었습니다. 그의 회사는 5월에 상장되면 13조 원에 달하고, 그의 지분은 3조 원이 넘어설 것으로 전망됩니다. 그는 "무모한 꿈은 없다. 꿈을 꿔야 도전할 수 있다"고 말합니다. 또 "환경을 바꿀 수 없지만, 나 자신을 바꾸면 성공할 수 있다"고 했습니다.

여러분 모두 원대한 꿈을 꾸고 도전하십시오.

一 지력보다
직관의 힘이 중요하다

2018. 11.
월석선도장학회 장학증서 수여식

    월석선도장학회가 설립된 지 벌써 16년이 지났습니다. 한 해 두 차례 씩 한 번도 거르지 않고 장학금 수여식을 가진 것은 김기동 검사장님을 비롯한 전·현직 부산지검장님들과 검찰 관계자 여러분 덕분입니다. 또 법무부 법사랑위원 부산연합회 회원 여러분의 노고에 힘입은 바 컸습니다.

  월석선도장학회는 그동안 2천 명에 가까운 장학생을 배출하여, 그들에게 희망과 용기를 불어넣었고, 꿈을 실현할 수 있는 밑거름이 되었으리라 생각합니다. 하지만 가정과 학교, 사회의 관심에서 멀어지고 보호받지 못하는 청소년들이 아직 많습니다. 그들은 비행과 범죄의 유혹에 빠지기 쉽습니다. 어른들의 보호와 지원, 사랑이 더욱 절실합니다.

  자랑스러운 장학생 여러분!

  영국의 시인 윌리엄 워즈워스는 스물한 살 때 프랑스를 거쳐 알프스까지 걸어서 여행을 하였습니다. 도보 여행객을 노리는 도둑이 극성을 부리던 시절 걸으면서 시를 쓰고 시를 쓰면서 걸었습니다. 이 여행이 그가 대문호가 되는 데 훌륭한 자양분이 되었습니다. 존 F. 케네디 전 미국 대통령은 스물한 살 때 두 달 동안 유럽 각국을 여행하였습니다. 3년 뒤 하버드 대학 졸업반일 때 〈영국은 왜 잠자고 있었나〉라는 논문을 냈습니다. 영국이 전쟁 대비 태세가 부족한 점을 지적한 것입니다. 이 논문은 책으로 나와 베스트셀러가 되었습니다. 여행을 통해 국제적 식견을 넓힌 케네디는 미국의 대통령이 되겠다는 포부를 갖게 되고 마흔네 살 때 그 꿈을 이룹니다.

애플사를 창업한 스티브 잡스도 열아홉 살 때 7개월 동안 인도를 여행했습니다. 그는 지력(知力)보다 직관(直觀)의 힘이 중요함을 깨달았습니다. 이 깨달음은 잡스의 일하는 방식에 많은 영향을 미쳤습니다.

낯선 세계를 여행하고 체험하면 세상을 변화시키는 힘을 얻게 됩니다. 장학생 여러분도 꼭 외국 여행이 아니더라도 국내의 다른 지방에 다녀보고 봉사활동이나 다양한 체험을 해보기를 권합니다. 독서를 통해서도 옛 사람들을 만나보고 미지의 세계를 경험하십시오. 책 속에 길이 있습니다. 이러한 활동은 여러분의 꿈을 키워주고 가능성을 한층 높여줄 것입니다.

대한민국의 미래를 짊어지고 갈 훌륭한 인재가 되길 기원합니다.

여러분, 고맙습니다.

카네기홀 무대에 선
'부산 소년의 집 오케스트라'

2019. 4.
월석선도장학회 장학증서 수여식

　　　　　김기동 검사장님과 부산지검 관계자 여러분 안녕하셨습니까? 봉사활동에 여념이 없으신 법사랑위원회 가족들에게도 인사드립니다.

　우리 사회는 각종 특혜, 마약, 성범죄 등 도덕불감증에 물들어 있습니다. 사회적 지위에 따른 도덕적 책임을 다하지 않는 일탈이 심각합니다. 청소년들이 이를 보고 모방할까 두렵습니다. 이럴 때일수록 정의를 널리 일깨우고 자라나는 세대를 선도하는, 검찰과 법사랑위원회의 역할이 점점 커져가고 있습니다.

　남미 베네수엘라에서는 음악교육을 통해 빈민층 청소년들을 가난과 폭력에서 구제하기 위한 '엘 시스테마' 프로그램이 1975년부터 시행돼 세계의 주목을 받은 바 있습니다. '부산 소년의 집'에서도 미사 반주를 위해 창단된 현악합주단이 관악기를 기증받아 오케스트라로 발돋움했고 전문가들의 가르침을 받아 실력이 일취월장하였습니다. 이에 감동한 부산 로터리클럽 회원들이 현악기 40여 점을 기증했으며, 일본 자매결연 클럽의 주선으로 주요 도시 순회 연주를 다녀왔습니다. 그 후 바이올리니스트 사라 장의 도움으로 멕시코 대통령 궁에서 대통령 내외와 직원 앞에서 연주했습니다. 세

계적 마에스트로 정명훈 지휘자 덕분에 2010년 '꿈의 무대'인 미국 뉴욕 카네기홀 공연도 가졌습니다. 음대로 진학하여 음악인의 길을 걷는 학생도 늘어났다고 합니다. 어른들의 따뜻한 사랑이 소외됐던 청소년들의 꿈을 키워준 것입니다.

월석선도장학생에 선발된 꿈나무 여러분!

우리 사회가 이기주의에 물들어 자기 자식들만 보살핀다고 하지만, 때로는 따끔한 질책으로, 때로는 따스한 보살핌으로 꿈나무들을 이끌어주는 어른들이 아직 많이 있습니다. 세상을 원망하고 부정하기보다는, 긍정하고 사랑하게 되면 여러분의 인성이 눈부시게 성장하리라고 확신합니다. 얼굴이 못생기고 말을 더듬으며 공부를 못했던 처칠은 영국 수상이 되어 2차 세계대전을 승리로 이끌었습니다. 입사시험에 서른 네 차례나 낙방했던 중국인 마윈은 전자상거래업체 알리바바를 세워 세계적 부호가 되었습니다.

가난한 흑인 집안에서 태어난 로리 라이트풋은 대학 시절 아르바이트를 일곱 가지나 동시에 하면서 연방검사가 되었고 얼마 전 흑인 여성 최초로 미국 시카고 시장에 당선되었습니다. 집안이 가난해 고교를 중퇴한 한국인 방준혁은 모바일 게임을 개발해 미국 포브스지가 선정한 '세계의 억만장자'가 되었습니다. 세상은 여러분이 하기에 따라 얼마든지 열려 있습니다. 원대한 꿈을 꾸며 끊임없이 도전하십시오. 2002년 월드컵 축구 때 한국 팀 응원 구호처럼 "꿈은 이루어집니다."

함께 자리해주신 여러분, 대단히 감사합니다.

02

이웃과 함께
세상을
평화롭게

KNN은 지역분권, 균형발전이라는 주제로 해마다 포럼을 개최해왔습니다. 앞으로도 그럴 것입니다. 이 자리에서 도출된 지혜들이 탁상공론에 그치지 않도록 시·도민들과 인식을 공유하고 힘을 모으기를 기대합니다. 중앙정부와 국회에 끊임없이 건의하여 실현되기를 간절히 바랍니다.

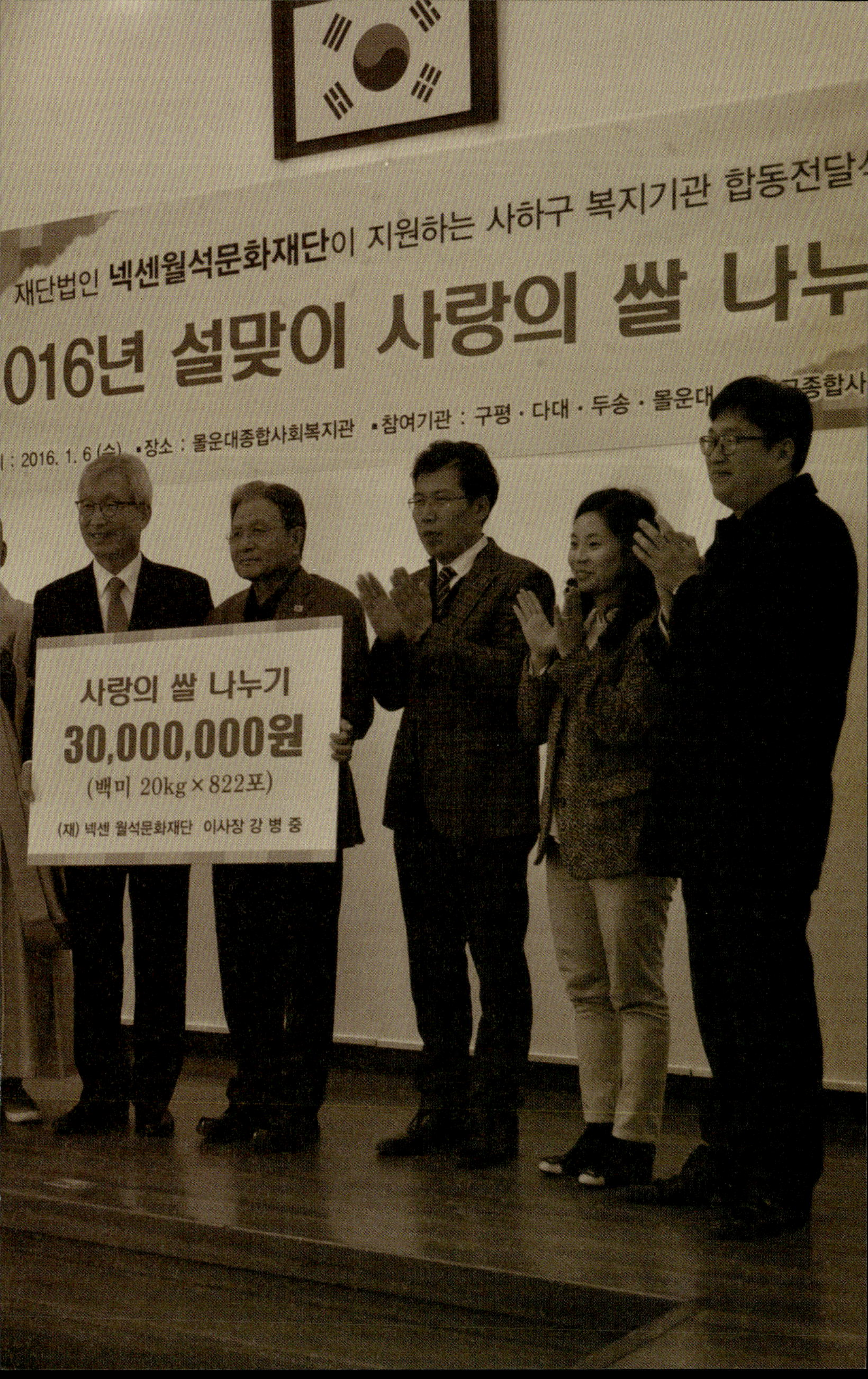
재단법인 넥센월석문화재단이 지원하는 사하구 복지기관 합동전달식
016년 설맞이 사랑의 쌀 나누
: 2016. 1. 6 (수) ▪장소 : 몰운대종합사회복지관 ▪참여기관 : 구평 · 다대 · 두송 · 몰운대
사랑의 쌀 나누기
30,000,000원
(백미 20kg × 822포)
(재) 넥센 월석문화재단 이사장 강 병 중

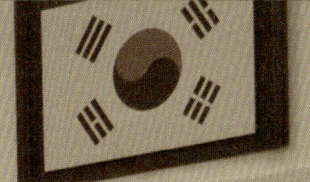

― 선물거래소 부산 설립
  최종 확정 감사드리며

1998. 10.
선물거래소 부산 설립 축하 연설

부산지역 최대의 숙원사업이었던 '선물거래소 부산 유치'가 최종 확정되었습니다. 어제 서울 측과 부산 측 대표단이 최종 회합을 갖고 그동안 논란이 되어왔던 전산센터 이전을 포함한 선물거래소 부산설립 양해각서를 교환하고 이를 선물거래소 제20차 발기인 총회에서 추인함에 따라 최종 확정된 것입니다. 어려운 여건 속에서도 선물거래소 부산 설립을 최종 결정해준 선물거래소 회원사들과 선물거래소 설립준비단 관계자들에게 감사하게 생각합니다.

선물거래소 부산유치 확정을 1만여 상공인 및 4백만 시민과 함께 환영해 마지않으며, 이는 국토의 균형발전을 이룩하겠다는 김대중 대통령의 발전적 개혁의지가 크게 반영된 것으로 평가합니다.

선물거래소 부산 유치가 확정되기까지 저희 부산상공회의소와 함께 유치활동을 전개해왔던 부산광역시, 부산광역시의회를 비롯한 정·관계, 학계, 언론계 등 '선물거래소 부산유치위원회' 여러분들과 그동안 선물거래소 유치를 위해 지원과 협조를 아끼지 않으신 각계의 여러분들께도 무한한 감사의 말씀을 드립니다. 특히 선물거래소 부산유치가 가능하게 된 데는 선물거래소 유치의 중요성을 시민들에게 알리고, 이를 지역 최대의 현안 과제로 부각시켜준 지역 언론계의 도움이 결정적 역할을 하였다고 봅니다.

선물거래소 부산유치 건은 1994년 초에 제가 부산상공회의소 제15대 회장 취임공약으로 내건 이후, 상공회의소 의원부의 전폭적인 지원과 각계의 도움을 받아 5년여에 걸쳐 유치활동을 전개해 왔습니다. 그동안 말 못할 우여곡절을 무수히 겪던 끝에 마침내 결실을 보게 되어 감회가 새삼스럽습니다. 당시만 해도 선물거래법조차 제정되기 전이었으나, 정부 당국에 조기 설립의 필요성을 적극 설명하여 95년 12월에 선물거래법이 제정되게 하였고, 96년 2월에는 선물거래소 유치위원회를 발족시켜 본격적인 유치활동에 들어갔습니다.

자본시장의 양대 축인 선물거래소가 서울이 아닌 부산에 설립되는 것은 부산발전에 결정적 전기가 됨은 물론 수도권에 집중된 경제력을 분산시키는 하나의 획을 긋는 의미에서도 그 의의가 자못 크다고 하겠습니다. 선물거래소 파급효과는 막대할 것으로 예상되며, 지금 당장보다는 선물시장이 활성화되는 향후 5년 또는 10년 이후에 진가를 발휘할 것으로 확신합니다. 그 파급효과를 기대하셔도 좋을 것입니다. 이제 부산이 우리나라 선물산업의 중심지로서 국제금융도시로 육성될 수 있는 단초를 얻게 된 것입니다.

선물거래소 부산 유치에 협조해주신 선물회사, 선물협회, 선물거래소 설립준비단 관계자들에게도 감사를 드리며, 선물거래소 설립 이후에도 선물거래소의 활성화를 위해 가능한 한 모든 지원을 할 것을 약속드립니다. 선물거래소 활성화를 위해 범시민적 지원을 아끼지 않을 것이며, 거래소가 정상화 되는 대로 주가지수선물도 이관토록 하겠으며, 부산지역 각 대학에 선물 관련 강좌 개설도 요청하겠습니다.

  선물거래소 유치에 지원을 해주시고 협조를 해주신 여러분과 부산시민들에게 다시 한 번 감사하다는 말씀을 드립니다.

一 투철한 기업가정신, 영원한 귀감

1999. 7.
「국제신문」 기고 - 난송 정주영 회장 추모사

　　　　부산 상공업계의 원로이시고, 우리 건설업계의 거목이셨던 난송(蘭松) 정주영 회장님! 인명은 재천이요, 인생은 무상하다고 했습니다만 그 용기, 그 기백 다 어디 두고 이렇게 훌쩍 떠나시다니 정말 너무하십니다.

　그토록 오매불망 걱정하시던 나라경제는 아직도 어두운 터널을 벗어나지 못하고 있고, 노심초사 염려하시던 부산경제는 풀어야 할 과제를 그대로 안고 있는데, 해결의 실마리를 열어주실 회장님께서 홀연히 떠나시다니 안타까운 마음금할 길이 없습니다. 회장님께서는 저희 부산상공회의소 12대 회장, 대한상공회의소 부회장, 부산발전협의회 회장을 맡으셔서 뜨거운 열정과 강인한 집념으로 부산경제와 지역사회 발전에 혁혁한 족적을 남기셨습니다.

　회장님께서는 부산·경남도민의 오랜 숙원사업이었던 부산고등법원과 고등검찰청 부산설치를 실현시켰고 동해투자주식을 부산상공인이 인수케 했으며, 우리나라 최초로 지방에 본사를 둔 부산생명보험회사를 탄생시켰습니다. 회장님께서 남기신 투철한 기업가정신과 남다른 경영능력은 이미 우리 산업사의 한 장을 장식하셨을 뿐 아니라 새로운 천년을 맞아야 할 우리들에게 많은 본보기를 남기셨습니다.

평생을 기업발전과 국가사회를 위해 분주하게 뛰어오신 회장님, 이제 극락세계에서 편안히 쉬옵소서! 회장님을 마지막 보내드리는 이 영결의 자리에 서고 보니, 당신의 빈자리가 이렇게 쓸쓸하고 크게 느껴질 줄 몰랐습니다. 너무나 아쉽습니다. 회장님께서 쌓으신 태산 같은 공덕과 신심으로 영생의 나라에서 만세복락을 누리소서! 고이 잠드소서!

一 자동차산업 발전과 도약,
부산시민 염원 담겨있다

2010. 8.
르노삼성차 유치 기념 토론회 축사

여러분 반갑습니다.

제가 약 7년 전에 상의회장직에서 물러난 뒤로는 사회활동을 접고 회사 일에만 전념해 왔습니다. 그래서 그동안 공식행사에도 나가지 못했습니다. 그런데 오늘 처음으로 이 뜻깊은 시민토론회에 참석해서 여러 귀빈들과 각계 대표들을 모시고 축사를 하게 된 것을 매우 기쁘게 생각합니다.

르노삼성차의 전신인 삼성자동차 유치를 시작했을 때가 엊그제 같은데, 벌써 15년의 세월이 흘렀습니다. 당시 유치 활동을 함께했던 분들 가운데는 오늘 이 자리에 나와 계신 분들도 있고, 또 참석하지 못하신 분들도 계십니다만, 그때는 부산의 각계각층의 인사들이 모두 참여해서 정말 치열하게 부산경제 살리기에 나서주셨습니다. 지금 생각해도 어떻게 그렇게까지 할 수 있었던가 하는 생각이 듭니다. 많은 분들의 뜨거운 열정과 집념, 또 시민들의 무한한 애정과 관심이 르노삼성차의 튼튼한 기반이 되어, 오늘처럼 부산을 대표하는 기업을 만들었다고 봅니다.

돌이켜 보면, 삼성자동차 유치를 시작했을 때는 합판 섬유 신발 등의 주종산업이 국제경쟁력을 상실하면서 제조업의 공동화가 우려되는 시기였습니다. 그러나 지금은 산업구조가 고부가가치산업인 자동차 등의 기계 중심으로 완전히 바뀌었습니다.

부산시민들의 간절한 염원이 담긴 르노삼성차가 제2공장 증설 등을 통해 더 큰 발전을 하면서 자동차부품업 등에 활력을 불어넣고, 나아가 부산을, 울산과 연계가 되고, 세계적으로 유명한 자동차 도시로 만들어 주기를 부탁드립니다. 또 우리 부산이 금융중심지 실현을 앞당겨서 1960, 70년대에 한국경제를 견인하던 때보다 훨씬 더 활기가 넘치고, 수도권과 대칭되는 글로벌 도시가 됐으면 하는 마음 간절합니다.

삼성자동차 유치 활동을 함께 해주신 각계각층의 많은 분들이 오로지 지역경제의 발전을 위해 온갖 노고를 마다하지 않으셨습니다. 제 자신이 그동안 기업 일로 바쁘게 지내다 보니, 안부도 제대로 여쭙지 못했던 것 같습니다만, 이 자리를 빌려 다시 한 번 깊은 감사의 말씀을 드립니다.

감사합니다.

一 우리 회원들, 인연이 아닌가 생각합니다

2011. 3. 부산불교실업인회 20주년 기념식 축사,
(「부산불교실업인회」 1991~2010 수록)

부산불교실업인회가 벌써 20주년이 됐다고 하니 감회가 새롭습니다. 한편으로는 우리 모임을 처음 만들었을 때 함께 했던 분들 가운데 지금은 보이지 않는 분들도 있어, 불경에 나와 있는 것처럼 그야말로 우리 인생이 한 조각 구름인가 하는 생각도 하게 됩니다.

초창기부터 부산불교실업인회에 관계하게 됐던 것은, 초대회장을 맡은 뒤 내리 4번을 연임하다 작고하신 고 김정태 태화쇼핑 회장의 권유 때문이었습니다. 그때는 사업을 하느라 정말 눈코 뜰 새 없이 바쁜 때였지만, 김 회장의 돈독한 신심과 열정에 이끌려 동참을 했고, 국내 처음으로 만들어지는 불교실업인 모임은 뭔가 달라야 하지 않겠느냐며 몇 번이나 함께 의논을 했던 기억이 납니다.

전국에서도 부처님을 따르는 불자들이 가장 많은 부산에서 생겨난 우리 부산불교실업인회는 뜻있는 회원들이 기금을 모아 불교TV방송을 만드는 등, 재가 불자들이 부처님의 말씀을 전하고, 부처님의 가르침을 실천하고자 노력해 왔습니다. 특히 고 김정태 회장은 자신 소유의 사찰 옆에 방송국 부지를 준비하고 허가까지 받았으나 뜻밖의 일로 운영을 남에게 양보하면서 "영남을 대표하는 불

교방송국이 생긴 것만으로도 족하다. 내가 운영을 하지 않으면 어떤가"라고 했습니다. 부처님의 자비를 실천한 분이셨다고 하지 않을 수 없습니다.

우리 회원들은 또 국내는 물론 해외에 있는 사찰을 같이 찾아다니며 불심을 키웠고 유대와 친목을 도모할 수 있었습니다. 부처님을 찾는 길에 회원들끼리 저절로 친해졌고, 같이 예불을 하면서 깊은 정을 나눌 수 있었던 것 또한 불가에서 말하는 인연이 아닌가 생각합니다. 사업과 관련된 자문을 구하기도 하고, 조언을 해주기도 해서 사업상 도움을 주고받는 일도 적지 않았던 것 같습니다.

부처님 앞에 서면 인간이란 존재는 얼마나 왜소하고 초라합니까. 산사에 부는 바람 한 줄기에도 경건함을 느끼면서 속세에 찌든 육신과 헝클어진 생각을 바로 하고, 감사의 마음을 배우고 마음의 편안함을 얻을 수 있었던 것 역시 부산불교실업인회 회원 모두가 하나가 되기 위한 노력과 협조가 있었기에 가능했다고 하겠습니다.

우리 회원들께서는 사업 때문에 언제나 바쁘시지만, 부산불교실업인회의 좋은 전통과 끈끈한 정을 더 공고히 하시고, 아울러 부처님 법을 따르면서 몸도 마음도 건강해지시기를 소원합니다. 회원 여러분 모두에게 부처님의 가피가 있으시길 빕니다.

─ 지역 문화예술 창달 노력에 감사드리며

2008. 6.
제11회 KNN문화대상 시상식

반갑습니다. 오늘 바쁘신 가운데 저희 KNN문화대상 시상식에 참석해주신 내외 귀빈여러분! 그리고 문화대상의 영예를 안으신 수상자와 가족 친지여러분께 축하와 감사의 말씀을 드립니다.

지난 95년 설립된 저희 KNN문화재단은 방송사업에서 창출된 이익을 지역사회에 환원하고자 학술진흥과 장학지원, 그리고 문화사업 등을 꾸준히 펼쳐왔습니다. 특히 해마다 실시하고 있는 'KNN문화대상'은 올해로 제11회째를 맞이하였으며 지금까지 사회 각 부문에서 역량 있는 인사와 단체들을 문화대상의 수상자로 선정해왔습니다.

제11회 KNN문화대상 수상자 여러분 역시 각 부문에서 지역사회의 발전을 위해 헌신과 노력을 아끼지 않으면서 지역민들의 귀감이 되어왔습니다. 사회봉사 부문의 수상자인 김상화 '낙동강공동체' 대표께서는 1,300회가 넘는 낙동강답사와 조사활동을 통해 낙동강 살리기 운동을 이끌어오면서 지역사회에 봉사한 공로를 인정받았습니다.

문화예술 부문의 수상자인 구상훈 '마산민속문화보존회' 회장께서는 마산 농청놀이와 창원 퇴촌농악 등과 같은 민족의 미풍양속이

녹아있는 무형문화재의 보존과 발굴, 그리고 재현을 통해서 우수한 우리문화를 계승 발전시켜 오셨습니다.

교육과학 부문 수상자인 우숙진 '동래원예고등학교' 부장교사께서는 장애우 특수교육에 20여 년 동안 매진하면서 특수교육의 질적 양적, 발전을 위해 혼신의 노력을 다해오셨습니다.

수상자 여러분께 축하의 말씀을 드리며 오늘의 수상이 여러분의 앞날에 더 큰 힘을 실어드릴 수 있는 계기가 되길 바랍니다. 아울러 각 부문에서 후보자로 추천되셨던 분들께도 감사와 존경의 인사를 올리며 마지막까지 투명하고 공정한 심사에 임해주신 심사위원 여러분께도 감사의 인사를 드립니다.

앞으로도 KNN문화재단은 지역의 문화를 재발견하고 독창적인 지식을 창출하기 위해 노력하는 분들과 함께 지역사회 발전과 문화예술 창달을 실현하기 위해 최선의 노력을 다하겠습니다. 끝으로 오늘 수상자 여러분께 다시 한 번 축하의 인사를 드리며 KNN문화재단을 격려해주신 모든 분들께 감사드립니다.

ㅡ 문화예술 창달에
   평생을 바친 대들보들

2014. 6.
KNN문화대상 시상식

열일곱 번째 KNN문화대상 시상식을 갖게 돼 무척 기쁜 마음입니다. 먼저 수상자 여러분께 축하의 말씀을 드립니다. 그리고 이 자리를 빛내주시기 위해 참석하신 내외 귀빈 여러분, 수상자 가족 및 친지 여러분께도 감사의 말씀 드립니다.

KNN문화재단은 1995년 KNN 방송국 출범과 함께 방송사의 이익을 사회에 환원하기 위해 설립되었습니다. 지역 사회 발전의 원동력인 인재 육성을 위한 장학사업과 소외계층 지원을 위한 사랑 나눔 활동을 활발하게 전개해왔습니다. 나아가 지역문화 창달을 위한 문화예술 단체를 지원하거나 문화예술인에 대한 후원을 아끼지 않았습니다.

KNN문화대상은 오늘 시상하는 사회봉사 및 문화예술 부문 이외에도 부산국제영화제에 출품된 작품을 대상으로 영화상을 수여해 왔습니다. KNN영화상은 부산국제영화제 관객들의 투표로 선정되는 독특한 방식을 채택함으로써 관객들의 참여와 호응을 높여 부산국제영화제가 세계적인 영화제로 성장하는 데 밑거름이 되었다고 자부합니다.

KNN문화대상을 받으신 역대 수상자들을 살펴보면 부산 경남 지역사회의 발전과 문화 창달을 위해 헌신하신 훌륭한 분들이었습니다. 지난해 사회봉사 부문 수상자인 정종덕 님은 무서운 화마와 싸우며 인명을 구해온, 놀랄 정도의 감투 정신과 희생 정신을 실천해 오신 분이었습니다. 문화예술 부문 수상자인 고성 탈박물관 관장 이도열 님은 우리 전통문화의 우수성을 세계 각국에 널리 알리기 위해 국제교류에 크게 이바지하신 분입니다. 공동수상자였던 경상대 무용학과 김미숙 님은 '아시아 무속 의례 연구'를 통하여 우리 춤의 기원을 찾기 위한 소중한 연구에 몰두해왔습니다.

올해 수상자들도 역대 어느 분들 못지않게 지역발전을 위해 헌신해 오신 분들입니다. 사회봉사 부문 수상자이신 박수관 ㈜와이씨텍 회장님은 사단법인 맑고 향기롭게 부산모임을 이끌어오면서 30년 가깝게 이웃돕기 활동에 정성을 쏟아오셨습니다. 부산청소년자원봉사상을 제정하여 자원봉사 활동의 저변을 크게 넓혔고, 영호남 청소년 교류를 통해 동서화합에 공을 들여왔습니다. 또 부산경남 베트남 명예총영사를 맡아 한국-베트남 우호협력 증진에도 기여해왔습니다.

문화예술 부문 공동수상자이신 김순향 주천조각보 박물관 관장님은 우리 전통의 조각보 바느질을 예술의 경지로 승화시킨 분입니다. 열두 살 때 어머니로부터 배운 바느질을 60여 년 동안 이어오면서 전승공예 기능보유자 1호로 선정되었으며, 각종 전시회를 개최하면서 우리 전통문화를 보존 전수했으며, 박물관을 세워 외국인들에게 널리 알려왔습니다.

역시 문화예술 부문 공동수상자이신 허영길 극단 사계 대표님은

50여 년 동안 연극 90여 편과 아시안게임 개폐막식을 연출하였으며, 부산시립예술단장을 맡아 후진 양성과 지역문화 창달에 노력해 왔습니다.

수상자 및 가족 여러분에게 축하의 인사를 드리며 앞으로도 지역문화 창달에 힘을 보태고자 더욱 노력할 것입니다. 감사합니다.

— 지역문화 명예 드높인
　　선구자들

2015. 6.
제18회 KNN문화대상 시상식 기념사

　　열여덟 번째 KNN문화대상 시상식을 갖게 돼 무척 기쁩니다. 수상자 여러분께 축하의 인사를 드립니다. 이 자리를 빛내주기 위해 참석하신 내 외 귀빈 여러분, 그리고 수상자 가족 및 친지 여러분께도 감사의 말씀 드립니다.
　　KNN문화재단은 1995년 방송국 출범과 함께 방송사의 이윤을 지역사회에 환원하기 위해 설립되었습니다. 인재 육성을 위한 장학

사업과 소외계층 지원을 위한 사랑 나눔 활동을 열심히 펼쳐왔습니다. 그리고 지역문화 창달을 위해 문화예술 단체를 지원하거나 문화예술인들을 후원해왔습니다.

KNN문화대상은 오늘 시상하는 문화예술 부문 이외에도 사회봉사 부문이 있습니다만, 올해는 아쉽게도 수상자가 없었습니다. 이와 별도로 부산국제영화제에 출품된 작품을 대상으로 영화상을 시상해왔습니다. KNN영화상은 소수의 심사위원이 아닌, 관객들의 투표로 선정되는 독창적인 방식을 채택함으로써, 관객들의 참여와 호응을 높여 부산국제영화제가 세계적인 영화제로 성장하는 데 밑거름이 되었다고 자부하고 있습니다.

KNN문화대상을 받으신 역대 수상자들을 살펴보면 부산·경남 지역사회의 발전과 문화예술 창달을 위해 헌신해 오신 훌륭한 분들이었습니다. 지난해 사회봉사 부문 수상자 박수관 ㈜와이씨텍 회장님은 (사)맑고 향기롭게 부산모임을 이끌면서 30년 가깝게 이웃돕기 활동을 전개해왔습니다. 문화예술 부문 수상자였던 김순향 주천 조각보박물관 관장님은 우리 전통의 조각보 바느질을 예술의 경지로 승화시켰습니다. 문화예술 부문 공동수상자였던 허영길 부산연극협회 극단 사계 상임연출님은 50여 년 동안 연극 외길을 걸어오신 분입니다.

올해 수상자들도 지역문화 발전을 위해 헌신해 오신 분들입니다. 문화예술 부문 수상자인 이민한 부산대 교수님은 부산미술포럼 대표와 부산비엔날레 운영위원을 역임해오면서 부산 경남지역의 예술 창작여건 개선 및 지역문화 창달에 기여해왔습니다. 청년문화 활성화와 문화예술특구 지정 등 문화예술의 저변 확대에 크게 이바지해왔습니다.

　문화예술 부문 공동수상자이신 정재상 지리산권 우리문화 연구소장은 지리산권 스토리텔링과 향토문화 선양에 정성을 쏟아왔습니다. 토지문학제 및 박경리문학비 건립 등 경남지역 문화예술인 발굴사업에 기여해왔으며, 독립운동가 500여 명을 발굴하였으며 항일투사 기념탑 건립 등 국가유공자의 재조명에 노고를 바쳐왔습니다.

　수상자 여러분께 다시 한 번 축하의 말씀을 드리며, 오늘의 수상이 더욱 큰 결실을 맺는 데 밑거름이 되기를 바랍니다. 각 부문에서 후보자로 추천되셨던 분들께도 감사하다는 말씀을 전합니다. 투명하고 공정하게 심사하시느라 애쓰신 심사위원 여러분의 노고에 감사드립니다.

　KNN문화재단은 지역사회 발전과 문화예술 창달을 위해 노력하는 분들을 격려하기 위해 최선을 다하고자 합니다. 여러분, 대단히 감사합니다.

동원학당, 창의적 인재들의 요람

2012. 9.
동원학당(동원중·고등학교) 준공식 격려사

여러분 반갑습니다.

오늘 이렇게 아름다운 경관이 펼쳐지는 넓은 부지에, 전국 최고 수준의 시설을 갖춘 학교 건물을 세우신 장복만 이사장님을 비롯해서 동원학당 관계자 여러분께 축하를 드립니다. 이처럼 멋진 학교가 만들어질 수 있었던 것은, 장복만 이사장님이 교육에 대한 뜨거운 열정을 가지고 계시고, 또 고향을 위하고, 모교를 위하는 애정이 남다르기 때문이라고 생각합니다.

장복만 이사장님은 기업인으로서도 크게 성공을 하신 분이고, 또 중·고교, 대학 등 교육사업을 통한 사회 환원에도 앞장서시고 있어, 많은 기업인들의 귀감이 되고 있습니다.

동원중·고는 장복만 이사장님이 운영을 맡으신 이후 명문대 합격자를 많이 배출하는 명문고가 됐습니다. 훌륭한 인재를 길러내 지역사회와 국가 발전에 기여하겠다는, 장복만 이사장님의 투철한 사명감과 희생정신이 여러 선생님들과 학생들의 마음을 움직이게 한 것이 아닌가 생각하고 있습니다.

우리가 살고 있는 무한경쟁의 글로벌시대는 국가도, 기업도, 학교도 끊임없이 변화와 혁신을 이뤄나가지 않으면 안 되는 시대입니다. 대내외 교육환경이 급변하면서 불확실성이 많아지고는 있습니다만, 장복만 이사장님이 거액의 사재를 희사해 만든 동원학당의 글로벌 교육시설은 학생들이 마음 놓고 공부할 수 있는 공간이 되고, 미래를 향해 끊임없이 도전하는 창의적 인재들을 배출하는 요람이 될 것으로 믿어 의심치 않습니다.

  장복만 이사장님이 심혈을 기울여 만든 동원중·고가 발전을 거듭해서 동남권의 명문, 한국의 명문이 되고, 또 세계적으로 주목받는 학교가 될 것으로 큰 기대를 하고 있습니다. 올해가 흑룡의 해인데, 동원학당이 용을 타고 올라가듯이 끝없이 발전하기를 기원하면서 이만 축하 인사에 갈음합니다. 감사합니다.

─ 정년퇴임은 더 크고 넓은 곳을 향한 시작

2013. 2.
황한식 교수 정년퇴임 축사

부산을 위해 참으로 많은 일을 하신 황한식 교수의 정년퇴임을 맞이해서 축사를 하게 된 것을 매우 기쁘게 생각합니다. 많은 사람들이 익히 알고 있다시피 황 교수는, 부산과 동남권은 물론 비수도권 전체의 권리를 찾는 데 누구보다 앞장을 서온 지역분권 분야의 대부이며, 수많은 연구 업적을 쌓아온 학자이고, 또 자신의 주장을 행동으로 옮겨서 지역의 발전을 앞당겨온 실천가입니다.

황한식 교수는 인재 돈 권한 등이 모두 중앙정부와 수도권에 집중돼 있어 비수도권 전체가 변방이 돼있는 현실을 타파하고, 지방의 힘을 키우기 위해서는 주인 의식이 필요하다는 것을 늘 강조해왔습니다. 지방분권의 실현으로 중앙의 재정과 권한을 지방이 나눠가질 수 있게 하기 위한 황 교수의 부단한 노력은, 정치·경제·사회·문화 등 여러 분야에서 지역을 크게 변화시키고, 또 발전시켰습니다.

황 교수의 업적은 하나하나 열거하기 힘들 정도로 많지만, 무엇보다 가장 큰 업적은 지역이 속수무책으로 쳐다보고만 있을 것이 아니라 중앙정부와 수도권에 맞서 주체적으로 대응하고 지방 스스로 자기 몫을 챙겨야 한다는 인식을 확산시키고, 지역이 독자적으로 일을 할 수 있다는 자신감을 심어준 것이 아닐까 생각합니다.

중앙집권체제 위주의 법과 제도가 상당 부분 개선이 된 것도 황 교수의 이런 노력 덕분이라고 여겨집니다. 황 한식 교수는 큰 뜻을 품고 있으면서도 조급히 서두르거나, 한꺼번에 너무 많은 것을 얻으려고 하지 않습니다. 주민과 지역의 힘을 단계적으로 모으면서 기초적인 것부터, 또 쉬운 것부터 시작해서 갈수록 더 큰 것을 얻는 방법을 통해 풀뿌리 민주주의를 실천해왔습니다.

황 교수가 중심이 돼 만든 이웃주민 공동체 '동래 사랑방' 모임 역시 주인 의식과 자율적 참여, 소통, 사랑, 희망 등이 모이는 곳입니다. 저도 멤버로 참가하고 있는 이 모임은 주말 아침에 금강공원 산책을 한 후 함께 보리밥을 먹는데, 보리밥집 입구에 있는 장승에 새겨진 '황 교수와 아이들'이란 글귀는 저의 아이디어입니다. '황 교수와 아이들'처럼 지방분권에 관한 한 나이를 불문하고 지역민 모두가 황 교수에게 어린아이들처럼 열심히 배워야 한다는 생각을 하고 있습니다.

개인적으로도 황한식 교수와 아주 가깝게 지내고 있습니다. 제가 약 20년 전에 부산상공회의소 회장을 맡은 이후 줄곧 주장해왔던 수도권 억제와 국토균형발전이 황 교수의 지방분권과 일맥상통해서 오래 전부터 친밀감을 가졌고, 특히 '동래 사랑방' 공동체에 함께 참여하다 보니 이웃사촌처럼 자연스럽게 정이 들었습니다. 황 교수를 만날 때마다 놀라게 되는 것은 지역의 권익과 변혁을 위해 뿜어내는 에너지가 항상 새로운 느낌을 준다는 것입니다.

황 교수의 정년퇴임은 끝이 아니라 더 크고, 더 넓은 곳으로 향하는 새로운 시작일 것입니다. 부산대 평생교육원에 지방자치아카데미를 개설해 지방의회 의원을 비롯한 지방분권 및 지방자치혁신 리더를 양성하겠다는 계획도 이런 기대를 가지게 합니다. 21세기 최대 화두라고도 하는 지방분권은 우리가 끊임없이 추구해야 하고, 우리가 완성을 하지 못한다면 우리 후손들이 이뤄내야 하는 과제이기도 합니다.

황한식 교수는 한국 지방분권의 영원한 대부 역할을 할 것은 물론이고, 시일이 흐를수록 수도권 집중 타파와 국토균형발전에 더 큰 역할을 맡을 것으로 믿어 의심치 않습니다.

건강과 행운, 또 축복이 늘 함께하시기를 빕니다.

강병중 회장과 '동래 사랑방' 공동체, 강회장 부부의 뒷줄 왼쪽이 황한식 교수

100년 뒤를 내다본다면
한 우물을 팔 사람을 남겨라

2015. 7.
동남권 명장포럼 환영사

한국중견기업연합회 강호갑 회장님, 최선집 부회장님, 허용도 부회장님, 구자천 부회장님, 동남권 명장포럼이라는 뜻 깊은 자리를 마련하시느라 수고 많았습니다. 그리고 명문 장수기업으로 함께 가기 위해 고견을 함께 나누실 여러 회원님들을 환영합니다.

우리나라에는 중견기업의 기준에 해당하는 기업이 2013년 현재 3,800개를 넘어섰다고 합니다. 이들 기업이 고용하고 있는 인력이 116만 명에 달해 전체 고용 인력의 9.7%를 차지하고 있으며, 수출 규모가 877억 달러로 총 수출의 15.7%나 됩니다. 매출액은 629조 원으로 1위, 2위, 3위 대기업의 매출액을 합한 것보다도 훨씬 많습니다. 중견기업들이 국가경제에 얼마나 큰 비중을 차지하고 있는지 잘 알 수 있는 지표들입니다. 더욱 많은 중소기업들이 중견기업으로 성장하고, 여러 중견기업들이 대기업으로 진입해야 국가경제가 더욱 튼실해질 것입니다.

사람이라면 누구나 오래 살고 싶어 하듯이, 기업도 장수하려고 합니다. 일본 실천경영학회의 조사에 따르면, 200년이 넘은 장수기업이 일본에는 3,000개가 넘고, 독일은 800개, 미국은 14개라고 합니다. 그런데 우리나라에는 하나도 없습니다. 100년 넘은 기업이 1896년 창업한 두산그룹과 1897년 설립된 동화약품 정도라고 합니다.

세계적인 석유기업인 로얄 더치 쉘의 보고서에 따르면, 장수기업이 되려면 환경변화에 민감해야 하고, 종업원의 결속력이 강력해야 하며, 현장의 판단을 소중하게 여기며, 자금 조달이 보수적이며 씀씀이가 알뜰해야 한다고 지적하였습니다. 학자에 따라서는 기술력과 윤리경영이 중요하다고도 합니다.

일본에는 "내년을 내다본다면 돈을 남기고, 10년 뒤를 내다본다면 땅을 남기고, 100년 뒤를 내다본다면 사람을 남겨라"는 속담이 있습니다. 일본의 장수기업들은 후계자 선발에 지대한 관심을 기울인다고 합니다. 자식 가운데 마땅한 후계자가 없으면 양자를 들일 정도로 엄격하게 선발하고 혹독한 경영수업을 시킨다고 합니다. 자본의 분산을 방지하고 형제간의 분란을 예방하기 위해 후계자는 한 사람으로 한정합니다. 그리고 사업의 다각화는 가급적이면 시도하지 않습니다. 한 우물을 파는 셈이지요.

일본 이시가와현에 소재한 호우시 료칸은 718년에 창업했으니 1300년이 다 되었습니다. 조상으로부터 물려받은 전통과 격식을 지키면서 최상의 서비스를 하기 위한 새로운 변화를 시도하고 있다고 합니다. 지금은 창업자의 46세손이 경영하고 있는데, 이 료칸은 기네스북에 올랐습니다.

우리도 국민들의 사랑과 존경을 받는 명문 장수기업이 많이 나왔으면 하는 바람입니다. 오늘 이 자리가 명문 장수기업을 많이 배출하는 뜻 깊은 계기가 되길 희망합니다.

一 여든 바라보는 세월, 喜壽!
　　수많은 인연에 감사드리며

2015. 7.
넥센그룹 출범 15주년 기념식 및 강병중 회장 희수연

　　귀한 시간을 할애해 참석해주신 모든 분들에게 깊은 감사의 말씀을 드립니다. 저는 회갑연이나 고희연을 하지 않았습니다. 팔순이 되어서야 선후배 친구들을 한 자리에 모실까 궁리해왔는데 77세, 희수를 맞아 자식들의 강권에 못 이긴 데다, 올해가 결혼 50주년이어서, 이런 자리에 앉게 되었습니다. 70여 평생과 기업경영 50년 세월을 추억하고, 수많은 인연에 감사드리는 모임을 가지려고 승낙하였습니다.

　제 인생의 가장 중요한 시기였던 부산상공회의소 제15대, 16대, 17대 회장을 맡았을 때 부산상의 의원부를 구성했던 기업인들을 중심으로 모셨습니다. 아울러 여러 분야에서 저와 동고동락을 함께해온, 오늘의 저를 있게 한 고마우신 분들도 초대하였습니다. 앞으로도 계속 좋은 유대가 이어지기를 소망합니다.

　저는 경남 진주시 이반성면 길성리 시골 마을에서 태어나, 대학을 졸업하는 해, 지금의 아내인 같은 마을 처자와 결혼하였습니다. 결혼을 하면서 인생이 달라져, 그때 시작한 사업은 순조로웠습니다. 다만 IMF 외환위기가 발생하기 전 제일투신 등 5개 금융회사에 투자하였다가 어려움을 겪기도 하였습니다. 그런데 IMF는 저에게 위기를 안겨주었으면서 또 기회도 제공했습니다. 1999년 인수한 우성타이어를 혁신해 우량기업 넥센타이어가 탄생하게 되었습니다.

공적으로는 상의 회장 시절 추진했던 삼성자동차와 선물거래소 부산 유치, 그리고 수도권정비법 재개정이 가장 보람 있었다고 회고됩니다. 이 자리에 허남식 전 부산시장님도 참석해 계십니다만, 허 시장 재임 10년 동안 부산이 몰라볼 정도로 크게 발전하여, 상의 회장을 역임했던 사람으로서 감개가 무량합니다.

저는 인생을 정리하고 마무리한다는 심정으로 고향에 조상님들을 모실 재각과 추모 공간 조성을 추진하고 있습니다. 저의 고향마을은 100가호 정도 모여 살던 진주 강씨 집성촌이었는데, 이제는 여러 도시로 뿔뿔이 흩어져 20여 집만 남았습니다. 이 공간이 일가들의 구심점이 되어, 조상을 숭모하고 후손들끼리 화목하게 지냈으면 하는 바람입니다. 또 고향 발전에 보탬이 될 일이 있다면, 최선을 다하고자 합니다.

한때 경남도청 소재지였던 진주는 부산, 마산과 함께 경남 발전의 큰 축을 담당했으나, 어느새 낙후지역이 되고 말았습니다. 최근 공공기관 이전 등에 힘입어 활기를 되찾고 있습니다만, 인구 100만이 넘는 거점도시로 도약해야 합니다.

아울러 제 나이 70이 되면서 본격적으로 시작한 사회공헌 활동에 힘을 쏟고자 합니다. 장학 사업이나 이웃돕기, 문화예술 진흥 등 세상을 아름답고 향기롭게 만들 수 있도록 헌신하겠습니다.

끝으로 지난 50년 동안 제 곁을 지키며 내조를 다해온 아내에게 고맙다는 말을 전하고 싶습니다. 자식들을 잘 키워줘 고맙고, 사업을 일으켜 오늘날이 있게 된 것도 집사람 덕분이었습니다. 88세, 미수까지 함께 건강하게 여생을 누릴 수 있기를 희망합니다.

   존경하는 내빈 여러분!

   지나온 인생길에서 저에게 베풀어주신 도움을 결코 잊지 않겠습니다. 저 또한 따뜻한 말 한마디, 시원한 물 한 모금이라도 베풀고 나누며 살아가겠습니다. 앞으로도 더욱 돈독한 유대관계를 이어가길 바랍니다. 즐거운 시간 되셨는지 모르겠습니다. 행복하시고 건승하십시오. 대단히 고맙습니다.

미래를 위한
창의적 지식의 보고

2016. 10.
부산상의 주최 제 200차 부산경제포럼 축사

    부산상공회의소가 1996년부터 개최해온 부산경제포럼이 벌써 200차를 맞이하였습니다. 포럼을 시작할 당시 부산상의 회장을 맡았던 사람으로서 감회가 새롭습니다. 그때는 우리나라가 경제협력개발기구(OECD)에 가입하기 직전이었고, IMF 외환위기를 겪기 1년 전이었습니다. 한국 경제는 고도성장을 이루어왔으나 민주화의 후유증을 겪던 시절이었습니다. 부산의 경제 실정은 합판, 신발산업이 무너지고 대기업은 서울로 떠나 새로운 성장 동력이 필요하였습니다. 이런 까닭에 세계 경제의 흐름을 신속 정확하게 읽고, 선진 경영기법을 배울 수 있는 부산경제포럼을 출범시켰던 것입니다.

    지난 20년 동안 이규성 전 재무부장관, 정세현 전 통일부장관, 정운찬 당시 서울대 총장, 좌승희 한국경제연구원장, 손병두 전경련 고문 등 정계, 관계, 학계의 권위자들과 재계의 경륜이 풍부한 CEO들이 이 포럼에서 열정적인 강의를 하였습니다. 글로벌 트렌드를 파악하고 정부의 정책 방향을 설명 들으며 지식경영과 마케팅 기법을 익혔습니다. 이 포럼은 배움의 장이면서 지역 CEO 간의 만남과 소통의 장이기도 하였습니다.

우리 경제는 IMF외환위기와 세계금융위기라는 역경을 헤쳐왔습니다만, 저성장의 늪에 빠져들기 시작했습니다. 부산 경제 또한 해운·조선산업 구조조정이라는 회오리에 휘말려 있습니다. 이런 때일수록 미래를 내다보는 선견지명과 이웃 나라, 이웃 기업에서 타산지석의 교훈을 얻어야 합니다. 미래학자 앨빈 토플러는 "창의적 지식을 행동과 결합시키는 혁신자가 새로운 시대의 주역"이라고 강조했습니다.

창립 20주년 기념 제200차 특별 부산경제포럼 개최를 축하드리며 앞으로도 부산 상공인들을 위한 창의적 지식의 보고가 되어줄 것을 당부 드립니다.

一 세계적 기업 되어
부산경제 살려주길

2016. 11.
태웅 제강공장 준공식 축사

        허용도 회장님을 비롯한 태웅 가족 여러분! 화전산업단지에 자리 잡은 제강공장 준공을 축하드립니다. 지난 3년여 동안 거액을 들여 친환경 시설로 완성한 이 공장은 우리 부산은 물론 대한민국의 자랑이 될 것입니다.

  주식회사 태웅은 1981년 출범한 이래 IMF 외환위기와 세계금융위기 등 여러 차례의 경제 한파를 슬기롭게 극복하고 국내 최대의 자유형 단조 기업으로 성장하였습니다. 뿐만 아니라 각종 중공업 설비의 세계적 강자로 올라서게 되었습니다. 많은 단조업체들이 문을 닫은 상황에서 태웅이 이렇게 성장하게 된 것은 허용도 회장님의 탁월한 경영능력에서 비롯되었습니다.

  허용도 회장께서 넥센타이어 창녕공장 준공식에 참석한 이후 태웅의 임직원들이 창녕공장을 여러 차례 방문 벤치마킹을 하여, 창녕공장 이상의 최첨단 친환경 제강공장을 짓게 되었습니다. 좋은 환경에서 생산된 우수한 제품이 세계 각국에서 환영받으리라 확신합니다.

  조선 및 해운업계의 구조조정으로 실직자가 쏟아지는 현실에서, 많은 일자리를 창출한 태웅의 비약적 발전이 무척 반갑습니다. 앞으로 우주항공 부품 등 새로운 품목을 개발하여 차세대 성장 동력으로 육성하겠다고 하니 부산 기업인의 한 사람으로서 무척 든든한 마음입니다. 태웅이 일취월장 성장하고 발전하여 세계 최고의 기업이 되고, 부산 경제를 살리는 데 앞장서 주시기를 기원합니다.

대단히 감사합니다.

― 부산 발전 위한
아름다운 동행 9년

2016. 12.
성병두 전 부산상의 상근부회장 회고록 축사

세상을 살아가다 보면 수많은 인연을 만나게 됩니다. 악연을 만나면 마음에 상처를 입게 되고 감정의 골이 깊게 패입니다. 그러나 좋은 인연을 만나면 서로 도움을 주고받게 되며 오랫동안 잊을 수 없습니다. 성병두 부회장과의 만남은 저에게 큰 복이었으며, 참 좋은 인연이었습니다.

1990년대 초반 부산 경제는 무척 어려웠습니다. 1960~1970년대 부산에서 성장했던 삼성그룹, LG그룹, 대우그룹, 미원그룹 등이 서울로 모두 떠났습니다. 그나마 부산을 지켰던 동명목재, 삼화고무, 국제상사 등 합판, 신발제조업체들이 무너졌습니다. 1987년 민주화운동의 여파로 인건비가 크게 오르자 태화고무, 진양화학도 문을 닫았습니다. 일부 신발제조업체들은 인건비가 싼 중국으로, 동남아로 떠나버렸습니다. 제조업 공동화 현상이 발생했습니다. 부산에 새로운 성장 동력이 절실했습니다.

그즈음 부산상공회의소 회장 선거가 실시돼 제가 출마하였습니다. 삼성자동차, 선물거래소 부산 유치를 공약으로 내세웠습니다. 특히 자동차산업은 관련 부품이 2만 여개에 달하기 때문에 연관 산업에 미치는 효과가 굉장히 크다고 판단했습니다. 공약 덕분인지

무난히 당선되었습니다. 정문화 당시 부산시장에게 성병두 부산시 기획관리실장과 함께 일하고 싶다고 요청하였습니다. 동구청장 재직 당시부터 알고 지내던 사이인데다 일처리가 꼼꼼하고 추진력이 대단하다고 정평이 났던 분이지요. 그래서 1994년 4월부터 부산상공회의소 상근부회장으로 영입하였습니다.

그해 5월 상의 회장단과 함께 새 집행부 인사 겸 삼성자동차 유치를 위해 서울로 갔습니다. 홍인길 청와대 총무수석을 만났는데, 삼성자동차 불가 방침이 곧 발표될 것이라고 말했습니다. 이 사실을 정문화 부산시장과 우병택 시의회의장에게 알리고, 박재윤 경제수석, 최형우 내무장관, 김철수 상공장관, 박관용 비서실장 등을 잇달아 만났습니다. 그리고 하루 더 체류하면서 성 부회장이 저녁 내내 탄원서와 건의서를 작성하여 이튿날 청와대와 상공부에 접수시켰습니다. 그리고 부산에 돌아와서는 삼성자동차 유치운동을 본격 시작하였습니다. 우여곡절 끝에 그해 12월 삼성자동차 기술도입 신고서가 승인되었고, 3년 후 SM5가 출시되었습니다. 성 부회장은 삼성차 유치운동의 일선에서 맹활약했던 셈입니다. 지금은 르노삼성자동차로 그 이름이 바뀌었지만, 부산에 자동차 및 부품산업이 꽃 피우게 된 계기였습니다.

한국선물거래소를 부산에 유치할 때도 성 부회장의 뒷받침에 크게 힘입었습니다. 1994년 4월 초 재정경제원을 방문, 선물거래소 유치에 시동을 걸었습니다. 김영섭 금융정책실장에게 "선물거래소 본사가 부산에 올 수 있도록 법안에 넣어 달라"고 했더니 "그렇게는 안 된다"고 하였습니다. 금융정책실장이 윤증현 씨로 바뀐 뒤 더 집요하게 찾아갔으며 이환균 차관, 강만수 차관, 강경식 의원의 도움을 받았습니다. 1997년 10월 말 부산상의 주최로 대통령 후보 초청 토론회를 가지면서 저는 김대중 후보에게 선물거래소 부산 설립과 수도권 규제를 공약으로 채택해달라고 요청하였습니다.

김대중 후보는 선물거래소 부산 설립을 지방공약 1호로 내세우며 TV 대담에서도 약속하였습니다. IMF 외환위기 발생 이후 김대중 당선자는 김원길 정책위의장에게 부산 설립을 지시했으나 재경원이 말을 듣지 않았습니다. 대통령 취임 이후 김원길 정책위의장, 박광태 제2정책조정실장의 협조로 부산 측과 국민회의 측, 선물협회 측의 협의가 이루어져 선물거래소가 설립되기에 이르렀습니다. 저는 정·관계 인사들을 만나 정책적 행정적 협조를 이끌어내는 데 주력했고, 성 부회장은 업무 전반에 걸쳐 탁월한 기획과 집행으로 하나부터 열까지 모두 챙겨주었습니다. 성 부회장의 도움이 없었다면 선물거래소 부산 유치가 가능했을까 의문이 들 정도였습니다. 오늘날 한국거래소 본사가 부산에 자리 잡게 된 주춧돌을 놓았던 셈입니다.

국토균형발전을 위한 수도권 규제가 정부 정책에 반영되기까지 성 부회장이 정부를 설득할 수 있는 논리적 뒷받침을 해주었습니다. 1997년 대선을 앞두고 부산상의 토론회에서 대선 후보들에게 "지방이 이렇게 낙후된 나라는 한국밖에 없다"며 "지방도 골고루 잘 살게 해달라"고 요청하였습니다. 김대중 대통령은 취임 이후 유명무실했던 수도권정비법을 개정, 수도권에 대규모 공장 신·증설을 억제하고 수도권 기업의 지방 이전을 촉진하는 대책을 발표했습니다. 수도권집중 현상이 여전히 심각하지만, 이 만큼이라도 지역경제가 돌아가는 것은 성 부회장을 비롯한 당시 부산상의 임직원들의 노력이 있었기 때문이라고 생각합니다.

성 부회장은 상의 집안 살림도 잘 운영했습니다. 지금의 부산상공회의소 건물이 계속 적자를 내 골칫덩어리였는데 이를 해결해 흑자로 전환시켰습니다. 180여 명이나 되던 상의 직원을 90여 명으로 감축시켜 건전하고 건강한 상의로 거듭나는 데 디딤돌 역할을 하였습니다. 당시 노조 때문에 크게 어려움을 겪고, 회장 집무실에도 들어가지 못하고 95일이나 외부 사무실을 이용해야만 하였습니다. 그런데 성 부회장이 노조원들의 가족을 일일이 설득해 분규를 해결해내었습니다.

성 부회장은 청렴결백하고 올곧은 분이었습니다. 명절 때 금일봉을 전달하면 "회장님, 제 자존심을 살려주십시오"라면서 결코 받지 않았습니다. 점심시간이 되면 기자실에 들러 약속이 없는 기자들과 함께 식사를 하며 관계를 돈독히 하였고, 상의 업무를 설명하고 홍보하였습니다. 부산시와의 관계도 원만하게 이루어냈습니다. 온화한 성격이면서 추진력은 탁월하였습니다.

중국 한나라를 세운 한 고조 유방은 평범한 집안의 보통사람이었습니다. 그가 귀족 명문가 출신의 맹장 항우를 물리치고 천하를 장악한 까닭은 장량이라는 전략가, 한신이라는 대장군, 그리고 내정과 병참에 뛰어났던 소하가 있었던 덕분입니다. 한나라가 세워진 이후 한신은 토사구팽되었고, 장량은 은둔했지만, 소하는 상국이라는 큰 벼슬에 올랐습니다. 소하는 능력과 성품을 갖추었기 때문입니다. 성 부회장은 바로 소하와 같은 분이 아닐까 생각합니다. 성 부회장이 있었기에 제가 부산상의 제 15·16·17대 회장으로 9년 동안 역할을 할 수 있었습니다. 참으로 아름다운 동행이었습니다.

성 부회장은 문필이 뛰어나 『어머니와의 화투』라는 수상집을 펴내기도 했고, 여러 일간지에 부산의 비사를 연재하기도 하였습니다. 성 부회장이 이번에 펴낸 회고록은 한 개인의 인생사이면서 부산의 역사를 재조명하는 계기가 될 것입니다. 회고록 발간을 축하드립니다.

ㅡ 벤처기업의 꿈 키워가는
동남권 발전 요람이 되길

2017. 10.
센텀스카이비즈 준공식 축사

　원스틸과 IS동서의 센텀 스카이비즈 준공식을 진심으로 축하드립니다. 35만 평 부지에 자리 잡은 센텀시티는 정보통신, 영상, 오락, 미디어와 전시 컨벤션의 핵심 지구입니다. 벤처기업의 요람으로써 스타트업 기업인들이 꿈을 키워가는 곳입니다. 한마디로 동남권 발전의 견인차 역할을 해온 지역입니다.

　이 같은 비약적 발전에 힘입어 재송, 반여, 석대 지구에 59만 평 규모의 제2 센텀시티가 추진되고 있습니다. 제2 센텀 지구가 완공되면 모두 100만 평 가까운 규모이므로 부·울·경의 4차 산업 전진기지가 되지 않을까 기대됩니다. 나아가 한국의 수도권뿐 아니라 일본의 간사이, 중국의 상하이 지역과 경쟁할 수 있는 지역이 될 것입니다.

　스카이비즈에 사업체가 모두 입주하게 되면 7천여 명의 일자리가 창출되므로, 센텀지구 전체적으로 약 20만 명을 고용할 수 있으리라 전망해봅니다.

　우리 선조들은 10월을 상달이라고 불렀습니다. 한 해 동안 애써왔던 노력의 결실을 10월에 수확해왔기 때문입니다. 스카이비즈 준공식이야말로 두 기업의 노력의 결실이며 바로 상달인 10월에 수확하게 된 것입니다.

스카이비즈를 추진해온 윈스틸과 IS동서가 더욱 발전하기를 기원하며, 부산의 성장을 계속 이끌어주길 바랍니다.

대단히 감사합니다.

一 날마다 새로우면
   아름답게 늙어간다

2018. 1.
마산종합사회복지관 설맞이 쌀 나눔 및 장학증서 수여식

경남 각 지역에서 오신 7개 사회복지관 관장님, 관계자 여러분, 이 자리에 동참해주신 어르신 여러분, 그리고 장학생 여러분, 대단히 반갑습니다. 설을 앞두고 각 복지관을 찾아다니며 해왔던 설맞이 쌀 나눔 행사를 올해는 이곳 마산종합사회복지관에서 합동으로 가지게 되었습니다.

우리는 흔히 오복을 갖추어야 바람직한 인생이라고 말합니다. 오복이란 오래 살기를 바라는 목숨 수(壽), 풍족하게 살기 위해 많은 재물을 가지는 부자 부(富), 건강하게 살기를 바라는 강녕(康寧), 선하고 보람 있게 살아가려는 유호덕(攸好德), 모든 소망을 이루고 생을 깨끗하게 마무리하는 고종명(考終命) 다섯 가지입니다. 이 모든 것을 누릴 수 있다면 얼마나 좋겠습니까마는, 우선 건강하게, 마음 편하게, 좋은 친구와 함께 지낼 수만 있다면, 나이 들어 행복의 기본은 갖추게 될 것입니다.

얼마 전 영국의 메이 총리는 '외로움 담당 장관'이라는 직책을 만들었습니다. 영국에서는 75세 이상 노인 가운데 절반이 혼자 생활한다고 합니다. 외로움으로 고통을 겪는 인구가 900만 명에 달한다고 합니다. 우리나라도 결코 예외가 아닙니다. 전국에서 외롭게 지내다 고독사한 사람이 500명에서 1,000명쯤 될 것으로 추정되고 있습니다. 노인들도 서로가 서로에게 형제, 자매, 친구가 되어야 합니다.

일본의 소노 아야코 여사가 쓴 늙어가면서 경계해야 되는 것을 정리한 『계로록』이라는 책을 보면, 무슨 일이든 스스로 해결하는 습관을 가지고, 늙어가는 것을 자연스럽게 받아들이라고 합니다. 또 날마다 새롭게, 새롭게 하면 곱고 반듯하게 늙어간다고 합니다.

이 자리에 나오신 복지관장님과 사회복지사 여러분의 역할이 갈수록 막중해지고 있습니다. 여러분이 계시기에 인정을 느낄 수 있고, 사람 사는 세상이 만들어지고 있습니다. 우리 사회를 지키는 든든한 안전망이 되어주십시오. 여러분의 노고와 헌신에 깊이 감사드립니다.

오늘 전달해드리는 쌀은 갓 찧은 것이어서 밥맛이 좋을 것입니다. 맛있게 드시고 힘을 내어 즐거운 설을 맞으시기 바랍니다. 올해는 복지관의 추천을 받아 청소년 8명을 장학생으로 선발하였습니다.

장학생 여러분! 넷마블 이라는 게임 회사의 방준혁 의장을 아십니까. 그는 가정형편이 너무 어려워 고교 2년 때 중퇴를 하였습니다. 돈을 벌기 위해 중소기업에 취업하고 이런 저런 사업도 했습니다. 그러다 넷마블을 창업해 주식 가치가 14조 원인 기업으로 키웠습니다. 흙수저 출신이 3조 2천억 원을 가진 대부호로 변했습니다. 그의 비결은 남이 하지 않는 일을 미칠 정도로 파고들었습니다. 장학생 여러분도 간절하게 노력하면 꿈을 이룰 수 있습니다.

대단히 고맙습니다.

一 기부와 봉사도
   습관에 달려있다

2019. 4.
바보클럽 인재양성 콘텐츠랩 창립총회

　　　　　지역사회와 국가의 발전을 위해 다방면에서 활약하신 리더들이 '바보클럽'이라는 깃발 아래 모여 같은 목표를 향해 한마음으로 출발합니다. 사회봉사를 앞세우며 친목에 치우치거나 감투싸움으로 바람 잘 날이 없는 단체들과는 확연히 다를 것입니다.

　'바보클럽'이 출범한 지 18년이라는 세월이 흘렀지만, 저는 어떤 모임인지 몰랐으며 참여하지도 않았습니다. 다만, 강민수 회장님의 '내가 바보가 되면 친구가 모인다'는 소신에 대해 공감해왔습니다. 저의 인생철학이랄까, 좌우명도 '천천히, 고개를 들지 말고, 마음을, 비운다'는 의미의 '천고마비'입니다. 골프를 칠 때의 마음가짐을 삶과 기업 경영에 적용시킨 것이지요. 분수에 넘치는 행동을 하지 않고, 한 걸음을 나아가기 위해 두 걸음을 물러서기도 했습니다. 나누고 베푸는 삶을 실천하려고 나름대로 정성을 쏟았습니다. 이제 '바보클럽 인재양성 콘텐츠랩'이 사단법인으로 출범하는 마당에 제 경험을 나누기 위해 이름 석 자를 올리게 되었습니다.

　오늘날 지구촌은 분열과 갈등, 대립과 폭력으로 얼룩져 있습니다. 관심과 배려, 상호존중과 화해만이 '마주보고 달리며 공멸로 치닫는 열차'를 멈춰 세울 수 있습니다. 금융위기가 전 세계를 강타한 직후였던 2009년 미국의 록펠러 대학에서 억만장자들의 비밀모임이 열렸습니다. 당시 세계 1, 2위 부호였던 빌 게이츠와 워런 버핏, 그리고 토크쇼 진행자 오프라 윈프리, 헤지펀드계의 거물 조지 소로스, 미디어 제왕 테드 터너, 뉴욕 시장 마이클 블룸버그 등이 참석했습니다. 그들은 '박애자본주의'라고 일컫는 효과적인 기부를 통해 사회문제를 해결하고자 하였습니다. 서로의 경험을 공유하고 대중들의 기부활동을 촉진하려고 만난 것이었습니다. 그날 만남이 어느 정도 성과를 올렸는지 알 수 없으나 빌 게이츠와 워런 버핏의 자선활동만 해도 엄청난 규모로 계속되고 있습니다.

우리나라에서도 경주 최부자 집안에서는 '백 리 안에 굶는 사람이 없도록 하라'는 가훈을 내걸고 '노블레스 오블리주'를 실천해왔습니다. '빈자일등(貧者一燈)'이라는 말도 있습니다. 가난한 사람의 조그마한 자선이 세상을 밝게 비춥니다. 평생 과일 가게를 하던 노부부가 대학에 수백 억 원에 달하는 전 재산을 기부했다든지, 소외계층을 위해 이름을 밝히지 않은 '얼굴 없는 천사'가 해마다 성금을 기탁했다는 소식을 가끔 접하게 됩니다. 그럴 때마다 가슴이 뭉클해지며 세상이 따스한 햇살로 가득 찬 듯이 보입니다.

기부와 봉사활동도 습관입니다. 어릴 때부터 몸에 배어 소액이나마, 짧은 시간이라도 나누고 베푸는 데 익숙해져야 나이가 들어서도 그 길을 계속 갈 수 있습니다. 자신의 이익을 욕심내지 않으면서, 어려운 이웃을 위해 묵묵히 실천하는 바보클럽의 인재를 키우고자 합니다. 여러분의 관심과 동참이 세상을 살맛나게 만들 것입니다.

근면으로 이룬 향토 대기업
교육 보국으로 길이 남으리

2019. 9.
장복만 회장 명예경영학박사 취득 축사

　　장복만 동원건설 회장의 명예경영학 박사 학위 취득을 축하드립니다. 일찍이 젊은 나이에 부산에 진출하여 건설회사를 창업하고, 동원개발이라는 굴지의 대기업을 일구어낸 우리 지역 최고의 기업인입니다. 동원개발은 시공능력평가액 1조 1천억 원이 넘는, 도급순위가 부산 울산 경남에서 1위이며, 전국 건설사 가운데 37위에 달할 정도입니다.

　경제전문지 「포브스 아시아」가 2016년 선정한 '아시아 200대 유망 기업'에 한국에서는 16개 기업이 이름을 올렸는데, 건설사 가운데는 동원개발이 유일하였습니다. 올해는 서울사무소를 개소하고 수도권 사업을 강화하며, 베트남 시장 개척에도 나섰습니다.

　장 회장은 사무실 인근에 세계 최대의 백화점이 자리 잡고 있는데도 한 번도 가보지 않았을 정도로 검소한 생활을 해왔습니다. 경남 통영의 가난한 농촌에서 태어나 '취미가 일'이라고 할 만큼 시간이 부족해 해외여행을 거의 다니지 않았습니다. 그런 노력 덕분에 추진해온 모든 주택 건설사업이 완전 분양되는 '전국구 건설회사'로 올라섰습니다.

　장 회장은 '교육보국'을 좌우명으로 삼아 사회공헌 활동에 아낌없이 기여해 기업인의 귀감이 되고 있습니다. 1994년 양산대학을 인수해 오늘날 동원과학기술대학으로 육성해왔습니다. 고향 통영의 동원중학교와 동원고등학교에 사재를 무려 500억 원이나 들여 최고의 교육시설을 갖추고, 전국 최우수 교사들을 초빙하여, 우수한 인재 육성에 매진해왔습니다. 전국 상위 5%에 들어가는 명문학교의 꿈이 곧 이뤄지리라 사료됩니다. 65년 전통의 명문 사학 울산고등학교 인수도 장 회장의 공신력을 드높였으며 울산 시민들에게 자신감을 갖도록 하는 계기가 되었습니다.

기업인은 인내하고 기다리며, 새로운 분야를 개척하는 선구자라야 합니다. 기업인으로서 자기 분야에서 최고가 되고 기업 이윤의 사회 환원을 위해 장학 및 교육사업에 진력하는 장 회장의 명예경영학 박사 학위 취득을 다시 한 번 진심으로 축하드립니다.

오랫동안 우정을 나누면서 기업경영이나 인생의 길동무가 되었던 장 회장이 부산경제 활성화에 더욱 기여하시고, 지역인재 육성사업이 꽃과 열매를 맺게 되기를 기원합니다. 그동안 축적된 기업경영의 노하우와 교육보국의 철학을 젊은이들에게 널리 전파해주실 것을 기대합니다.

감사합니다.

― 창의적 도전적 에너지로
   넓은 세상 블루오션 찾길

2019. 10.
최삼섭 회장 명예경영학 박사 취득 축사

　　명예경영학박사 학위를 수여받은 최삼섭 회장을 보면 태풍과 폭염을 이겨내고 탐스럽게 익은 가을 열매들이 생각납니다.

　최 회장은 조선시대 대표적 선비의 고장인 봉화에서 태어났습니다. 그런 까닭인지 학구열이 왕성해 여러 대학에서 공부하였으며 특히 서울대 최고경영자 과정을 수료해 수도권 사업 성공의 밑거름이 되었지 않았나 생각해봅니다. 일과 학업을 병행하기 쉬운 일이 아닌데, 그는 열정적이었습니다.

　부산의 랜드마크이자 주거문화를 획기적으로 바꾼 두산위브더제니스와 부산 송도 해상케이블카 시설, 시흥의 해양복합레저단지, 서울 고덕동 프리미엄 주거단지 등은 최 회장의 창의력과 도전정신의 산물입니다.

　문화예술과 스포츠는 인간의 삶을 건강하고 풍요롭게 만듭니다. 항상 낮은 자세로 겸손하게 살면서도, 체육계와 문화예술 국제행사, 예술인 후원을 아끼지 않았습니다. 특히 저소득층 학생들에 대한 생각은 남달랐습니다.

　경주 최부잣집이 '사방 백리 안에 굶어죽는 사람이 없도록 하라'는 가훈을 실천했듯, 최 회장은 2012년 반송에 '사랑의 쌀독'을 설치하여 누구라도 마음껏 가져가도록 하였습니다.

　고향 봉화 사랑도 대단하다고 현지에서는 소문이 자자합니다. 축제 지원, 장학금 기탁, 농산물 홍보와 고향 어르신 부산 나들이 지원을 확대하고 있습니다.

　저는 최 회장의 초청을 받아 봉화에 거주하는 제수가 운영하는 찜질방에서 최 회장과 오랜 시간 대화를 나눈 적이 있습니다. 최 회장의 형제애가 얼마나 돈독한지 확인할 수 있었습니다. '동근연지(同根連枝)'라는 말이 있듯이, 형제는 같은 뿌리에서 나온 가지입니다. 최 회장의 인성을 알 수 있는 대화였습니다.

　최 회장의 사회공헌활동은 양극화로 치닫는 자본주의 사회에 따뜻한 온정을 불어넣어 우리 사회가 보다 훈훈해지게 하였습니다.

　최 회장은 아직 연부역강한 세대입니다. 앞선 세대 기업인보다 창의적이며, 도전적이고, 뜨거운 가슴에서 힘찬 에너지가 분출되고 있습니다. 보다 넓은 세계에서 블루오션을 찾아, 국가 경제에 이바지하시고, 어려운 이웃들의 주름살을 펴주시며, 젊은이들에게 꿈과 희망을 더욱 더 열심히 심어주십시오. 박사학위 취득을 다시 한 번 축하드립니다.

─ '포기는 없다'는 굳은 의지
온갖 世波 참고 극복했다

2019. 11.
최위승 회장님의 미수연을 축사

    최위승 회장님의 미수연을 진심으로 축하드리며 만수무강을 기원합니다. 88세를 뜻하는 미수는 '쌀 미(米)'자를 사용하는데, 농부가 볍씨를 뿌려 수확을 하기 까지 여든 여덟 번이나 손길이 가야 한다고 합니다. 그만큼 회장님께서도 온갖 세파를 참고 극복해 냈을 것입니다.

  회장님께서는 고성 벽촌에서 태어나 적수공권으로 시작한 사업을 경남의 대표적 글로벌 기업으로 키워내셨습니다. 유교의 대표적 경전인 '서경'에 나오는 오복 가운데 장수, 그리고 재물을 뜻하는 부, 나누고 베푸는 유호덕, 편안하고 건강한 강녕을 모두 누리셨습니다. 이 모두가 '정직과 신의', 그리고 '포기는 없다'라는 삶의 목표와 의지가 뚜렷했기 때문일 것입니다.

  춘추시대 제나라 환공과 관중이 만주지역의 오랑캐 나라를 북벌하다가 길을 잃었는데 이 지역의 길을 많이 다녔던 나이든 말을 풀어 길을 찾았다는 '노마지지(老馬之智)'라는 고사성어가 있습니다.

  회장님께서 부디 오래 건강하시어 보석 같은 삶의 지혜를 저희들에게 계속 남겨주시기 바랍니다. 회장님의 미수연을 다시 한 번 축하드립니다.

새로운 정보와 수준 높은 문화의 장 지역 언론 본연의 책무도 다할 것

2012. 11.
KNN타워 준공 기념 환영사

　　바쁘신 가운데서도 저희 KNN의 새로운 출발을 축하해주기 위해 귀한 발걸음을 해주신 허남식 부산시장님과 한국방송협회 우원길 회장님, 서병수 국회의원님을 비롯한 여러 국회의원님, 지역민방 최진민 회장님과 김상열 회장님, 부산대 김기섭 총장님 모두 대단히 감사합니다. 또 부산 경남의 김석조 김오영 의장님, 조성제 최충경 두 지역 상의회장님, 임혜경 교육감님, 배덕광 구청장님을 비롯한 지방자치단체장님들께도 감사하다는 말씀을 드립니다. 그리고 KNN타워가 준공되기까지 물심양면으로 지원을 해주신, 내빈 여러분들께도 진심으로 감사의 인사를 드립니다.

　KNN타워는 지난 2010년 6월 4일 이 자리에서 기공식을 가졌습니다. 그러고 나서 2년 반 만에, 오늘 이렇게 완공된 모습으로 여러분들에게 첫 선을 보이게 됐습니다. KNN타워는 보시다시피, 앞으로는 수영강이 흐르고, 뒤에는 장산이 있는 전형적인 배산임수, 명당자리라고들 합니다.

　그동안 저희 KNN은, 부산 경남의 건강한 지역 여론을 창출하고, 지역의 문화 창달과 경제 활성화에 기여하는, 지역언론 본연의 책무를 성실하게 수행하고자 노력해 왔습니다. KNN의 센텀 시대를 열면서, 이제 저희는 다시 초심으로 돌아가고자 합니다. 저를 비롯한 모든 KNN 임직원들은 마음을 가다듬고, 지역과 함께 발전하는 최고의 방송사. 지역민의 눈과 귀와 입이 되는 방송사, 고품격 프로그램과 다양한 정보를 제공하는, 세계적인 지역방송사를 목표로 새로운 출발을 다짐합니다.

KNN타워에는 저희 방송사뿐만 아니라, 게임업체들과 지역의 미래 성장을 이끌어갈, 작지만 경쟁력 있는 기업들이 함께 입주를 합니다. 이들 기업과 함께, 지역발전을 위한 역할을 더 충실히 수행하도록 하겠습니다.

KNN타워는, 부산 경남 시청자 모두의 공간입니다. 언제라도 방송시설을 견학하고 체험할 수 있도록, 시설을 개방하겠습니다. KNN타워와 함께 자리 잡은 이곳 월석 아트홀은, 지역문화의 수준을 한 단계 높이는 공간이 될 것입니다. 4천5백 평 규모의 KNN광장에서도 다양한 행사와 축제가 이어질 것입니다.

그래서 저희 KNN타워에 오시면, 새로운 정보와 수준 높은 문화, 그리고 즐거운 축제가, 항상 기다리고 있다는 믿음을 드리겠습니다. 내 고장의 정보가 부산 경남 곳곳에 전달되고, 경제와 문화가 소통되는 지역의 언로, 그 역할을 바로 이곳 타워에서 새롭게 시작하겠습니다. 저희들의 이러한 의지와 약속이 실현될 수 있도록, 오늘 귀한 걸음을 해주신 내빈 여러분의 많은 격려와 지원, 그리고 애정 어린 충고를 부탁드립니다.

끝으로 참석하신 여러분들의 가정과 직장에 항상 행운이 함께하기를 기원 드리면서 이만 환영사에 갈음합니다.

― 한계에 부딪힌 수도권 위주 발전전략

2017. 6.
지역분권 대포럼 환영사

　　　서병수 부산광역시장님, 김기현 울산광역시장님, 류순현 경남도지사 권한대행님! 지역분권 대포럼에 참석해주셔서 감사드립니다. 지난 1일 취임 3주년을 맞으신 두 분 시장님께 축하인사를 드립니다. 그리고 지역분권 개헌과 입법의 주역이 되실 국회의원님들께서 이 자리를 빛내주셔서 감사의 말씀 드립니다.

　자리를 함께 해주신 각급 기관장 및 단체장, 그리고 부·울·경 시도민 여러분! 저는 지역분권을 조속하게, 제대로 실시하자는 열망을 이 자리에서 확인할 수 있습니다. KNN방송국이 출범한 1995년

부터 우리나라에서 지방자치제도가 부활하였으니 벌써 22년이 되었습니다. 하지만 지방은 중앙에 여전히 예속되어 있고, 국토균형발전은 요원한 채, 수도권만 비대화되고 지방은 공동화되었습니다. 한국거래소에 따르면 전국 상장기업의 72%가 수도권에 몰려있고, 상장사 시가총액의 85%가 수도권 본사 기업입니다.

전국 243개 지방자치단체 가운데 90%인 220개 단체가 재정자립도 50% 이하입니다. 자체 세수로는 공무원 월급도 못주는 지자체가 상당수입니다. 이런 재정 형편으로는 지역의 특성에 맞는, 지역주민이 원하는 자치행정은 불가능합니다. 경제협력개발기구, 즉 OECD 국가의 지방세 비중은 40~50%수준입니다. 국세 80%, 지방세 20%인 우리나라의 재정구조를 적어도 OECD 수준으로 개편해야만 진정한 지방자치를 할 수 있습니다.

중앙집권적, 수도권 위주의 발전전략은 이제 한계에 부딪혔습니다. 지방 재정을 확충하고 지방에 권한을 이양해야 지방도 발전하고 국가경제도 성장할 수 있을 것입니다. 지방세의 비중을 높이더라도 지방자치단체마다 재정자립도가 하늘과 땅 차이인 현실에서 균형을 맞추기가 쉽지 않습니다. 또 국비지원이 대폭 감소되면 지방세를 높인 효과도 감소할 것입니다.

중앙정부와 지방자치단체가 머리를 맞대고, 전문가들과 국민들이 지혜를 모아 효율적인 지역분권 방안을 찾아야 합니다. 내년 지방선거 때 개헌이 이뤄진다면 지방분권이 구체화되어야 하며 국토균형발전이라는 시대정신이 반영되어야 합니다. 오늘 이 포럼이 지방분권과 국토균형발전을 위한 새로운 패러다임으로 전환하는 계기가 되었으면 합니다. 다함께 지혜를 모아주시기 바랍니다.

오늘 포럼에서 내건 큰 주제는 〈지역이 살아야 나라가 산다〉입니다. 대한민국이 '서울 공화국'이었던 시대를 이제 마무리하고, 전국 방방곡곡이 균형과 자치, 분권으로 다함께 풍요를 누릴 수 있기를 소망합니다.

KNN은 진정한 지방자치, 지역분권이 이루어질 수 있도록, 시청자 여러분의 목소리에 귀를 기울이며 최선을 다하고자 합니다. 지방분권이라는 아름다운 꽃이 피고, 국토균형발전의 탐스러운 열매가 맺을 수 있기를 기원하며, 여러분의 건승을 기원합니다.

一 진주 재도약
　　계기는 마련되었다

2017. 11.
서부경남 발전 포럼 개회사

　　지리산과 남강의 정기를 이어받아 서부경남을 굳건하게 지켜오신 도민 여러분을 뵙게 되어 무척 기쁩니다. KNN 창사 22주년을 맞이하여 서부경남의 발전 전략을 모색하는 이번 포럼에서 주제 발표를 해주실 한경호 경남도지사 권한대행님, 박상우 한국토지주택공사 사장님, 이창희 진주시장님께 감사드립니다.

　　진주가 중심 도시인 서부경남은 과거 부산, 마산과 함께 경상남도의 3대 중심축이었습니다. 수려한 자연환경과 남명 조식 선생의 선비 정신, 임진왜란 당시 진주성대첩으로 대표되는 호국 정신을 면면히 이어온 역사와 전통으로 빛나는 도시였습니다. 그런데 일제 강점기 시절 진주에 자리 잡았던 경남도청이 부산으로 옮겨간 이후 쇠락하고 말았습니다.

　　울산이 석유화학과 자동차 산업으로, 창원이 기계공업 중심지로, 거제가 조선공업의 메카로 성장하는 동안, 서부경남은 그저 그런 산촌, 어촌, 농촌에서 한 걸음도 나아가지 못했습니다. 젊은이들은 외지로 떠나가고, 연로한 어르신들만 남았습니다.

　　몇 해 전 일본의 마스다 히로야가 펴낸 『지방 소멸』이라는 책이 크게 주목을 받았습니다. 앞으로 30년 이내 일본 자치단체의 절반인 896개가 인구 감소로 소멸할 것이라고 전망했습니다. 지방의 소멸은 도쿄 등 대도시에도 영향을 미칠 것이라고 주장했습니다. 우리나라도 크게 다를 바 없습니다. 한국고용정보원의 전망에 따르면 한국도 30년 이내 84개 시·군·구가 소멸되고 1,383개 읍·면·동이 사라진다는 것입니다. 저출산과 대도시로의 인구 이동이 가장 큰 원인입니다.

전문가들은 지방의 중핵도시를 거점으로 삼아 인접한 생활경제권과 유기적으로 연결해야 인구 유출을 막고 귀농·귀촌 인구를 수용할 수 있다고 진단합니다. 쉽게 말하면 댐 역할을 할 수 있는 거점 도시를 육성해야 한다는 것입니다. 전국에서 소멸 위험이 높은 지방 읍·면·동 20위 가운데 서부경남 5개 면이 포함되었습니다. 서부경남의 합천, 거창, 산청, 남해, 하동, 의령 등 진주와 사천을 둘러싼 모든 군 지역이 소멸 위험 지역에 들어갔습니다.

저는 오래 전부터 진주를 인구 100만 서부경남의 거점 도시로 육성하자고 주창해왔습니다. 서부경남의 젊은이들이나 인재들이 타 지역으로 유출되지 않으려면 우수한 교육기관이 들어서고, 양질의 일자리가 늘어나야 하며, 생활편의시설이 확충되어야 합니다. 진주에 살아도 수도권을 부러워하지 않을 정도로 발전해야 합니다. 진주가 발전하면 인접한 서부경남의 군 지역도 활기를 띠게 될 것입니다. 의료기관이나 문화시설을 이용하려면 가까운 진주를 찾게 되고, 진주 시민들은 휴식하고 여가를 즐기려 인접한 군 지역을 찾아가게 됩니다. 이른바 서부경남의 상생 발전입니다.

다행스럽게도 최근 몇 년 사이에 진주가 다시 도약할 계기는 마련되었습니다. 혁신도시가 조성돼 LH공사 등 11개 공공기관이 진주로 옮겨왔고, 일부 조직이나마 경상남도 서부청사가 90년 만에 귀환하였습니다. 진주와 사천 지역에 항공우주산업 국가산업단지가 지정돼 새로운 성장 동력을 확보하였습니다. 김천에서 진주를 거쳐 거제로 연결되는 남부내륙철도가 조속한 시일 내 착공되고 완공되어 서부경남의 물류혁명을 이루기를 기대합니다.

정부는 '더불어 잘 사는 경제'와 '고르게 발전하는 지역'이라는 국정 목표를 내걸었습니다. 며칠 전에는 대통령이 '강력한 지방 분권 개헌'을 하겠다고 천명하였습니다. 국토균형발전 정책이 추진되는 지금이 서부경남으로서는 놓칠 수 없는 물실호기가 아니겠습니까.

우리 속담에 '하늘은 스스로 돕는 자를 돕는다'고 하였습니다. 진주 시민을 비롯한 서부경남 도민들이 스스로 일어서려고 뜻을 모으고 힘을 합쳐 노력할 때 서부경남이 발전할 수 있습니다. 서부경남 도민들이 자조(自助) 협동할 때, 고향을 떠난 출향인들도 도우고, 정부도 지원을 아끼지 않을 것입니다.

그러기 위해선 고향분들이 먼저 마음을 열어야 합니다. 제가 여러 차례 말씀드렸습니다만, 2급수, 3급수를 식수로 사용해야만 하는 부산과 중부 경남에 남강댐 물을 공급하여 더불어 살아가려는 따뜻한 인정을 베풀어주시길 간곡히 호소합니다. 남강의 맑은 물을 공급받는 이웃들도 서부경남 발전에 기여하리라 믿습니다.

오늘 이 포럼에서 서부경남의 발전을 위한 백년대계가 세워지고 탄탄한 초석이 마련되기를 바라마지 않습니다. 이 자리를 빛내주신 내빈 여러분들의 건승을 기원합니다. 대단히 고맙습니다.

一 동남권 광역연합은 균형발전의 초석

2019. 10.
대한민국 지역 대포럼 개회사

　　부산, 울산, 경남 시도민 여러분, 안녕하십니까. 지역분권과 대한민국 균형발전 방안을 함께 논의하기 위해 참석해주신 오거돈 부산시장님, 송철호 울산시장님, 김경수 경남지사님께 감사드립니다. 강연을 해주실 성경륭 경제·인문사회연구회 이사장님, 김순은 자치분권위원회 위원장님, 동남권 광역연합을 주도하는 전호환 부산대 총장님, 고맙습니다. 수도권과 비수도권의 상생을 모색하는 자리에 각급 기관장, 각급 단체 대표님들께서 귀한 시간 내어주신 데 대해 인사드립니다.

　수도권과 비수도권의 격차는 날이 갈수록 커져가고 있습니다. 전국 사업체 수의 47.2%, 연구개발 투자비의 68.7%가 수도권에 집중되어 있는 등 여러 통계자료로 입증되고 있습니다. 통계청은 내년 수도권 인구가 비수도권 전체 인구를 넘어설 것으로 전망하고 있습니다. 수도권은 수도권정비법에 따라 과밀화 방지를 위한 각종 규제가 시행중인데도 대규모 공장이 들어서고 신도시가 계속 조성 중입니다.

　경기도 성남의 판교 테크노밸리의 지역총생산은 부산 전체와 비슷한 수준입니다. 지역의 젊은 인재들이 서울로, 수도권으로 몰려

갈 수밖에 없습니다. 저출산·고령화는 지방 중소도시의 소멸을 촉진시키고 있습니다. 앞으로 수도권과 비수도권의 인구격차는 더욱 커질 것입니다.

부·울·경은 민간 주도로 동남권 광역연합을 결성하여 상생발전과 함께 수도권에 대칭할 수 있는 행정 및 경제공동체를 추진하고 있습니다만, 아직은 첫 걸음마에 불과합니다. 권한과 재정을 지역에 이양하는 자치분권의 길은 더욱 요원합니다. 예산이 많이 드는 사업은 중앙정부만 쳐다보아야만 하는 실정입니다.

우선 수도권으로 가던 젊은 인재들의 발걸음을 지역으로 돌려야 합니다. 따라서 지역은 2차 공공기관 이전에 큰 기대를 걸고 있습니다. 옮겨온 기관들이 지역에 뿌리를 내리고 지역의 젊은이들을 많이 채용하여 지역에 활기가 돌도록 해야 합니다. 지역의 거점 대학들을 집중 육성하여 서울지역에 못지않게 연구와 교육, 산학협력을 선도하도록 키워야 합니다.

저희 KNN은 지역분권, 균형발전이라는 주제로 해마다 포럼을 개최해왔습니다. 앞으로도 그럴 것입니다. 이 자리에서 도출된 지혜들이 탁상공론에 그치지 않도록 시도민들과 인식을 공유하고 힘을 모으기를 기대합니다. 중앙정부와 국회에 끊임없이 건의하여 실현되기를 간절히 바랍니다. 오늘 포럼에서 좋은 의견이 많이 나와 빈사 상태의 지역이 활기를 되찾기를 희망합니다. 고맙습니다.

의료 수준 선도하는 미래지향 병원으로

2014. 2.
부산대학교병원 2014년 제1차 이사회

안녕하십니까. 부산대학교병원 발전위원회 회장을 맡고 있는 강병중입니다. 며칠 사이 기온이 많이 올라, 봄이 왔다는 걸 새삼 느끼고 있는 2월의 마지막 날입니다. '2014년도 제1차 이사회'에 참석해주신 이사진 여러분께 감사의 말씀 드립니다.

올해로 부산대학교병원은 1956년 설립된 이래 어느덧 개원 58주년을 맞이하였습니다. 그동안 교육, 연구, 진료라는 국립대학교병원의 설립 이념에 따라 지역의 의료 수준과 의료 서비스의 질을 높여가며 동남권 의료 기관의 중심역할을 수행해 왔습니다.

지난해에도 공공보건의료사업 평가 최고등급 획득, 지역 최초 4세대 로봇 수술기 도입 및 첫 수술시행 등 지역의 의료산업 발전에 기여했습니다. 또한 사회 소외계층과 취약계층을 위한 진료 지원을 확대해 공공의료기관으로서의 역활도 충실하고 있습니다. 최근에는 국내 대학병원 중 서울에 이어 두 번째로 소아청소년 전용 보호병동을 개설하며동남권 최고 거점 대학병원으로서의 위상을 높여가고 있습니다. 앞으로도 부산대학교 병원이 동남권뿐만 아니라, 지역을 대표하는 자랑스러운 병원으로, 나아가 대한민국의 의료 수준을 선도할 수 있는 미래지향적인 병원이 되기를 기원하겠습니다.

一 골든타임 놓치면 편작도 못 고친다

2015. 11.
부산대학교병원 외상센터 개소식

여러분 안녕하십니까. 부산대학교병원 국가지정 권역외상센터 개소를 진심으로 축하드립니다. 국가지정 외상센터는 전국에 권역별로 여러 곳이 있습니다만, 부산대 병원의 경우 아시아 최대 규모로 건립되었기에 더욱 반가운 일이 아닐 수 없습니다.

권역외상센터는 외상외과와 응급의학과는 물론, 흉부외과, 정형외과, 신경외과, 영상의학과 등 외상과 관련된 여러 전문 영역이 동시에 참여하는 것으로 알고 있습니다. 과거에는 교통사고나 추락사고, 화재 등으로 인한 생명이 위독한 외상 환자가 병원을 찾으면 응급실과 각종 검사실, 수술실, 중환자실 등을 찾아야 했으나, 외상센터의 개소로 시간을 낭비하지 않고 한자리에서 검사와 시술, 수술을 할 수 있게 되었습니다.

중국 춘추시대의 전설적 명의 편작도 병이 든 제환공이 제때 치료받기를 거부하는 바람에 그의 목숨을 구하지 못하였습니다. 일분일초가 급한 중증 외상환자에게는 골든타임을 확보할 수 있게 돼, 생명을 구할 수 있는 특급 서비스가 아닐 수 없습니다. 중증 외상환자 사망률을 선진국 수준으로 줄일 수 있게 되면, 부산 경남 주민들에 대한 의료서비스의 질을 획기적으로 높일 수 있을 것입니다.

부산대병원은 외상센터 개소를 앞두고 일본 오사카 의료센터를 시찰하는 등, 많은 의료진들이 의료 선진국의 첨단 시스템을 찾아 연수해온 것으로 알고 있습니다. 글로벌 경쟁력을 키워나가기 위해 노력해 오신 정대수 병원장님을 비롯한 부산대학 병원 관계자들의 노고에 감사드립니다.

대단히 고맙습니다.

一 친절하고 사회공헌하며 환자가 행복한 병원

2016. 3.
부산대학교병원 이사회 기념사

    여러분 안녕하셨습니까. 지난 주말 메마른 대지를 적셔준 봄비가 내리고 나니 봄기운이 더욱 완연해졌습니다. 부산대학교병원 발전위원회 제17차 이사회를 갖게 돼 무척 기쁘게 생각합니다. 특히 이창훈 신임 병원장님을 뵙게 돼 무척 반갑습니다.

  부산대병원은 권역별 외상센터와 호흡기 전문 질환센터를 설립하는 등 획기적으로 발전해왔습니다. 이 원장님이 취임하면서 환자 중심 진료와 융복합 의료산업 육성 및 활성화 등 다섯 가지 과제를 제시했는데 병원 구성원 모두가 합심 노력하여 목표가 이뤄지기를 희망합니다. 그리하여 친절하고, 사회에 공헌하며, 환자의 행복을 실현하겠다는 부산대병원의 브랜드가 확립되기 바랍니다.

  여러분, 고맙습니다.

一 서울 가지 않아도
  건강·생명 지킬 수 있게

2016. 10.
부산대학교병원 개원 60주년 축사

    부산대학교병원 개원 60주년을 진심으로 축하드립니다. 6.25전쟁의 상처가 미처 아물지 않은 시절, 부산대학교병원이 개원함에 따라 부산시민들은 체계적이고 선진화된 진료와 시술을 받을 수 있게 되었습니다.

  부산대병원은 양산 메디컬 캠퍼스 조성과 권역외상센터, 동남권역 호흡기전문 질환센터 설립 등으로 부산은 물론 울산과 경남의 거점 병원으로서 위상을 높였습니다. 부산대병원은 올해에만 제5회 대한민국 지식대상 우수상을 수상하였고, 3회 연속 인적자원 개발 우수기관으로 선정되는 등 공공의료기관의 모범이 되었습니다.

  이창훈 병원장님을 비롯한 대학병원 가족 여러분! 히포크라테스는 환자의 건강과 생명을 첫째로 삼아야 한다고 강조했습니다. 부산시민들이 서울의 대형병원을 찾지 않아도 건강과 생명을 지킬 수 있도록 의료의 질을 더욱 높이는 데 매진해 주시기 바랍니다.

  부산대병원이 산학연 연구단지 조성사업에 나섰듯이, 의료산업을 육성하여 지역경제를 활성화시키는 데 앞장서 주시기를 당부 드립니다. 부산대병원이 부산 시민들의 건강지킴이가 되어 더욱 사랑받을 수 있기를 기원하며, 개원 60주년을 다시 한 번 축하드립니다.

一 60년 연륜에 걸맞은 공공의료 기대

2017. 2.
부산대학교병원 발전위원회 이사회 기념사

　　　　　　이창훈 병원장님을 비롯한 여러 이사님들 그동안 잘 지내셨습니까. 지난 몇 개월 동안 나라의 형편이 매우 혼란스럽습니다. 대통령은 권한이 정지되었고, 정치권의 갈등은 거듭되고 있습니다. 경제 사정도 마찬가지여서 수출은 줄어들고 경기는 좀체 살아나지 않고 있습니다. 이럴 때일수록 국민 모두가 각자 맡은 바 직분에 더욱 충실해야 하겠습니다.

　공자는 '정명론'을 통해 '군군 신신 부부 자자'가 훌륭한 정치라고 하였습니다. 임금은 임금답고, 신하는 신하다워야 하며, 아버지는 아버지답게, 자식은 자식다워야 한다는 뜻입니다.

　부산대학교병원은 올해 개원 60주년을 맞이했습니다. 권역별 외상센터 등 여러 가지 인프라를 갖추었습니다. 이제 60년이라는 연륜에 걸맞게, 거점 국립대병원으로서 공공의료서비스에 더욱 충실하기를 바라는 마음입니다.

　새해에는 전국은 물론, 세계로 도약하는 초일류병원으로 성장하기를 기대합니다. 여러 이사님들, 올해 마무리 잘 하시고 새해 더욱 건강하시기를 축원합니다.

03
좋은 기업이
나라 살린다

넥센타이어는 제2의 성장기를 맞이하고 있습니다. 그 위상에 걸맞은 새로운 기업문화의 정착을 위해 기업 이윤의 사회 환원에 노력하고 있습니다. 이윤만을 추구하고 사회에 무관심한 기업은 살아남을 수 없다고 생각합니다. 앞으로도 지금까지의 성과를 토대로 사회 환원을 더욱 확대해나갈 계획입니다.

ize # 우리 스스로
변화와 도전 주도해야

2005. 9.
넥센타이어 154KV 오픈 기념사

넥센타이어 임직원 여러분.

무더웠던 여름도 그 끝자락에 와있는지 아침저녁으로 선선한 바람이 불고 있습니다. 결실의 계절인 가을의 시작에 서 있는 오늘, 우리는 넥센타이어의 발전의 원동력인 전력을 안정적으로 공급하게 될 154KV 오픈 기념식을 갖게 된 것을 매우 뜻 깊고 기쁘게 생각합니다.

안녕하십니까?

먼저 오늘의 오픈식이 있기까지 어려운 여건 속에서도 맡은바 위치에서 묵묵히 회사발전에 힘써주신 임직원 여러분께 진심으로 감사의 말씀을 드리며 또한 오늘의 이 자리가 보다 큰 회사발전을 위하여 앞으로의 결의를 새롭게 다지는 계기가 되었으면 합니다.

저는 2005년을 맞이하면서 올 한 해가 지난 5년간의 "생존"을 위한 준비단계를 지나 우리의 비전을 하나씩 거두어 나가는 "결실"을 위한 성장단계가 되어야 한다고 말씀드린바 있습니다. 오늘 그 결실의 하나가 우리 눈앞에 이루어지고 있는 것입니다.

이미 아시는 바와 같이 그동안 저희 넥센타이어는 끊임없이 연구·생산 설비시설을 확충해오고 있습니다. 그로 인한 수요전력의 증가로 장기적으로 안정된 전력의 확보가 절실히 필요하게 되었습니다. 현재 공급받고 있는 22.9KV 전력으로는 연구·생산업무를 효과적으로 수행하기 어려울 뿐만 아니라 정전으로 인한 손실 또한 막대했습니다. 부족한 전력을 원활히 공급하기 위한 대책이 요구되었고, 9개월의 공사기간과 45억 원의 공사비를 들여 오늘 기업에서 얻을 수 있는 최대 전력인 154KV전력을 확보하게 된 것입니다.

154KV전력의 확보로 우리는 전력수요 증가에 따른 과부하를 해소할 수 있게 되었을 뿐만 아니라 전력의 안정적인 공급으로 그동안 지속적으로 추진해온 경영혁신과 꾸준한 기술개발에 큰 밑거름이 되리라 생각합니다.

안정적인 전력공급이 확보된 만큼 이제부터는 전력비 감소를 위한 개선활동에도 관심을 가져주시고 또한, 순간 정전이나 고주파 등에 기인한 설비고장 발생이 최소화되도록 하기 위한 활동을 지속시켜 나가주실 것을 당부 드립니다.

넥센타이어 임직원 여러분, 우리 넥센타이어의 발전여부는 임직원 여러분의 주체적인 제안과 실행에 의해서만 성과를 거둘 수 있을 것이라고 믿습니다. 기업의 변화를 강하게 요구하는 시대 상황 속에서 우리 스스로 앞장서서 변화와 새로운 도전을 주도하지 않는다면 우리 넥센타이어의 밝은 미래는 없을 것입니다. 따라서 저는 넥센타이어 임직원 여러분께 새로운 도전과 변화에 적극적이고 능동적으로 참여해주실 것을 당부 드리고, 끝으로 154KV 오픈이 있기까지 수고해주신 감사님을 포함한 임직원 여러분의 노고에 거듭 감사의 말씀을 드립니다. 감사합니다.

세계 경제의 3대 중심축, 중국에 진출하며

2006. 4.
넥센타이어 투자 발표회 중국진출 및 발전 현황

위충 중국 청도시 부시장님, 장시쥔 중국 래서시 당서기님, 신정택 부산상공회의소 회장님, 그리고 양국 내외 귀빈 여러분, 오늘 이렇게 자리를 함께하게 되어 매우 기쁘게 생각합니다. 좋은 자리를 마련해주신 청도시와 부산상공회의소 관계자 여러분께도 감사의 말씀을 드립니다.

오늘 이 자리에 대한 저의 기대는 상당히 크고 감회가 새롭습니다. 5년 전 제가 부산상공회의소 회장 재임시절 청도시와 협정을 맺어 부산전용공단을 조성한 후 부산의 많은 기업이 중국에 대거 진출 하였고, 부산전용공단 조성은 저의 9년 동안의 재임 중 가장 큰 보람으로 남아있습니다.

저희 넥센그룹도 이미 10여 년 전부터 (주)넥센의 청도넥센상교유한공사를 비롯하여 넥센테크의 청도넥센전장유한공사 등이 부산전용공단에 진출하여 현재 공장을 가동하고 있습니다. 국내에 비해 상대적으로 현장인력의 수급이 원활하여 사업경쟁력 유지에 크게 기여하고 있으며, 기술 숙련도나 커뮤니케이션 문제도 한국으로의 사전 연수제 활용 등을 통해 무리 없이 안정화 시켜나가고 있습니다.

또한 현지 정부의 도움과 지원책에 힘입어 관련법규 강화 등 당초 예상하지 못했던 제반 문제들을 차질 없이 해결해 나가고 있으며, 가격 경쟁력 뿐만 아니라 품질 경쟁력에서도 해외 바이어들로부터 긍정적인 반응을 얻어 오더 수주가 급증하는 등 활발한 움직임을 보이고 있습니다. 중국시장에 먼저 진입하여 안정적인 성장을 해오고 있는 넥센 및 넥센테크에 이어 금번에는 넥센타이어의 대규모 중국공장 건설 프로젝트를 준비하고 있습니다.

간략하게 저희 넥센타이어에 대해 말씀드리면, 2000년 기업 슬로건을 "작지만 강한 기업"으로 육성하겠다고 발표한 이후, 지난 7년간 해마다 매우 높은 매출 신장률을 보이며 쉼 없이 달려왔습니다. 2005년 매출은 전년대비 30% 증가한 4,000억 원으로, 이 중 내수는 1,100억을 수출은 2,900억원의 실적을 거두었고, 부채비율도 100%선으로 재무상 우량기업으로 분류되어 있습니다.

여러분께서도 알고 계시는 바와 같이 넥센타이어는 매년 투자를 통한 사업 구조조정 추진으로, 새로운 성장을 위한 동력원을 만들어 왔습니다. 특히 2003년 7월에는 수익성 위주의 사업구조 재정비를 위해 저수익 사업인 BIAS타이어 공장을 폐쇄했고, 2004년 말에는 고부가가치 사업인 UHP타이어 및 SUV타이어 전용 제 2공장을 완공하였습니다.

또한 지속적인 광고와 홍보활동의 강화로 국내외 브랜드 인지도의 상승으로 250여 개의 해외딜러에 수출 국가도 120여 개국에 이르며, 미주판매 법인 및 유럽과 중동에 지사를 설립하는 등 해외마케팅 강화를 통해 수출 비중도 70%를 넘어섰습니다. 수출금액도 2억

9천만 불을 돌파하여 총 무역규모가 3억 7000만 불에 달하고 있으며, (주)넥센을 포함하면 두 회사의 무역규모는 이미 5억 불을 넘어서고 있습니다.

이와 함께 연구개발(R&D)분야에 대대적인 투자로 나노신소재 특허 획득 등 세계적인 첨단 신기술을 잇달아 내놓고 있습니다. 세계적으로 최상의 기술수준을 확보한 타이어회사만 선보인 28인치 이상 초대형 타이어와 25시리즈 이하의 초고성능 타이어를 선보여 기술력을 인정받기도 했습니다. 저희 넥센타이어는 이에 만족하지 않고 올해 경영목표를 전년대비 25% 증가한 매출액 5,000억 원과 영업이익 10% 이상을 세워놓고 있으며, 세계 최대 타이어 시장으로 급부상하고 있는 중국에 현지공장을 설립하기로 공식 선언을 하고 중국현지 법인에 1차 자본금을 납입하였습니다.

저희 회사의 이번 본격적인 중국진출로 부산전용공단이 더욱 활성화가 되리라고 예상됩니다.

저희 넥센타이어의 중국 진출의 배경을 말씀드리면, 첫째, 중국이란 거대시장의 성장 잠재력에 있습니다. 중국시장은 미국, 유럽연합(EU)와 더불어 세계경제의 3대 축으로 등장하고 있고, 21세기 지구촌 기업들이 재화와 용역을 생산하고 소비하는 데 있어 가장 매력적인 곳으로 중국을 꼽고 있습니다. 세계인구의 1/5인 13억 인구에 6,500억 달러의 세계최대 소비시장 중국, 이것이 중국의 현재 모습입니다.

최근 발표되고 있는 보고서에 따르면 중국의 소비시장은 긴축정책에도 불구하고 소득증가와 중산층 확대, 정부의 내수 진작책, 유통환경 변화 등이 복합적으로 작용하면서 지난해 9.9%의 경제성장에 이어 올해도 안정적 성장이 지속될 것으로 예상되고 있습니다. 또한 중국 국토 균형발전을 위한 서부 대개발, 2008년 베이징 올림픽, 2010년 상해 EXPO 개최, 농촌의 도시화 등 성장 동력이 충분하여 앞으로도 상당기간 고성장이 이어질 것으로 보고 있습니다. 실제로 중국은 우리나라의 제1교역국이자 투자 대상국입니다. 지난해 교역량이 개별국가로는 최초로 1,000억 달러를 돌파, 수교 13년 만에 50년 경제교류 역사를 갖고 있는 미국과 일본을 추월하였습니다.

한국의 대중국 투자도 지속적으로 늘어나 일본을 제치고 3번째로 중국투자를 많이 하는 국가가 되었습니다. 그 중 청도시에 우리 기업이 투자한 금액은 86억달러 (도착기준)로 우리 전체 중국 투자의 1/4을 차지하고 있으며, 1989년 이후 지난해 말까지 8,523개의 기업이 진출해 있는 한국기업이 가장 투자하기 좋은 도시 중의 하나로 알려져 있습니다.

두 번째는 시정부의 지원과 현지화를 통한 수익성 제고입니다. 저희 회사의 경우 청도시로부터 대규모 부지를 좋은 조건으로 제공받아 초기투자비를 절약할 수가 있었고, 각종 세제혜택을 약속 받았습니다. 그리고 공장 가동의 필수조건인 전력과 용수 등 부대 인프라의 구축이 조기에 확보될 것으로 기대하고 있습니다.

또한 최근 경제 이슈가 되고 있는 환율하락은 우리 기업에게 수출 경쟁력 악화로 다가오고 있고, 원부재료의 급등, 인건비의 상승, 운반비의 증가 등 각종 비용의 급격한 상승은 우리에게 커다란 부담을 안겨주고 있습니다. 중국 시장으로의 진출은 이렇듯 거대시장과 성장 잠재력 외에도 현지화를 통한 무역장벽과 무역에 따른 거래비용 절감이란 효과를 거둘 수가 있어 수익성을 최단기간에 확보할 수 있을 것으로 기대하고 있습니다.

세 번째는 중국진출을 통한 글로벌 기업으로의 변신입니다. 지금 우리는 세계화의 물결 속에 급변하는 경영환경과 끊임없이 부딪히며 변화를 모색하고 있습니다. 변화하지 않는 기업은 살아남을 수 없다는 냉혹한 현실 속에 살고 있는 것입니다. 앞에서 말씀드린 데로 세계경제의 3대 축의 하나인 중국은 그 경제규모가 커지면서 글로벌 영향력이 급속히 확대되고 있으며, 중국시장이 곧 세계시장이며, 중국시장에서 이겨야 세계시장에서 승리할 수 있는 것입니다.

이제 중국을 단순히 저임 노동력을 활용한 '생산기지'라는 생각에서 벗어나 기업의 글로벌 경쟁력 강화를 위한 '글로벌 소싱기지'로 활용을 해야 할 것입니다. 이는 중국 시장을 발판으로 삼아, 선진국 시장으로 진입하는 전략이 필요하다는 뜻입니다. 즉, 중국을 통한 세계화로 세계적 기업으로 발돋움 할 수 있는 기회로 삼아야 한다는 것입니다.

저희 넥센타이어의 중국공장 프로젝트는 2007년 4/4분기에 제품 양산을 목표로 중국 청도시 정부의 적극적인 협조를 바탕으로 차질 없이 진행하고 있습니다. 중국현지 공장에서 생산되는 부분은 급성장하고 있는 중국 내수시장 공략은 물론 해외 최대소비 시장인 미국과 유럽 등지로 수출하게 될 것입니다.

내빈 여러분, 오늘 이 자리에는 저희 회사와 연관성이 있는 많은 기업이 참석한 것으로 알고 있습니다. 우리에게 중국시장은 현재도 미래도 고려하지 않으면 안 될 중요한 부분임에 틀림없습니다.

넥센타이어의 중국 진출 선언은 회사의 새로운 성장엔진이 됨은 물론 도약을 위한 발판의 밑거름이 될 것임을 확신하며, 이에 대한 성공 여부는 이 자리에 참석해주신 협력업체 여러분과 청도시 정부 여러분들의 애정 어린 관심에 달려있다고 해도 과언이 아닐 것입니다. 여러분의 회사도 저희 넥센타이어와 함께 부산전용공단 투자를 통해 좋은 성과가 있으시기를 기대합니다. 저 또한 진출하고자 하는 기업들을 성심껏 도와드릴 예정입니다. 여러분의 많은 관심 있으시길 바랍니다.

아무쪼록 이번 투자 설명회를 계기로 청도시와 우리 기업 간의 교류와 협력이 더욱 활성화되기를 바라며, 멀리 청도에서 오신 시 정부 관계자 여러분께 감사의 말씀과 함께 좋은 결실을 맺으시길 기원합니다. 또한 이 자리를 빛내기 위해 참석해주신 여러분께도 깊은 감사의 말씀을 드립니다. 감사합니다.

최첨단 친환경 공장서
고용창출에 최선

2009. 9.
넥센타이어-경상남도, 창녕군 투자양해각서(MOU)체결식

존경하는 김태호 경상남도 도지사님, 김충식 창녕군수님, 그리고 내외 귀빈 여러분, 오늘 이 자리는 '경상남도와 창녕군, 그리고 저희 넥센타이어'가 투자양해 각서를 체결하는 뜻깊은 자리입니다.

먼저, 바쁘신 와중에도 이 자리를 빛내기 위해 참석해주신 여러분께 깊은 감사의 말씀을 드립니다. 아울러 많은 어려움 속에서도 오늘의 자리가 있기까지 아낌없는 지원과 성원을 보내주신 도지사님, 군수님, 그리고 관계자 여러분께도 감사의 말씀을 전합니다.

저희 넥센타이어는 지난 67년간 대한민국 타이어산업의 발전을 위해 묵묵히 한 길을 걸어온 기업입니다. 특히, 지난 2000년 회사명을 넥센타이어로 변경한 이후 10년간 외부의 도전과 위기를 조직 결속과 발전의 계기로 승화시켜 품질 향상과 기술력 확보, 그리고 고부가가치 사업 역량 강화에 더욱 박차를 가해왔습니다.

그 결과 2000년 당시 2,000억 원에 불과하던 매출액이 올해 사상 최악의 글로벌 경제 위기 속에서도 1조 원을 상회할 것으로 예상되고 있으며, 이익률이 전 세계 타이어 업계 최고 수준을 기록할 전망입니다. 또한 당시 8%에 불과하던 내수시장 점유율이 현재 20%를 넘어섰고, 250여 개의 해외딜러에 수출국가도 120여 개국에 이르

는 등 놀라운 발전을 일구어 내며, 세계적인 기업으로 성장해오고 있습니다.

이러한 품질과 기술력을 바탕으로 한 폭발적인 성장세는, 현재 양산에 있는 하나의 공장만으로는 밀려드는 주문량을 대응하지 못하는 상황에 이르게 되었습니다. 이에 따라 물류와 용수, 전력 등 공장입지 조건이 뛰어난 경상남도 창녕군에 넥센타이어 제2공장 건립을 추진하게 된 것입니다. 이번 공장 건립은 총 18만 평의 부지에 1조 원 이상의 투자가 이루어질 것이며, 최첨단 친환경 자동화 공정으로 기술력이 높은 세계 최고 수준의 고성능, 친환경 타이어가 생산될 예정입니다. 또한, 단일공장으로는 세계 최대 규모를 자랑하게 될 것입니다.

현재 정부에서 추진 중인 녹색성장 정책에 발맞춰 친환경 공장으로 진행될 것이며, 공장이 가동되면 약 2천여 명 이상의 고용창출 효과도 기대됩니다. 이를 통해 저희 넥센타이어는 경상남도와 창녕군의 지역경제 활성화에 기여함은 물론, 지역사회의 동반자로서 기업의 책임을 다해 나갈 것입니다. 앞으로도 넥센타이어의 변화와 도전을 향한 노력들에 대하여 지속적인 애정과 관심이 이어지기를 바랍니다.

끝으로 귀한 시간을 내어 참석해주신 내외귀빈 여러분과 오늘의 체결식이 있기까지 지원과 협조를 아끼지 않으신 관계자 여러분께 다시 한 번 깊은 감사의 말씀을 드립니다. 앞으로 진행 될 넥센타이어 제2공장의 성공적인 건설과 경상남도와 창녕군의 무궁한 발전을 충심으로 기원합니다. 감사합니다.

최고의 품질로
국가경제, 지역사회에 보답

2012. 10.
넥센타이어 창녕공장 준공 기념사

존경하는 홍석우 지식경제부 장관님, 조해진 국회의원님, 임채호 경상남도 도지사 권한대행님, 김충식 창녕군수님과 최중경 창원상의 회장님, 그리고 내외 귀빈 여러분. 오늘 넥센타이어 창녕공장 준공식에 참석해 주신 여러분께 깊은 감사의 말씀을 드립니다.

저희 넥센타이어는 지난 1942년 설립 이후 올해로 70년째를 맞이하는 대한민국 대표 타이어 회사입니다. 2000년 기업 이미지 혁신을 위해 '넥센타이어'로 사명을 변경한 이후, 지난 13년간 세계타이어업계 최고 수준의 매출신장률을 기록하며 쉬지 않고 달려왔습니다. 그 결과 2000년 당시 약 2,000억 원이던 매출액이 지난해에는 1조 4,300억 원의 매출을 거두었고, 올해도 글로벌 경제위기 속에서 매출액 1조 8,000억 원 가까운 실적이 예상되고 있습니다.

하지만 저희 회사는 이에 만족하지 않고, 세계 각국에 판매법인 및 지사를 확대해 나가고 있습니다. 그리고 이번 창녕공장의 1조 2,000억 원 투자를 통해, 글로벌 타이어 회사로의 더욱 큰 도약을 위한 준비를 하고 있습니다.

먼저 창녕공장 건설의 배경을 말씀드리면, 첫째, 해외보다 국내에 투자하는 것이 기업에도 유리할 뿐만 아니라, 국가경제 발전에도 도움이 되기 때문입니다. 현재 많은 국내 기업들이 값싼 토지와 인건비를 이유로 앞을 다퉈 해외로 진출을 하고 있습니다. 물론 저희 회사의 중국공장과 같이, 그 나라의 내수시장 확보가 목적이라면, 현지에 진출하는 것이 필요하겠지만, 글로벌 시장을 목표로 한다면 국내에 투자하는 것이 훨씬 유리하다고 판단했습니다. 저는 지금 당장 눈앞의 조건과 이익을 보고 투자하기보다는, 무엇이 진정으로 우리에게 도움이 되고, 나아가 국가경제에 보탬이 되는가를 먼저 생각하고 이번 투자를 실행에 옮기게 되었습니다.

또한, 현 정부의 산업단지 개발과 관련된 특별법 제정으로, 2년 이상 걸리던 행정적 절차가 6개월 이내로 간소화 되었습니다. 여기에 지방자치 단체의 적극적인 기업투자유치와 지원 등으로 변수가 많은 해외보다 국내 투자에 대한 매력도 상당히 커졌다고 생각합니다. 그리고 제가 평생을 경남과 부산에 뿌리를 내린 기업인으로서, 대규모 투자를 통해 지역경제의 활성화에 기여하고, 지방의 균형발전에도 역할을 하고자 했기 때문이었습니다.

둘째, 국내 공장에서 세계 최고의 품질로 수익을 극대화시킬 수 있다는 점을 고려했습니다. 창녕공장과 같은 국내투자의 경우 해외투자와 비교했을 때, 일시적으로 투자금액과 임금의 차이가 있을 수 있습니다. 하지만 국내 공장에서 세계 최고의 생산성을 자랑하는 우수한 직원들이품질과 가격경쟁력에서 뛰어난 고부가가치 제품의 생산을 통해, 수익을 극대화 시킬 수가 있습니다.

이와 함께, 최근 대한민국의 국가 브랜드 위상이 높아짐에 따라 '메이드 인 코리아' 제품의 수출경쟁력이 함께 높아진 점도 좋은 기회라고 생각했습니다.

셋째, 규모의 확장을 통한 '글로벌 컴퍼니'로의 도약입니다. 저희 회사는 세계시장에서 품질과 성능을 인정받아 국내외 바이어로부터 주문이 쇄도하고 있습니다. 올해는 국내 완성차뿐만 아니라, 미국의 크라이슬러와 이태리의 피아트, 그리고 일본의 미쯔비시 등 글로벌 완성차 업체로부터의 타이어 공급 요청도 증가하고 있는 상황입니다. 이에 저희 회사는 창녕공장의 투자를 통해 규모와 매출 면에서 세계적인 기업들과 어깨를 나란히 할, 진정한 글로벌 기업으로의 도약을 이루어 나갈 것입니다. 다음으로 창녕 공장 준공에 따른 가동 현황 및 향후 비전에 대해 말씀드리고자 합니다.

현재 가동 중인 창녕공장은 50만 평방미터의 부지에 2018년까지 총 1조 2,000억 원의 투자가 진행되고 있으며, 현존하는 세계 최고의 생산 설비로 이루어진 최첨단 친환경 타이어 공장입니다. 올해 연간 600만 개의 타이어 생산을 시작으로 단계별 증설을 통해 투자가 완료되는 2018년에는 연간 2,100만 개의 생산능력을 갖추어 갈 것입니다. 이를 통해 저희 넥센타이어는 2018년 전체 공장에서 연간 6,000만 개의 타이어 생산과 매출 5조 5,000억 원 이라는 목표로, 대한민국을 대표하고 나아가 '세계 10위권대의 글로벌 기업'으로 성장해 나갈 것입니다.

존경하는 내외 귀빈 여러분. 앞으로도 저희 회사는 지속적인 투자를 통한, 신규 일자리 창출과 지역경제의 활성화로, 기업의 사회적 책임은 물론 국가경제 발전에도 기여한다는 사명감을 갖고 성심을 다해 일할 것을 약속 드립니다.

끝으로 오늘의 준공식이 있기까지, 시종일관 넥센타이어를 믿고 응원해주신 경남도청 및 창녕군청 관계자 여러분, 그리고 지역 주민 여러분께 감사의 인사를 드립니다.

감사합니다.

― 부산과 칭다오 우정 돈독히 할 부산은행 개설

2012. 12.
부산은행 칭다오 지점 개설 축사

오늘 이 자리는 부산과 칭다오의 우정을 더욱 돈독히 하는 자리라고 생각됩니다.

12년 전인 지난 2000년에 당시 왕 쟈루이 칭다오 시장께서 고맙게도 부산-칭다오간 직항로를 개설해주시고, 또 중국 국제항공사 소속 첫 비행기를 타고 부산을 방문하셨습니다.

그때 부산에서는 '칭다오의 날'이 선포돼, 부산상공회의소 주관으로 3일간에 걸쳐 각종 기념행사를 벌이며, 두 도시의 우정이 계속 이어지기를 희망했습니다.

또 그 2년 후인 2002년에는 부산상공회의소와 칭다오시가 협의해서, 부산 상공인을 위한 공단을 조성해, 많은 기업이 칭다오에 오게 됐습니다.

칭다오와 부산의 우정이 갈수록 깊어지고 있는 이때, 부산을 대표하는 부산은행이 오늘 드디어 한국 지방은행 최초로 칭다오에 지점을 개설해 부산과 칭다오가 더욱 가까워지게 됐습니다. 부산은행 칭다오 지점의 무궁무진한 발전을 기원하면서, 건배 제의를 하겠습니다.

오늘 이 자리가 국제행사를 하는 자리라서 건배사는 영어로 하겠습니다.

건배사는 '원더풀'입니다. '원하는 대로 더 잘 풀린다'는 뜻입니다.

제가 "칭다오 부산은행 원더풀!"라고 외치면 여러분은 큰 소리로, "부산은행 원더풀!"을 따라 외쳐주시기를 부탁드립니다.

"칭다오 부산은행 원더풀!"

"부산은행 원더풀!"

감사합니다.

一 유럽시장 교두보가 될 체코공장

2014. 6.
체코 투자계약 조인식

　　존경하는 보후슬라프 소보트카 총리님, 체코정부 관계자 여러분, 올드리히 부베니첵 주지사님, 그리고, 내외 귀빈 여러분. 오늘 이 자리는 체코정부와 저희 넥센타이어가 신공장 건설에 대한 투자 계약서를 조인하는 뜻 깊은 자리입니다.
　　먼저, 많은 어려움 속에서도 오늘의 자리가 있기까지 아낌없는 지원과 성원을 보내주신 체코 관계자 여러분께 깊은 감사의 말씀을 드립니다. 아울러 오늘 조인식에 참석해주신 내외 귀빈 여러분께도 감사의 말씀을 함께 전합니다.
　　저희 넥센타이어는 올해로 70년이 넘는 역사를 자랑하는 대한민국 대표 타이어 회사로 한국과 중국에 3개의 공장을 두고 있습니다. 그리고 한국의 중앙연구소를 비롯해 미국, 독일, 중국에 R&D 센터를 운영하고 있으며, 직원 7천여 명이 근무하는 매출 20억 달러(US $) 규모의 회사입니다.
　　금번 체코 신 공장 건설 추진은 유럽 시장 수요 증가에 따른 판매 확대와 스코다, 폭스바겐, 세아트 등 유수의 글로벌 자동차 메이커에 안정적인 타이어 공급을 위해 진행하게 되었습니다. 그동안 저희 회사는 최적의 공장입지를 선정하기 위해, 동유럽 6개 국가와 약 50여 개 사이트를 대상으로 입지여건, 판매 확대 가능성, 투자 안정성 등 다양한 측면에서 심도 깊은 검토를 진행해왔습니다. 그 결과, 체코의 자테츠 지역을 최종 대상지로 선정하고, 8억2천9백만 유로를 투자하기로 결정하였습니다.

체코 자테츠 지역은 인력 조달 및 배후 여건이 잘 갖춰져 있으며, 유럽 최대 시장인 독일, 프랑스, 영국 등에 대한 접근성이 좋고, 급성장하고 있는 동유럽 시장의 교두보를 마련할 수 있어 다른 어느 지역보다 입지조건이 뛰어난 것으로 나타났습니다. 또한, 체코의 자동차 생산량이 약 1백만 대 규모이며, 자테츠 반경 400킬로미터 이내에 약 30개 자동차 메이커가 위치해 있어 신차 타이어 공급에도 최적의 조건을 갖추고 있습니다. 이와 함께 국가 경제 활성화를 위한 소보트카 총리님을 비롯한 체코 정부 내각, 그리고 주정부의 적극적인 투자유치 노력과 전폭적인 지원이 있었기에 자테츠를 최종 대상지로 선정할 수 있었다는 점을 꼭 말씀 드리고 싶었습니다.

앞으로 진행과정에서 상호간에 협의와 조율이 필요한 부분이 있으리라 생각하지만, 지금처럼만 체코 관계자 여러분께서 도와주신다면, 순조롭고 성공적으로 신공장을 건설할 수 있을 것이라 확신합니다. 저희 넥센타이어 역시 체코의 고용창출과 경제 활성화를 위해 책임을 다해 나가겠습니다.

끝으로 귀한 시간을 내어 이번 투자 조인식에 참석해주신 관계자 여러분께 감사드리며, 앞으로 진행될 넥센타이어 유럽 신공장의 성공적인 건설과 체코의 무궁한 발전을 진심으로 기원합니다.

감사합니다.

― 체코 속담처럼
'행복은 자기가 찾는 것!'

2015. 2.
체코 총리 부산 방문 환영식 건배사

　　　　보후슬라프 소보트카 체코 총리와 여러 각료, 경제인 여러분의 부산 방문을 진심으로 환영합니다. 저는 지난해 6월, 체코 자테츠 지역에 넥센타이어 체코공장을 건설하기 위한 투자협정을 총리님과 조인한 바 있습니다. 양국의 경제협력과 우호 증진을 위해 악수를 나누었던, 낯익은 총리님을 부산에서 다시 뵙게 되어 기쁩니다.

　체코는 역사가 오래 되었고, 문화와 예술이 세계적 수준이며, 일찍이 공업화를 이루었던 나라입니다. 특히 공산주의 체제에서 벗어난 1990년 이후 시장경제 체제를 받아들여 동유럽 국가 가운데 체제 변혁에 가장 성공한 나라로 손꼽힙니다.

　체코의 수도 프라하 공항은 한국의 대한항공이 투자하여 한국어 안내문이 설치될 정도로 양국 교류의 상징이 되었으며, 수많은 한국 관광객들이 유럽의 보석인 체코를 찾고 있습니다.

　'행복은 자기가 찾는 것'이라는 체코의 속담이 있습니다. 총리님의 이번 방문이 대한민국은 물론 부산과의 인적·물적 교류를 더욱 활발히 하는 계기가 되기를 기대합니다.

　그런 의미에서 건배를 제의하겠습니다.

　체코와 대한민국, 그리고 부산시의 우정과 공동번영을 위하여!

전 세계인이 동경하는 친환경 공장을 꿈꾸며

2015. 2.
체코 총리 방문 환영사

존경하는 보후슬라브 소보트카 총리님, 그리고 체코 정부 관계자 여러분. 바쁜 일정에도 불구하고 오늘 이처럼 저희 넥센타이어 창녕공장을 방문해주신 것을 진심으로 환영하며, 감사의 말씀을 드립니다.

여러분이 서 계신 이곳 창녕공장은 60헥타르 부지에 세워진 세계 최고의 최첨단 타이어 제조 공장입니다. 70여 년의 역사를 자랑하

는 저희 넥센타이어는 대한민국 대표 타이어 회사로서 한국과 중국에 총 3개의 공장을 두고 있으며, 금번 체코공장 건설로 글로벌 타이어업체로 거듭날 수 있을 것이라 확신합니다. 저희 넥센타이어는 이번 체코공장 건설로 1천여 명 이상을 채용할 예정입니다. 또한, 지역사회 발전에 공헌하며, 기업의 이익을 지역에 환원하는 회사로 거듭나겠습니다. 근로자들이 정말 일하고 싶어 하며 역량을 마음껏 발휘할 수 있는 체제를 만들어 전 세계인이 동경하는 꿈의 공장으로 만들어갈 것입니다. 아울러, 당사에서는 올 10월 기공식을 목표로 전력을 다할 것이오니, 순조로운 환경 영향 평가 및 인허가 획득을 위한 적극적인 지원 부탁드립니다.

오늘 이 자리는 체코 정부와 저희 넥센타이어의 적극적인 협력을 다짐하는 뜻 깊은 자리가 될 것입니다. 창녕공장 투어를 통해 넥센타이어의 미래 성장 동력을 직접 눈으로 확인하시고 더불어 체코 신 공장의 모습도 그려볼 수 있는 시간이 되길 희망합니다.

끝으로 귀한 시간을 내어 창녕공장을 방문해주신 총리님 이하 관계자 여러분께 다시 한 번 감사의 말씀을 드리며, 앞으로 진행될 넥센타이어 체코 신 공장의 성공적인 건설과 체코의 무궁한 발전을 진심으로 기원합니다.

감사합니다.

― 세계 최고 기술력으로
   체코 경제에 기여할 터

2015. 10.
체코 자데츠 공장 기공식

존경하는 보후슬라프 소보트카 총리님, 체코 정부 관계자 여러분, 그리고 고객사 및 내외 귀빈 여러분. 오늘 바쁘신 가운데도 불구하고, 넥센타이어 체코공장 기공식에 참석해주신 여러분께 깊은 감사의 말씀을 드립니다. 또한 오늘 기공식이 있기까지 물심양면으로 많은 도움을 주신 소보트카 총리님을 비롯한 체코 정부 내각, 그리고 모든 관계자 여러분들께도 이 자리를 빌려 각별한 감사의 인사를 드립니다.

저희 넥센타이어는 올해로 70년이 넘는 역사를 자랑하는 대한민국 대표 타이어 회사로 한국과 중국에 3개의 공장을 두고 있으며, 전 세계 130개국에 제품을 판매하고 있는 세계타이어업계 18위의 글로벌 기업입니다. 한국의 중앙연구소를 비롯해 미국, 독일, 중국에 R&D센터를 운영하고 있으며, 현재 직원 6천여 명이 근무하는 매출 2조원 규모의 회사입니다.

이번 체코공장 투자는 유럽 시장 수요 증가에 따른 판매 확대와 스코다, 폭스바겐, 르노, 피아트 등 유수의 글로벌 자동차 메이커에 안정적인 타이어 공급을 위해 추진하게 되었습니다. 체코는 전체 제조업 가운데 자동차 산업이 20% 이상을 차지하고 있는 자동차 산업의 강국으로, 유럽 최대 시장인 독일, 프랑스, 영국 등에 대한 접근성이 좋으며, 유럽의 블루오션으로 떠오르고 있는 동유럽시장으로의 교두보도 마련할 수 있는 훌륭한 입지조건을 가지고 있습니다.

특히 신 공장이 건설될 자테츠 지역은 인력의 조달을 비롯해 각종 배후 여건이 잘 갖춰져 있는 곳으로, 반경 400킬로미터 이내에 약 30여 개 자동차 메이커가 위치해 있어 신차용 타이어 공급에도 최적의 조건을 갖추고 있습니다. 이러한 훌륭한 입지 조건을 갖춘 체코에 저희 넥센타이어의 네 번째 공장을 짓게 된 것을 매우 기쁘게 생각하며, 간략한 투자 진행 계획과 향후 비전에 대해 말씀드리겠습니다.

체코공장은 65만 제곱미터 부지에 총 1조 원 이상의 투자가 이루어지며, 세계 최고 품질의 제품을 생산할 최첨단 자동화 공장으로 건설될 것입니다. 또한 넥센 70년의 기술력과 노하우가 응집될 체코공장에 자체 R&D 센터도 구축하여 현지 우수인력 채용과 최첨단 시험 설비 도입 등 연구 개발에 대한 투자 강화를 통해 세계 최고의 기술 경쟁력을 확보 할 계획입니다. 이렇듯 신 공장은 타이어 생산 기지일 뿐만 아니라 타이어 산업의 미래를 혁신할 넥센타이어의 핵심동력으로써 글로벌 시장을 선도하는 타이어 생산과 기술력의 메카가 될 것입니다. 이 밖에도 1,000여 명 이상의 인력 채용을 통해 체코의 고용 창출과 경제 활성화에 기여함은 물론, 지역사회의 동반자로서 기업의 책임을 다해 나갈 것입니다.

존경하는 내외 귀빈 여러분. 체코공장의 건설은 넥센타이어의 제2의 도약을 알리는 중요한 모멘텀이 될 것이며, 이를 토대로 저희 회사는 세계적인 기업들과 어깨를 나란히 할 진정한 글로벌 톱 기업으로 나아갈 것입니다. 이에 대한 성공 여부는 이 자리에 참석해 주신 여러분들의 애정 어린 관심에 달려 있다고 해도 과언이 아닐 것입니다. 오늘 기공식을 시작으로 체코공장이 조기에 완공될 수 있도록 체코 관계자 여러분, 그리고 지역주민 여러분의 아낌없는 성원과 지원을 부탁드립니다. 저 역시 회사의 최고 경영자로서 신 공장이 체코뿐만 아니라, 세계 최고의 최첨단 공장으로 지어질 것이란 점을 약속드리며, 공장 건설에 매진해 나가겠습니다.

아울러 멀리서 찾아 주신 고객사 여러분께도 완벽한 품질의 제품과 서비스를 통해 성원에 보답하고자 노력해 나갈 것을 약속드립니다. 끝으로 귀한 시간을 내어 이번 기공식에 참석해주신 내외 귀빈 여러분께 다시 한 번 감사를 드리며, 앞으로 진행될 넥센타이어 유럽 신 공장의 성공적인 건설과 체코의 무궁한 발전을 기원합니다.

유럽에 선보일 체코공장은 글로벌 기업 도약 시험대

2018. 08.
체코공장 상량식 기념사

　안녕하십니까. 넥센타이어 임직원 및 건설 관계자 여러분! 한해를 시작한 지가 엊그제 같은데, 연일 지속되던 불볕 같은 무더위도 지나가고 어느덧 결실의 계절이 다가오고 있습니다.
　오늘은 우리 회사의 미래 신 성장 동력이 될 유럽공장의 상량식을 가지는 매우 뜻깊은 날입니다. 지난해 4월 공사를 시작한 이래 1년

넥센타이어 체코공장

4개월 만인 현재, 공장은 그 웅장한 모습과 위용을 드러내고 있으며, 넥센산업단지 조성과 아울러 그 결실을 눈앞에 두고 있습니다. 먼저 오늘의 상량식이 있기까지 많은 어려운 여건 속에서도 불철주야 최선을 다하여 공장 건설에 힘써주신 건설 관계자 및 임직원 여러분의 노고에 심심한 위로와 감사의 말씀을 드립니다. 여러분께서도 아시는 바와 같이, 현재 우리나라의 국력이 하루가 다르게 나날이 신장되고 있고, 유럽 내 자동차 및 타이어 시장에서 빛나는 성장을 이루고 있습니다.

지금의 유럽공장의 투자는 이러한 외부적 요인과 변화를 적극 활용하여 시의 적절한 시점에 이루어진 우리의 발전된 미래를 위한 준비라고 할 수 있습니다. 대규모 투자를 통한 유럽공장 건설은 우리 넥센타이어의 운명을 좌우할 중차대한 프로젝트이며, 진정한 글로벌 기업으로의 도약이라는 새로운 시대의 개막을 알리는 중요한 역할을 할 것입니다.

또한 규모의 확장으로 대한민국을 대표하는 최고의 회사, 더 나아가 세계적인 글로벌타이어회사와 어깨를 나란히 할 수 있는 기반을 마련하게 되었다고 말씀드릴 수 있습니다. 오늘 우리가 올리는 이 대들보는 앞으로 회사의 든든한 버팀목이 되어 외부로 부터의 비바람을 막아줄 것입니다. 하지만 최첨단 설비, 친환경 시설을 가진 유럽공장의 준공과 가동은 막연한 기대감과 안일한 사고로는 성공할 수가 없습니다. 여러분들의 판단이 회사의 운명을 좌우할 수 있다는 사명감을 가지고, 창녕공장의 노하우를 기반으로 한 유럽공장의 조기 가동과 정상화를 통해 어떤 선진기업에도 뒤지지 않는 핵심 경쟁력을 확보할 수 있도록 최선을 다해 노력해야 할 것입니다. 회사 역시 금번 유럽공장 건설이 계획된 기간 내에 성공적으로 진행될 수 있도록 모든 지원을 아끼지 않을 것입니다.

끝으로 오늘의 상량식이 있기까지 노력해주신 건설 관계자와 임직원 여러분의 노고에 재차 감사드리며, 유럽공장 가동이 우리 회사 역사에 한 획을 긋는 중요한 성공의 전환점이 될 것이라는 믿음과 확신을 가지고 건설의 마무리까지 노력해주실 것을 당부 드립니다. 모쪼록 남은 기간 여러분의 안전과 건강에도 유의하시길 바랍니다.

감사합니다.

─ 세계로 나아갈
연구개발의 허브

2019. 4.
마곡 중앙연구소 더 넥센유니버시티 준공식

　마곡중앙연구소 준공식에 참석해주신 내외 귀빈 여러분. 공사 다망하신데도 귀한 시간을 내주시고, 축하해주신 데 대해 깊은 감사의 인사를 드립니다.

　일제 중고트럭 수입에서 시작하여 용달차 판매, 그리고 흥아타이어를 거쳐 넥센타이어의 오늘에 이르기까지 경영 일선에서 보낸 지 꼭 55년 세월이 흘렀습니다. 돌이켜보면 외환위기 IMF사태 발생 직후 큰 고비를 겪었습니다.

　부산이 동남권의 금융 중심 도시가 되어야 한다는 일념에 여러 금융회사에 투자하였다가 쓴맛을 보았습니다. 한편으로는 주변의 지인들이 말렸던, 부실기업 우성타이어를 인수해 넥센타이어를 세계에 자랑할 수 있는 우량기업으로 탈바꿈시켰습니다.

　넥센타이어는 본사인 양산에 이어, 중국 칭다오, 그리고 창녕에 친환경 최첨단 시설을 갖춘 공장을 가동 중이며, 유럽의 세계적인 완성차 업체에 공급할 제품을 생산하는 체코 자데츠 공장을 가동 중입니다. 또 독일 켈크하임 연구소, 중국 칭다오 연구소에 이어 미국 오하이오 연구소가 설립되었으며, 이곳 마곡 중앙연구소가 준공됨에 따라 '연구 개발의 허브' 역할을 수행할 수 있게 되었습니다.

전기자동차용 타이어 등 최첨단 친환경 타이어가 이곳 연구진에 의해 개발되어 세계로 나아갈 것입니다.

세상에는 하루가 멀다 하고 새로운 기술과 경영기법이 선보입니다. 기업도 참신한 아이디어와 패기 넘치는 도전정신으로 이끌어야 합니다. 저도 아들인 강호찬 부회장에게 보다 많은 기회와 역할을 줄 것입니다. 관심을 갖고 지켜보아 주시기를 당부 드립니다. 넥센타이어의 자랑인 투명경영과 사회공헌 활동은 변함없이 계속될 것입니다. 일자리 창출과 수출보국으로 국민 경제 발전에 기여함은 물론입니다.

마곡중앙연구소 준공의 기쁨을 주주 여러분, 고객 여러분, 그리고 임직원 여러분과 함께 나누었으면 합니다. 비록 부족한 소찬이나마 맛있게 드시고 즐거운 시간되시길 바랍니다.

대단히 감사합니다.

수상

끊임없이 혁신하는 기업으로 나아갈 것

2012. 7.
다산경영상 수상

　안녕하십니까. 먼저 이처럼 귀한 상을 주신 한국경제신문사 김기웅 사장님과 심사위원 여러분께 깊은 감사의 말씀을 드립니다.
　오늘 제가 받은 이 상은 대한민국의 산업발전을 위해 애쓰고 계시는 수많은 기업인을 대표해서 받는 상이라고 생각합니다. 저 개인적으로도 이런 큰 상을 수상하게 되어 매우 영광스럽게 여기고 있습니다.
　저에게는 이번 수상이 다산 정약용 선생의 사상을 되새기면서 기업인으로서의 삶을 되돌아보고, 스스로를 한 번 더 채찍질하는 계기가 되고 있습니다. 다산 선생은 현실의 문제점을 파악하여, 그 해결책을 고민하고 개혁방안을 제시한, 조선시대 최고의 실학자이자 통찰력 있는 개혁가였습니다. 이러한 다산 선생의 시대를 선도하는 개혁적이고 혁신적인 사상은 기업을 경영하는 저희들뿐만 아니라, 현대를 살아가는 많은 사람들에게 큰 교훈이 되고 있습니다.
　평소 저는 돌다리도 두드려보고 건너는 꼼꼼하고 세밀한 스타일이면서도 한 번 확고한 판단이 서면 과단성 있게 빠른 의사결정을 하는 '스피드 경영'을 펼치고 있다는 평가를 받아왔습니다.
　스피드 경영으로 대변되는 넥센타이어 특유의 시장대응 능력은 대학교재에 소개되기도 했습니다. 처음 글로벌 시장에 M&A 매물로 나온 우성타이어를 인수하려 할 때 주변에서는 "타이어와 자동차용 튜브는 별개의 것인 데다 자금난으로 고전하는 회사를 인수했다가는 같이 위험해질 수 있다"며 말리는 분들이 많았습니다.

하지만 저는 우성타이어가 세계적 타이어 메이커인 미쉐린과 합작법인을 설립해 기술 제휴를 한 경험이 있는 기업으로, 제품의 품질과 기술력이 뛰어나고 직원들의 애사심 또한 높다는 부분에 주목했습니다. 그리고 무엇보다, 세계 타이어 시장의 성장성에 대한 확신이 있었습니다. 인수 당시 1,800여억 원에 불과했던 회사의 매출액은 지난해 1조 4,300억 원으로 8배가량 증가했으며, 매년 20%에 가까운 세계 타이어업계 최고 수준의 성장률을 기록하는 등 큰 성과를 이루어냈습니다. 2년이 지난 지금 넥센타이어는 '한국기업 M&A 사상 최고 모범사례'로 평가받게 되었습니다.

이러한 고(高)성장의 바탕에는 상호 신뢰를 바탕으로 한 임직원들의 노력이 있었습니다. 노사 간 상호 신뢰를 형성하기 위해 저는 '열린 경영', '투명 경영'을 실천해왔습니다. 매년 전 사원을 대상으로 경영설명회를 개최하고 있으며, 노사합동 워크숍과 현장 노사 간담회 등 다양한 노사협력 프로그램을 운영하고 있습니다. 이런 노력으로 2000년과 2006년에 노사문화 우수기업으로 선정된 바 있으며, 지난해에는 노사상생협력 우수기업으로 대통령 표창을 수상하는 등 20년 연속 무분규 사업장이라는 기록을 세웠습니다.

고성장을 할 수 있었던 또 하나의 중요한 원인은 다름 아닌 품질입니다. 대내외적으로 어려운 상황 속에서도 품질과 기술력 향상을 위해 지속적인 투자와 끊임없는 노력을 해왔기 때문에 고품질 경영체제를 구축할 수 있었습니다. 이렇게 해서 좋은 품질의 제품을 합리적인 가격, 고객 만족도가 높은 서비스로 제공하다 보니 자연스럽게 국내외 바이어들로부터 주문이 급증하게 됐습니다. 또 프로야구 넥센히어로즈 메인스폰서를 맡는 등의 다양한 마케팅 활동을 통해 국민들에게 친근한 이미지로 다가갔습니다. 이런 것들이 곧 실적으로 연결되었다고 생각합니다. 2009년에는 회사의 더 큰 도약을 위해 경남 창녕에 1조 2,000억 원의 대규모 투자를 결정하게 됐습니다.

그동안 대부분의 한국기업들은 공장부지 확보가 어려워 중국, 동남아 등지로 진출을 했습니다. 그 나라의 내수시장 공략을 목표로 한다면 진출하는 것이 맞지만, 그렇지 않다면 해외 생산기지를 고집할 필요가 없다고 판단했습니다. 일시적으로 땅값과 인건비가 차이 날 수는 있지만 생산성과 효율성을 따지면 단연코 국내 생산이 유리하다고 생각합니다. 게다가 한국에서 생산된 제품이라는 '메이드 인 코리아' 프리미엄은 수출에 큰 이점이 되고 있고, 국내에서 약 2,000여 명의 신규 일자리를 창출해 지역과 국가의 경제 활성화에도 이바지 할 수 있게 됐습니다.

이렇듯 기업인이 해외가 아닌 국내에 대규모 투자를 결정한다는 것은 경제적 성과를 우리 국민 모두와 나눈다는 의미도 크다고 하겠습니다. 올해 3월부터 가동에 들어간 창녕 신 공장은 최첨단 타이어 설비의 집합체라 말할 수 있는, 세계 최고의 타이어 공장으로 전 세계 완성차 및 타이어 업계의 비상한 관심을 끌고 있습니다.

특히 국내 완성차 업체 쪽으로 중대형 차량용 신차 타이어 공급이 늘어나고 있으며, 올해 이탈리아 '피아트'와의 공급계약을 시작으로 향후 글로벌 완성차 업체 쪽에 신차 타이어 공급을 확대해 나갈 계획입니다.

지금 넥센타이어는 제2의 성장기를 맞이하고 있습니다. 그 위상에 걸맞은 새로운 기업문화의 정착을 위해 기업 이윤의 사회 환원에 노력하고 있습니다. 이윤만을 추구하고 사회에 무관심한 기업은 살아남을 수 없다고 생각합니다. 이런 관점에서 저는 2003년 월석선도장학회를 설립하여 현재까지 1,000명이 넘는 중·고등학생들에게 장학금을 지급해왔으며, 또 넥센월석문화재단과 KNN문화재단을 통해 교육·문화예술·학술의 창달을 위한 지원사업과 장학사업 등 각종 사회공헌 활동에 관심을 기울이고 있습니다. 앞으로도 지금까지의 성과를 토대로 사회 환원을 더욱 확대해나갈 계획입니다.

"좋은 모범을 찾아라. 훌륭한 선례를 본받아라. 하지만 그대로는 안 된다. 바꿔야 한다!"는 다산 정약용 선생의 말씀처럼 넥센타이어는 앞서 나가고 있는 선진기업들의 선례를 십분 활용하는 한편, 끊임없는 혁신으로 지속적인 성장을 해서 세상을 이롭게 하는 모범 기업이 되겠습니다. 저 역시 지금의 성과에서 멈추지 않고 보다 혁신적인 경영인으로 발전해 나가겠습니다.

끝으로 이렇게 좋은 상을 받게 해주신 여러분들께 깊은 감사의 말씀을 드리며, 다산경영상 수상자답게 글로벌 시장을 선도하고 국가의 경제발전에도 큰 기여를 하도록 최선의 노력을 하겠다는 약속을 드립니다. 감사합니다.

대훈장 부끄럽지 않게 봉사하겠다

2015. 11.
라이온스협회 무궁화 대훈장 수훈

여러분 안녕하셨습니까. 이인수 총재님을 비롯한 국제라이온스협회 355-A지구 회원 여러분, 만나 뵙게 되어 무척 반갑습니다.

국제라이온스협회는 미국 텍사스에서 출범한지 올해로 99년째이며, 전 세계 210개국 150여만 명이 회원으로 가입한 국제민간봉사단체입니다. 부산의 경우 45년 역사를 자랑하고 있으며, 1만 명에 가까운 회원들이 열정적으로 지역사회 봉사활동에 나서고 있습니

다. 이와 같은 세계적인 민간 봉사단체로부터 큰 상을 받게 되어 무척 영광스러우면서도 한편으로는 부끄러운 점은 없는지 저 자신을 되돌아보게 됩니다.

라이온스협회는 1925년 헬렌 켈러 여사의 요청으로 시각장애인 지원 사업을 시작한 이후 건강한 삶의 기회, 청소년에게 학습과 성장, 봉사의 기회, 지구와 세계인에게 원조를 제공하는 사업을 추진해왔습니다. 우리 부산지구만 하더라도 최근 장애인협회에 목욕봉사 차량 5대를 지원했고, 어르신들을 위한 무료급식소를 개설하였습니다.

기부와 봉사를 통한 '노블레스 오블리주'는 자본주의 사회를 더욱 건강하고 탄탄하게 만들어가는 밑거름이라고 할 수 있습니다. 저 자신도 월석부산선도장학회, KNN문화재단, 넥센월석문화재단을 설립하여 장학사업과 어려운 이웃을 돕는 나눔 활동을 해왔습니다. 라이온스 무궁화 대훈장이 부끄럽지 않도록, 더불어 살아가는, 모두가 사람답게 사는 세상을 만들어 가는 데 더욱 노력하겠습니다.

라이온스협회 부산지구의 무궁한 발전과 회원 여러분의 건승을 기원합니다. 큰 상을 받고, 또 여러분과 자리를 함께할 수 있어 무척 행복했습니다.

대단히 감사합니다.

― 눈바람 맞고도
싱싱한 상록수처럼

2015. 10.
한국상록회 '인간 상록수' 추대

    한국상록회 심양홍 대표님을 비롯한 전국의 상록수 가족 여러분, 그리고 이 자리에 참석하신 역대 인간상록수 여러분. 대단히 반갑습니다. 그리고 대단히 고맙습니다.

저는 오늘 이 자리에 나오면서 무척 영광스러우면서도 마음이 몹시 무거웠습니다. 여러모로 부족한 사람이 '인간 상록수'라는 영예로운 칭호를 받게 되어 가슴이 벅차오르면서도 부끄러웠기 때문입니다.

일제강점기 때 선각자 심훈 선생님께서 장편소설 〈상록수〉를 통해 농촌계몽운동과 민족자립을 부르짖은 지 벌써 80년 세월이 지났습니다. 심훈 선생님의 정신을 이어받은 상록회가 1970년 오늘날의 한국상록회로 재탄생된 지 45년이 되었습니다. 그동안 우리나라는 남북분단과 동족상잔의 아픔을 겪으면서도, 산업화와 민주화 과정을 거쳐 세계 10위권의 경제대국으로 성장하였습니다.

우리가 이렇게 발전한 것은 공익을 우선하고 숨어서 봉사하는 3만 상록수 가족 여러분의 헌신적인 노력 덕분이었다고 생각합니다. 저는 그동안 기업인으로서 지역사회 발전을 이끌어내고, 어려운 이웃들을 돕고 청소년들을 위한 장학사업에 저 나름대로 힘을 보태왔습니다. 그러나 우리 사회에는 여전히 그늘진 곳이 많이 남아있습니다. 끼니나 치료비를 걱정해야 하는 노인이나 학비가 부족해 마음껏 공부하지 못하는 학생들이 여전합니다. 우리 사회가 소외된 이웃들을 따뜻하게 감싸안아야 합니다.

심훈 선생님은 소설 〈상록수〉에서 동네 어귀에 있는 상록수를 보면서 주인공의 입을 빌려 "오오, 너희들은 기나긴 겨울에 그 눈바람을 맞고도 싱싱하구나", "저렇게 시푸르구나"라고 표현하였습니다. 중국의 공자님도 "날씨가 추워진 이후라야 소나무와 잣나무의 푸름을 알게 된다"고 하였습니다. 어려운 환경 속에서도 지조와 절개를 지키며, 이웃과 사회, 국가발전에 이바지하는 상록수정신은 이 시대의 귀감이 될 것입니다. 늘 푸른 나무처럼, 변함없이 실천하는 상록수운동에 저도 미력하나마 동참할 수 있도록 노력하겠습니다.

대단히 감사합니다.

― 마음이 맑고 깨끗하면
   일은 저절로 풀린다

2016. 11.
동아대학교 개교 70주년 자랑스러운 동아인상 수상

19만 동문 가운데 각계각층에 훌륭하신 분들이 많은데, 이렇게 큰 상을 받게 되어 영광스러우면서도 부끄럽습니다. 저는 그동안 금탑산업훈장을 비롯해 각종 단체에서 시상하는 여러 상을 받았습니다. 하지만 개교 70주년을 맞이해 모교로부터 '자랑스러운 동아인상'을 받고 보니, 여태 받았던 그 어떤 상보다 기쁘기 그지없습니다.

저는 대학에 다닐 때 집안 사정이 어려워 학비를 조달하기 힘들었습니다. 고학을 하느라 6년만에야 대학을 졸업할 수 있었습니다. 그 시절의 땀과 눈물이 오늘날의 저를 있게 해준 원동력이 아닌가 생각합니다. 당시 용기를 불어넣어주고 위로를 아끼지 않으셨던 많은 은사님들에게 감사의 말씀 드립니다. 장학사업을 비롯해 여러 사회공헌 활동을 하게 된 계기도 눈물 젖은 빵을 먹었던 학창시절의 궁핍함에서 출발했다고 할 수 있습니다.

제 좌우명은『명심보감』의 '심청사달(心淸事達)'입니다. 즉 마음이 맑고 깨끗하면 일이 이루어진다는 뜻입니다. 동문 여러분, 힘들더라도 정도를 걸으며 열심히 노력하면 뜻한 바를 반드시 성취할 수 있습니다. 개교 70주년을 맞은 모교가 앞으로 70년, 나아가 700년 이상 명문 사학으로 일취월장하기를 기원합니다.

— 상생과 혁신으로 일궈낸
타이어 제조 글로벌 기업

2017. 10.
EY 최우수 기업가상 패밀리 비즈니스 부문 수상

    안녕하십니까? 넥센타이어 회장 강병중입니다.

  먼저 오랜 전통과 권위를 자랑하는 'EY 최우수 기업가상 시상식'에서 수상하신 모든 분들께 축하의 말씀을 전합니다. 그리고 이 자리에 설 수 있게 해주신 EY 한영의 서진석 대표님과 심사위원 여러분들께 깊은 감사의 말씀을 드립니다. 무엇보다, 우리나라에서는 처음 주어지는 '패밀리 비즈니스' 부문에서 수상을 하게 되어 굉장히 영광스럽고 감회가 새롭습니다.

  넥센타이어는 1942년에 설립되어 대한민국 최초로 자동차용 타이어를 생산하는 등 70년 넘게 쌓아온 노하우와 기술력, 그리고 국내외 생산 공장의 제조경쟁력을 바탕으로 포르쉐 및 글로벌 명차에 제품을 장착하는 등, 오늘날 140여 국가의 도로를 누비는 글로벌 기업으로 성장했습니다.

  되돌아보면, 이러한 성과의 중심에는 상생과 혁신의 조화가 있지 않았나 생각이 듭니다. 평소 기업은 안정적인 이윤 추구뿐만 아니라, 국민으로부터 신뢰 받고 국가 경제 발전에 이바지할 수 있어야 한다는 신념으로 살아왔습니다. 그리하여 넥센타이어는 26년 연속 무분규 사업장이라는 노사 협력과 상생을 바탕으로 세계 최고의 설비를 갖춘, 최첨단 친환경 타이어 공장의 건설과 고용노동부로부터 '고용창출 우수' 최다 수상 기업에 선정 되는 등 많은 노력을 해왔습니다. 또한 3개의 문화·장학 재단을 설립해 사회로부터 받은 사랑을 사회에 환원하며, 더불어 살아가고자 여러 가지 방법으로 나눔 경영도 실천하고 있습니다.

이와 함께 대표이사인 강호찬 사장은 다양한 전략을 통해 끊임없는 혁신과 변화를 시도하고 있습니다. 세계 최초로 타이어를 고객 서비스와 결합한 '넥스트레벨'이라는 렌탈 사업을 런칭하였으며, 여러분이 잘 아시듯 국내에는 프로야구단 넥센히어로즈와 해외에서는 프리미어리그의 맨시티를 후원하는 등 고객에게 다가가는 방법을 과거와는 다르게 접근하고 있습니다. 타이어라는 제품으로 새로운 가치를 만들어내는 시도, 이러한 혁신적인 마인드로 회사를 한 단계 더 키워나가고 있는 강호찬 사장이 자랑스럽고, 앞으로 넥센타이어의 미래 또한 더욱 기대됩니다.

『명심보감』에 '심청사달(心淸事達)'이라는 말이 있습니다. '마음을 비우면, 모든 일이 잘 된다'는 의미로, 저는 항상 이 뜻을 되새기며 생활하고 있습니다. 가끔 주말에 골프를 치러 나가는데, 낮은 자세로 마음을 비우고 공을 쳐야 만이 좋은 스코어를 낼 수 있습니다. 그래서 이름 지은 게 '천고마비 타법'이라고 '천천히, 고개 들지 말고, 마음을 비운다'라는 자세로 골프를 대하게 되었습니다. 인생살이도 기업을 경영하는 것도 마찬가지라 생각합니다. 너무 과한 욕심을 가져도 안 되고, 너무 서둘러도 아니 되고, 잘났다고 으스대도 안 됩니다. 어떤 위치에 있든, 어떤 상황에 있든 냉정하게 자신을 바라볼 수 있는 소양이 앞으로의 인생과 사업을 풍성하게 가꾸어 줄 것이라 생각합니다.

마지막으로 이 자리에 서게 해주신 모든 분들께 다시 한 번 감사의 인사를 드리며, 지금까지의 성과에 안주하지 않고, 넥센타이어를 최고의 품질로 고객을 감동시키는 기업으로 성장시킬 수 있도록 더욱 노력하겠습니다.

감사합니다.

EY상 EY기업가상은 남다른 비전으로 성공을 일군 기업가들의 노력과 열정, 성과를 기리고 전 사회에 기업가 정신을 고취, 확산하고자 1986년 미국에서 처음 시작됐다. 현재 약 50개 국가, 140여 개 도시에서 개최되는 세계 최대, 최고 권위의 글로벌 경영대상으로 평가받는다.
독립적인 심사위원단이 6개월여에 걸쳐 기업가 정신, 가치 창출, 전략적 방향, 국내 및 세계적 영향력, 혁신성, 개인적 품성 및 리더십에 따라 엄정한 심사를 한다. 패밀리 비즈니스상은 대를 이어 성공적으로 기업을 이끈 기업가에게 주어진다.

一 투명한 경영이
기업 키운다

2017. 12.
김해상공회의소 대훈장 수상

      류진수 김해상공회의소 회장님을 비롯한 기업인 여러분 안녕하셨습니까. 가락국의 찬란한 전통을 이어받은 김해시 상공인들의 경제단체인 김해상공회의소로부터 대훈장을 받게 돼 무척 영광스러우면서도 감회가 새롭습니다.

      김해는 인구가 53만 명을 넘어섰으며 끝없이 성장하고 발전하고 있습니다. '가야 왕도 김해'라는 도시 브랜드를 내세워 문화와 관광, 교육도시라는 새로운 이미지를 구축해가는 중입니다. 경남에서는 가장 역동적인 지역이며, 창원을 추격하는 도시가 되었습니다.

      저출산과 고령화 현상으로 지방소멸이라는 용어가 나올 정도로 수도권을 제외한 지방 도시들은 생존을 염려해야 하는 처지인데, 김해의 발전은 괄목할만 합니다. 김해시의 성장과 발전은 이 자리를 함께해주신 기업인 여러분들이 씨앗을 뿌리고 물을 주며 가꾸었던 노력 덕분입니다. 김해에서 30여 년 동안 기업을 경영해온 사람으로서 감개가 무량합니다.

      지금부터 제가 걸어온 길을 간략하게 소개드리고, 경영철학이라고 할까 기업 경영의 주안점을 말씀드리겠습니다. 저는 1939년 경남 진주시 이반성면에서 태어났습니다. 500석 이상 농사를 짓던,

시골에서는 부잣집이었습니다. 세 살 때 어머니가 돌아가시고 중학생 때 아버지가 작고하였습니다. 자유당 시절 농지개혁을 하는 바람에 논밭은 소작인들에게 돌아갔고, 농지증권은 집안 어른이 사업을 한다며 모두 날려버렸습니다. 가세가 기우는 바람에 힘들게 공부하였습니다. 마산고등학교를 거쳐 군복무를 마치고 부산 동아대 법대에 입학하였습니다. 돈을 벌어가며 학교에 다니느라 고시공부를 제대로 하지 못하고, 6년 만에야 대학을 졸업하였습니다.

대학 졸업 후 지금의 아내인 이웃마을 아가씨와 결혼하였습니다. 처삼촌 두 분이 일본에서 사업을 하고 있었는데, 그 인연으로 중고 화물자동차를 일본에서 수입하여 판매하였고, 직접 운영하는 운수회사도 차렸습니다. 옥정산업과 옥정운수입니다. 또 일본에서 목격했던 바퀴가 세 개 달린 일명 삼발이 자동차를 기아산업에 제조 의뢰하여 용달차라고 이름을 짓고 부산의 좁은 골목길이나 이면도로에서 운행하였습니다. 당시 운수회사의 수입은 적지 않았지만 타이어 수리와 교체에 지출이 많았습니다. 이런 계기로 타이어 제조업에 진출하게 되었습니다.

타이어 재생공장을 넘겨받아 '홍아타이어 주식회사'를 차렸습니다. 자동차 튜브를 본격 생산하여 기아산업 등에 납품하고 중동에 수출하였습니다. 이때 일본 스미토모 고무에 납품하게 되었는데, 보름쯤 지나자 사장과 공장장, 품질 책임자를 일본에 오라고 연락이 왔습니다. 우리가 보낸 제품을 사진을 찍어 파워포인트에 올려놓고 보여주면서, 타이어는 인명과 관계되는 제품인데, 타이어의 한쪽은 두껍고 다른 한쪽은 얇다, 접촉부분이 잘못되었다는 것입니다. 품질이 얼마나 중요한지 뼈저리게 느낀 계기가 되었습니다.

그래서 그들을 설득하여 기술제휴를 맺어 기술 지도를 받게 되었습니다. 그 후 스미토모에 계속 수출하였고, 미국시장에도 진출하였습니다. 특히 미국시장에서는 미국 제품의 30% 가격에 불과하여 인기를 얻었습니다. 미국의 타이어 쇼와 독일 에센 타이어 박람회에 참가하면서, 굿이어나 파이어스톤 같은 유수의 타이어 제조업체에 수출하게 되었습니다. 부산 남천동에서 시작한 홍아타이어 공장이 반여동으로 옮겨졌고, 다시 공장 확장의 필요성이 제기돼 김해 안동공단 2만평 대지에 단일공장으로는 세계 최대 규모의 공장을 지었습니다. 1986년의 일입니다. 그 공장이 넥센타이어의 모기

업인 ㈜넥센입니다.

　김해에 자리 잡고 있을 때 부산상의 회장에 당선돼 3연임하게 되었고, 금융그룹을 세울 계획으로 경남리스와 제일투자신탁을 설립하였습니다. 1980년대 후반 1억 달러 수출을 했는데, 당시로서는 큰 금액이었습니다. IMF 외환위기 직후 부실기업인 우성타이어를 인수해 넥센타이어라는 초우량기업으로 환골탈태시켰습니다. 그러므로 김해는 제가 기업인으로서 성장하는 기반이 된 지역입니다. 이 자리에 선 감회가 더욱 새로울 수밖에 없습니다.

　㈜넥센 김해공장은 한일합섬, 금성사 김해공장이 문을 닫은 이후 종업원이 가장 많았던 업체였습니다. 지금은 류진수 회장님의 공장이 규모가 가장 큰 것으로 알고 있습니다. ㈜넥센 김해공장은 인건비 문제로 종업원을 더 줄여야 하는 형편인데 지난해와 올해 퇴직자가 한 명도 없었습니다. 중국에서 벌어와 김해를 지원하는 형편입니다. 성장 가능성이 높은 품목을 중심으로, 또 새로운 성장동력을 찾아 김해 지역경제에 도움이 되도록 할 계획입니다.

　IMF 외환위기 직후 우성타이어를 인수했습니다. 우성타이어가 부실했던 까닭은 관리 부재와 영업 정책, 연구 개발 기능의 취약 때문이었습니다. 품질 극대화와 브랜드 가치 키우기에 나섰습니다. 라스베이거스의 세마 쇼, 독일 에센 쇼, 중국 상하이 모터 쇼, 이탈리아 블로니아 모터 쇼 등 세계적인 박람회에 참가하였습니다. 3개월 만에 법정관리에서 벗어났고, 1년 만에 흑자로 전환시켰습니다.

　2000년 2월 넥센타이어로 이름을 바꾸었습니다. 인수 당시 1,500억 원이었던 연간 매출이 지금은 1조 8,000억 원 규모로 늘어

비약적 성장을 이루었습니다. 중국 칭다오 부산 전용공단에 넥센타이어 공장을 건설하여 생산하고 있습니다. 중국은 한 해 생산·판매되는 차량이 2010년 기준 1,800만 대로 우리나라 전체 자동차 수와 비슷합니다. 2012년 준공된 창녕공장은 1조 2천억 원을 투입하여, 유럽·일본·미국의 최신 최첨단 친환경 설비를 갖추었습니다. 공장 지붕에 태양광 발전 시설을 설치하여 전기를 생산하고 자연채광 시스템으로 내부를 밝게 바꾸었습니다. 기존 공장에서 2명이 하던 일을 창녕공장에선 1명이 하므로 생산성이 크게 높아졌습니다.

넥센타이어 공장이 들어서자 창녕이 크게 바뀌었습니다. 경남의 농촌지역과는 달리 땅값이 오르고 인구가 늘어났습니다. 창녕지역 고등학교에 장학금과 교육기자재를 제공하고 취업도 시켰습니다. 지역사회 활성화에 도움이 되었으리라 확신합니다.

유럽 시장 공략을 위해 1조 2천억 원을 들여 체코 자테츠 지역에 약 20만 평 규모의 신공장을 건설 중입니다. 2018년 가동되면 폭스바겐, 스코다, 세코다 등 유수의 글로벌 자동차메이커에 안정적으로 공급할 수 있을 것입니다.

품질이 세계적 수준이 되지 않으면 세계시장에 나설 수 없으므로 연구 개발에 집중 투자하였습니다. 국내는 물론 외국에서까지 연구 인력을 대거 스카우트하였습니다. 최근 7~8년간 연구소 인원을 3배 이상 늘렸습니다. 몇 년 전 82명이던 연구 인력을 300명 이상으로 늘렸는데, 앞으로 500명 이상 확충할 계획입니다. 우수한 인재를 확보하기 위해 서울 마곡동에 연구소를 건립 중입니다. 국내뿐 아니라 미국, 중국, 독일 등지에도 해외 기술연구소와 연구

개발센터를 계속 세워서 지역별 특성에 맞는 제품을 개발하고 있습니다.

기업의 승패는 유능한 인재를 얼마나 확보하느냐에 달려있습니다. 친인척을 회사에 두지 않고 전문경영인에게 경영의 많은 부분을 맡겼습니다. 홍종만 부회장, 이현봉 사장 등 삼성 출신들이 회사를 쭉 맡아왔습니다. 관리능력이 뛰어나고 기술과 지식이 많았습니다.

투명 경영에 힘써 20년 동안 노사 분규 없이 협력적 노사관계를 구축하였습니다. 매년 초 국내 기업들 중 가장 먼저 주주총회를 열어 재무 상태와 경영 성과를 공개하였습니다. 회사의 경영 상태를 직원들이나 주주들은 물론, 일반인들도 쉽게 알 수 있게 매월 공개한 적도 있습니다. 이런 까닭에 투명 경영 우수기업, 대한민국 투명회계 대상, 재무혁신 기업 대상, 한국 CFO 대상 등 큰 상을 받았습니다.

스피드 경영에도 주력하였습니다. 지속적인 연구 개발로 품질 향상, 적극적 시장 개척, 대규모 생산 투자, 브랜드 키우기를 통해 복합적 시너지 효과를 냈습니다. 한국경영자협회로부터 가장 존경받는 기업인상, 다산경영상을 수상한 배경이 되었습니다. 『현대 경영학원론』이라는 책자에 '넥센타이어의 스피드 의사결정'이라는 제목으로 두 페이지에 걸쳐 소개되었습니다.

기업의 이윤을 사회에 환원하는 사회공헌 활동에 힘써왔습니다. 1995년 설립된 KNN문화재단과 2008년 설립된 넥센월석문화재단을 통해 부산·경남의 중고생들에게 장학금을 지급하고 오순절 평화의 마을 등 사회복지시설과 소외된 이웃들을 돕고 격려해왔습니다. 월석선도장학회를 통해 2003년부터 1년에 두 차례 청소년들에게 장학금을 지급해왔습니다. 김해상공회의소가 주신 대훈장에 걸맞게 기업경영과 사회공헌 활동에 더욱 노력하겠습니다.

04

모교사랑
고향사랑
팔십 평생

낡고 오래되었다는 의미의 숫자 100년이 아니라, 무르익어 원숙하고 모든 것을 갖추어 완성된 100주년을 지향해야 합니다. '100년 동행 캠페인'을 성공적으로 진행해 모교가 '톱 텐(10)'에 올라 빛나는 전통을 되찾고 재도약할 수 있는 전환점이 마련되기를 기대합니다.

> 동문

함께 달리고 소리치며
학창시절의 열정을

2008. 10.
마산고등학교 동문가족 체육대회

　사랑하는 재부 마산 고등학교 동문 여러분! 그리고 이 자리를 함께해주신 가족 여러분, 유난히 늦더위가 무덥게 느껴지던 여름도 지나가고, 이제는 아침저녁으로 제법 선선한 바람이 부는 가을입니다. 높고 푸른 하늘아래 가을 정취를 만끽할 수 있는 이곳 사직운동장에서 제29회 재부 동문가족체육대회의 성대한 막을 올리게 된 것을 매우 뜻 깊게 생각합니다.
　먼저, 바쁘신 일상생활 속에서도 이번 대회를 멋지게 준비해주신 노창환 재부동문회 회장님과 선후배님의 노고에 감사의 인사를 드립니다. 지금 이 자리에서 학창시절을 되새겨보니, 세월은 활시위를 떠난 화살과도 같이 빠르게 지나간 듯합니다. 하지만 오늘 반가운 여러분들의 모습을 뵙고 나니 마치 학창시절로 돌아간 듯한 느낌이 듭니다. 오늘 체육대회에서는 선후배, 너나 할 것 없이 함께 달리고, 함께 부딪히고, 함께 소리치며 과거 학창시절의 젊음과 열정을 나누는 함께하는 의미 있는 시간이 되었으면 합니다.
　사랑하는 재부 마산고등학교 동문 여러분! 저는 유구한 역사와 전통을 자랑하는 우리 마산고등학교의 동문 여러분들이 모교에서 갈고 닦은 실력과 재능을 아낌없이 발휘하며 지역과 국가의 발전에 이바지하고 있다는 사실을 몹시 자랑스럽게 생각합니다. 여러분들은 급변하는 정세에도 불구하고 그 변화에 적응하며 새로운 미래 창조의 주역이 되어왔습니다. 앞으로도 더욱 큰 애교심으로 마산고등학교 동문의 긍지를 널리 알리기를 부탁드립니다.

모쪼록, 오늘 재부 동문체육대회가 여러분들의 우정과 화합을 더욱 돈독하게 하는 즐겁고 유익한 시간이 되기를 바라며, 모교의 무궁한 발전과 동문 여러분 모두의 가정에 건강과 행복이 함께하시기를 기원합니다.

감사합니다.

― 폐교 늘어나는 안타까운 시골 현실

2017. 12.
반성중학교 총동창회 격려사

반성중학교 동창회원 여러분 안녕하십니까. 저는 반성중학교 출신이 아니어서 이 자리에서는 불청객입니다만, 이 학교를 졸업한 제 내자의 간곡한 요청이 있었던 데다, 이반성면이 제 고향이어서 고향에 가는 마음으로 참석하였습니다. 멀리는 서울이나 부산에서 천리 길을 멀다고 생각하지 않고 달려오신 여러분의 모교 사랑, 고향 사랑에 경의를 표하지 않을 수 없습니다.

옛날 시에 '호마의북풍 월조소남지(胡馬依北風 越鳥巢南枝)'라는 구절이 있습니다. '호나라에서 온 말은 호나라 쪽에서 북풍이 불어올 때 마다 고개를 들어 고향을 그리워하며, 월나라에서 온 새는 남쪽 가지에 둥지를 틀고 고향인 월나라를 바라본다'는 뜻입니다. 고향과 옛 친구를 그리워하는 것은 인지상정이 아닌가 생각됩니다.

반성중학교 동창회원 여러분!

예전에는 전교생이 1,800여 명이나 되었던 반성중학교가 이제는 115명에 불과하다고 합니다. 지난 2월 43명이 졸업하고 올 3월엔 42명이 입학하였습니다. 1970년대 24학급이었는데 이젠 일반학급이 6개에 불과합니다. 농촌 인구가 줄어드니 문을 닫은 폐교가 점점 늘어납니다. 머지않아 진주 주변의 군지역이 모두 사라질 위기라는 전망도 나옵니다.

 산업단지를 조성하고 관광자원을 발굴하여 일자리를 늘려야 합니다. 귀농 귀촌인구가 늘어날 수 있도록, 소득수준이 높고 복지시설을 갖춘 고장으로 발전시켜야 합니다. 여러분의 모교사랑, 고향사랑이 고향 발전으로 이어지길 기대합니다.

 올해 마무리 잘 하시고 새해엔 소원성취하시기 바랍니다. 오늘 즐거운 시간 되시고 내내 건강하십시오.

 감사합니다.

─ 싹은 위로 보내고
  뿌리는 아래로 가자

2018. 2.
이반성초등학교 졸업식 축사

　　고향인 이반성에 와서 여러분을 만나니 무척 반갑습니다. 이반성초등학교 87회 졸업식을 축하드립니다.

　이반성초등학교는 학교숲인 봉암림과 잔디연못인 풍욕담을 갖춘 아름다운 학교입니다. 골프, 탁구, 기타, 풍물, 외국어 등 방과후활동이 그 어느 학교보다도 재미있고 다양합니다. 전국 100대 교과과정 우수학교에 선정되었을 정도로 지, 덕, 체를 모두 갖춘 어린이로 성장시켰습니다. 오창근 교장선생님을 비롯한 선생님들의 노고에 감사드립니다.

　다만 30여 명 이상이던 졸업생 숫자가 이제는 한 자리수로 줄어들어 안타까울 뿐입니다. 졸업생 여러분들이 훌륭한 인재가 되어 고향이 발전하고 모교에 많은 후배들이 올 수 있도록 노력해주십시오.

　졸업생 여러분! 중국의 공자님은 15세에 학문에 뜻을 두었다고 하셨습니다. 이제 중학생이 되면 다양한 체험활동을 하고 책을 많이 읽어 아름다운 미래를 위해 꿈을 키우고 실현해 나가십시오.

　교직원 여러분! 소파 방정환 선생님은 "싹은 위로 보내고 뿌리는 밑으로 가자"라며 미래 세대를 위한 교육의 중요성을 강조했습니다. 여러분의 열성과 노력은 나라를 위한 밑거름이 될 것입니다.

ㅡ 적극적이며 긍정적 자세가 사회생활의 기본 덕목

2006. 10.
동아대학교 졸업생에게 보내는 영상 메시지

안녕하십니까, 졸업생 여러분. 저는 넥센타이어 회장 강병중입니다. 또한 동시에 여러분의 선배이기도 합니다. 오늘 졸업식을 맞이하신 여러분들께 진심으로 축하의 말씀을 드리며 이렇게 영상메시지를 보낼 수 있게 된 것을 기쁘게 생각합니다.

졸업생 여러분, 여러분은 이제 대학이라는 울타리를 벗어나 사회로의 진출이라는 중요한 시점에 서 있습니다. 지금까지 대학에서 배운 것을 기반으로 새로운 것에 스스로 도전하여 터득하는 능동적이고 주도적인 자세로 모든 일에 임해야 할 것입니다. 여러분들이 대학에서 경험했던 각종 시행착오는 학교에서는 묵인이 되고 용인이 되었습니다. 그러나 이제부터 여러분들이 시작하는 사회라는 곳은 실수가 용납되지 않습니다. 여러분들은 철저한 결과 위주로 여러분들의 능력을 평가하는 냉혹한 현실에서 새로운 도전에 직면하게 될 것입니다. 새로운 환경에의 도전은 어떠한 자세로 임하느냐에 따라 매우 다른 결과를 얻게 될 것입니다.

여러분들이 사회생활을 함에는 적극적이고도 긍정적인 자세, 남을 인정해주는 자세, 새로운 것을 추구하는 창조적인 자세, 나의 것을 남에게 기꺼이 양도해주는 봉사의 자세가 사회에 진출하면서 가져야 할 기본 덕목이라고 할 것입니다.

　졸업생 여러분, 인생은 짧습니다. 여러분들은 빨리 여러분들이 해야 할 일을 찾아야 하고, 몰두하고 열중할 수 있는 일에 인생의 시간을 담아야 합니다. 그러기 위해서는 다소 힘들고 짜증나는 일이 있더라도 그것을 극복하지 않으면 안 되는 것입니다. 자신의 일을 사랑하고 시간을 낭비하는 일에 자신을 소모시키지 말아야 한다는 뜻입니다. 아무쪼록 졸업생 여러분은 숭학인으로서의 자긍심을 가지고 모든 일에 인내하며 멀리 내다보고, 넓게 계획하고, 여러분이 가진 무한한 능력과 자신감을 가지고 각자가 설정한 목표를 향해 힘차게 전진하시기 바랍니다.

　그리고 오늘 졸업생 여러분이 있기까지 키워주신 부모님과 여러 교수님들께 진정 힘찬 박수로 감사의 마음을 표현하시기 바랍니다. 다시 한 번 여러분의 졸업을 축하드리며 졸업생 여러분의 앞날에 밝고 희망찬 미래가 펼쳐지기를 기원합니다.

　감사합니다.

19만 동문 단합하여 새로운 도약 이루자

2016. 11.
동아대학교 비즈니스포럼 특강

정휘위 동아학숙 이사장님, 한석정 총장님, 그리고 비즈니스포럼 회원 여러분, 이 자리에 함께한 재학생 여러분 안녕하셨습니까. 동아대학교 개교 70주년을 기념하는 비즈니스포럼에서 여러분을 뵙고 말씀을 드리게 되어 무척 영광으로 생각합니다.

저는 모교의 70년 발자취를 되돌아보며 대학 당국과 동문 여러분께 당부의 말씀을 드린 뒤, 타이어 제조 외길을 걸어온 저의 인생행로와 기업관을 소개하고자 합니다. 동아대 설립자이신 석당 정재환 초대 총장님은 동좌문도(同坐問道), 즉 스승과 제자가 함께 앉아 올바른 길을 묻는다는 건학이념에 따라 대학의 초석을 다졌습니다. 석당 선생님께서는 법무부 차관을 지낸 법조인이면서 뚜렷한 교육관을 지녔던 분이십니다. 나라의 동량이 될 훌륭한 인재를 육성하기 위해 안호상 박사, 노산 이은상 시인, 이선근 박사 같은 서울 지역의 뛰어난 교수님들과 명사들을 초빙하여 특강을 하게 하였습니다. 또 사람을 알아보는 혜안을 가지셔서 장래가 촉망되는 재학생이나 졸업생에게까지 따뜻한 격려와 조언을 아끼지 않으셨습니다.

그리하여 조무제 전 대법관을 비롯한 수많은 법조인과, 박관용 전 국회의장 등 여러 정치인들, 정순택 전 청와대 교육문화수석, 하윤수 부산교육대 총장을 비롯한 많은 교육자들을 배출하였습니다. 경제계에는 신춘호 ㈜농심 회장, 이장호 전 BS금융지주 회장, 성세환 부산은행장 등 많은 동문 기업인들이 활약하고 있습니다.

우리 동아대가 한국체육 발전에 미친 영향 또한 지대하였습니다. 해방 이후 최초의 올림픽 금메달리스트 양정모 선수를 비롯, 하형주 선수 등 올림픽과 아시안게임에서 수많은 메달리스트를 배출하였습니다. 해방 직후의 혼란기와 6.25전쟁의 시련 속에서 대학이 시작하였지만, 1954년 구덕캠퍼스, 1978년 승학캠퍼스가 조성되었으며, 1990년 부속병원이 개원되었고, 2003년 부민캠퍼스까지 조성돼 3원 체제를 갖추었습니다.

그러나 대학이 외형적 발전을 하는 동안 내부적으로는 멍이 들기 시작하였습니다. 학내분규가 계속되고 재단의 내홍이 거듭돼 도무지 침체의 늪에서 빠져나오지 못했습니다. 참으로 가슴 아픈 일이 아닐 수 없었습니다. 몇 해 전 비리에 연루된 사람을 총장에 임용하여 대학 구성원과 동문 사회에 엄청난 치욕을 안겨주고, 모교의 위상을 추락시킨 적이 있었습니다. 다시는 이런 일이 되풀이 되어서는 아니 됩니다.

친애하는 동아 가족 여러분!

한강 이남 최고의 명문 사학이라는 찬란했던 전통만을 언제까지나 자랑할 수는 없습니다. 동아대의 위상이 예전과는 많이 달라졌기 때문입니다. 많은 인재들이 수도권 대학에 집중되는 데다, 후발 대학들의 추격이 거세졌습니다. 올해 중앙일보가 실시한 대학평가에 따르면 지역 사립대학 가운데 영남대가 1위를 차지했고, 울산대가 2위에 올랐습니다. 영남대는 다양한 장학금 제도 덕분에, 울산대는 외부 연구비가 특히 많았습니다. 우리 동아대는 이 평가에서 10위권에도 들지 못했습니다.

서울의 한양대는 연구와 교육 모든 분야에서 실용성에 초점을 맞추어 종합평가 2위에 올랐습니다. 기업 인사담당자가 신입사원으로 뽑고 싶은 대학 설문에서 이공계 분야는 서울대에 이어 2위를 차지했습니다. 부산 동서대의 도약도 주목할 만합니다. 넥센타이어학과라는 특화된 학과를 신설하고, 중국에 발 빠르게 진출한 것도 재단이사장과 총장이 대학 발전을 위해 발 벗고 나섰기 때문입니다. 실효성은 미지수입니다만, 최근 동서대는 경성대와 대학시설과 교수, 강좌를 공유하는 동반협정을 맺었습니다. 우리 동아대는 그동안 무엇을 했는지 묻고 싶습니다. 모교가 변화와 혁신을 시도하지 못하고, 과거의 관행에 안주해온 것은 아닌지 우리 모두가 자성해야 합니다.

설상가상으로 학령인구의 감소로 대학사회에 쓰나미 같은 위기가 닥쳐옵니다. 2020년이면 고교 졸업생 수가 대학 정원보다 적게 되며, 2023년엔 고교 졸업생이 40만 명 수준인데, 대학 정원이 17만 명이나 남아돌게 됩니다. 외국인 유학생도 서울 소재 대학은 선호하면서 지방대는 기피한다고 합니다. 이런 형편이니 앞으로 약 100개 대학이 없어질 것이라는 전망도 나옵니다. 우리 대학도 지난 2~3년 사이 한 해 입학 정원이 10%에 가까운 400여 명이 줄어들었다고 알고 있습니다.

모교의 취업률도 그리 높지 않은 것으로 알고 있습니다. 취업 잘 되는 대학을 선호하는 현실에서 취업률을 더욱 높일 수 있는 적극적인 노력이 필요합니다. 지금 모교는 재정적으로 매우 힘든 것으로 전해 들었습니다. 그렇다고 동문들의 후원만 기다려서는 아니 됩니다. 자구 노력이 필요합니다. 최근 인문 역사 고고사 분야에서 1년 29억 원씩, 3년 87억 원 규모의 국고 지원을 받게 되었다는 뉴스를 보았습니다. 이렇게 교수님들이 분발하셔야 연구와 교육의 질이 높아지고 우수한 인재들을 유치할 수 있습니다.

대학기업도 적극 육성해야 합니다. 교수님들의 연구 결과가 산업적으로 확대 재생산되어야 국가경제는 물론 대학의 재정난도 해결할 수 있습니다. 아주 조심스런 제안입니다만, 삼성그룹이 성균관대에, 두산그룹이 중앙대에 지원하고 학교경영에 참여하고 있듯이 부산에서 성장한 대기업들과 전략적 제휴관계를 맺고 대학 발전에 도움을 받는 방안을 추진할 수 있었는데, 때를 놓치지 않았는가 하는 우려가 없지 않습니다. 종합대학의 모든 단과대학, 모든 학과가 최고 평가를 받기는 현실적으로 어렵습니다. 대학 특성화를 고민하고 실행해야 합니다. 학령인구 절벽을 앞두고 작지만 강한 대학을 만들어주시기 바랍니다. 올해 취임한 한석정 총장님의 간소한 취임식에 관한 여러 언론의 보도를 보았습니다. 허례허식을 벗어던진 간소한 취임식이 언론의 주목을 받았던 것입니다. 대학도 이제는 낮은 곳에 임하여 서비스에 최선을 다해야 합니다.

우리 시대는 대학에서 공부에만 열중할 만큼 넉넉하지 못했습니다. 자식들과 후손들은 행복하게 살 수 있게 해야 한다는 신념을 가지고 고난의 길을 걸어왔습니다. 재학생 여러분은 보다 안락한 환경에서 공부할 수 있게 되었습니다. 여러분이 앞으로 행복하려면 좋은 대학, 좋은 환경에서, 훌륭한 교수님의 가르침을 받아, 훌륭한 사람이 되어야 합니다. 저는 우리 교수님들이 모두 훌륭하다고 믿고 싶습니다. 우수한 교수님들이 마음껏 연구하고 가르칠 수 있도록 해야 합니다. 재단과 대학 측에 책임이 있다고 생각합니다. 재단은 대학을 적극적으로 운영할 수 있도록 총장의 재량권을 넓혀주고, 지원은 하되 간섭은 줄이십시오.

동아문화를 되살리겠다고 약속한 신임 총장님은 대학을 혁신시켜 주십시오. 눈앞의 성과에 급급하지 말고, 10년, 50년 후를 내다보고 원대한 계획을 세우고 실행하십시오. 교수님들은 교수직의 생명인 연구와 교육에 매진하면서, 총장과 하나 되어 명문대학으로 만들어주십시오.

동문회도 달라져야 합니다. 동문 한 사람 한 사람이 졸업생 한 명이라도 더 취업할 수 있도록 노력하는, 책임 있는 동문회가 되어야 합니다. 동문회는 모교가 성장 발전할 수 있게끔 구심점이 되어주십시오. 저는 과거 박영환 동문회장 시절 동문장학재단 설립준비단장을 맡아 동문장학재단을 출범시켰습니다. 당시에 뿌렸던 모교 사랑의 씨앗이 싹이 트고 자라나 오늘날 후배사랑을 실천할 수 있다는 사실에 가슴 뿌듯합니다.

저는 지난달 31일 모교의 개교 70주년 기념식에 참석하여 동아대학교 중흥을 위한 재단과 교직원, 동문회, 그리고 재학생들의 열정을 직접 체험했습니다. 또 부민캠퍼스에 자리 잡은 석당박물관을 둘러볼 기회가 있었습니다. 해외로 유출될 뻔 했던 국보, 보물급 문화재를 수집한 석당 선생님의 안목에 놀랐습니다.

　법학전문대학원은 동아대 법대의 찬란한 전통을 이어 대학 중흥의 도약대가 되어야 합니다. 의학전문대학원 또한 새로운 성장 동력으로 자리매김해야 합니다. 과거 부산의 거점 국립대학인 부산대학교를 능가했거나, 또는 쌍벽을 이루어 '빅 투 체제'를 형성했던 시절이 있었습니다. 1960년대~1970년대 '우리도 할 수 있다는 정신'으로 무장했던 새마을운동처럼, 동아대학교 중흥을 위해 다함께 지혜와 힘을 모아주시기를 간곡히 당부 드립니다.

　19만 동문이 단합하여 반드시 새로운 도약을 이루어냅시다.

─ 19만 동문 모두 동참해 모교 빛나는 전통 되찾길

2018. 3.
동아대학교 '100년 동행' 발전위원회 출범식

존경하는 박관용 전 국회의장님, 한석정 총장님, 사랑하는 동아대 동문 여러분! 우리는 오늘 동아대 개교 100주년을 성공적으로 맞이하기 위한 새로운 출발선상에 섰습니다.

낡고 오래되었다는 의미의 숫자 100년이 아니라, 무르익어 원숙하고 모든 것을 갖추어 완성된 100주년을 지향해야 합니다. 제가 다닐 때만 해도 모교는 한강 이남의 최고 명문 사학이었습니다. 그런데 세월이 흐르면서 찬란한 전통은 퇴색되고 말았습니다. 재단이 내홍을 겪고, 연구와 강의의 질은 낮아졌으며, 우수한 인재들은 서울로, 지역의 다른 대학으로 유출되었습니다. '인구 절벽' 때문에 머지않아 100여 개 대학이 문을 닫을 처지입니다.

모교의 위상 추락을 더 이상 방치해서는 아니 됩니다. 재단은 심기일전하여 투자와 지원에 전력을 쏟아야 하고, 대학은 연구와 인재 양성에 심혈을 기울여야 하며, 동문들은 화합하여 모교의 명예 회복과 도약에 힘을 보태야 합니다. 마침 한석정 총장이 '동아 미래인 양성'과 '동아 지식허브 조성'을 위해 '동문관' 건립 캠페인에 나섰습니다. 이 캠페인은 몇 몇 동문들의 '통 큰 기부'로 완성되는 것이 아니라, 가난한 여인이 등을 달아 세상을 밝힌 '빈자일등'처럼, 모든 동문들이 '십시일반'으로 참여하여야, 진정한 의미를 지니게 됩니다.

　국내 사립대 기부금 순위 10위 이내에 9개 대학이 수도권 대학입니다. 지방에서는 울산대만 포함돼 양극화 현상이 대학에서도 심화되고 있습니다. 영남대가 산학협력 선도대학이 되었고 교육부 재정지원사업에 모두 선정되었으며, 각 분야의 오피니언 리더들을 배출한 사례를 주목해야 합니다. '100년 동행 캠페인'을 성공적으로 진행해 모교가 '톱 텐(10)'에 올라 빛나는 전통을 되찾고 재도약할 수 있는 전환점이 마련되기를 기대합니다. 여러분의 적극적 동참을 당부 드립니다. 대단히 감사합니다.

一 漢水 이남 최고 명문 다시 날아오르자!

2018. 12.
동아대학교 동문회 정기총회

그동안 제종모 회장님 무척 수고 많았습니다. 신임 신정택 회장님은 기업 경영을 잘 해오셨고, 부산상의 회장직을 성공적으로 수행했습니다. 또 부산사회복지 공동모금회도 이끌어 오셨습니다. 다양한 사회활동 경험으로 동문회를 더욱 발전시키리라 믿습니다. 앞으로 동문회와 모교 발전에 전력투구해주시기를 바랍니다.

우리 모교의 위상은 솔직히 예전만 못합니다. 한수 이남의 최고 명문 사학이 아닙니다. 대구 영남대학이 비약적으로 발전한 것을 잘 살펴보아야 합니다. 지난 봄 '동아 100년 동행 캠페인 발전위원회'가 출범한 것은 동문관 건립 기금을 모금하기 위함이기도 하지만, 대학의 내실을 더욱 다져 중흥하자는 취지였습니다. 그런 까닭에 저도 150억 원을 쾌척하였습니다. 여러 동문들이 동참하여 이 정도 규모의 기금을 더 모았으면 하는 바람입니다.

동원개발의 장복만 회장님이 60억, 경동건설 김재진 회장이 20억 원을 내기로 하였습니다. 모두 뜻을 모아 대학발전기금이 늘어나면 교직원들이 힘을 낼 수 있도록 사기를 높였으면 좋겠습니다.

'동아, 다시 날아오르다'라는 구호처럼, 옛 명성을 되찾는 날이 하루 속히 오기를 기대합니다.

종친회

13만 일가님과 함께 종회 발전 이루길

2014.
재부 진주 강씨 정기총회 상임고문 격려사

힘차게 도약하는 갑오년(甲午年), 말의 해를 맞이하여 부산에 거주하시는 일가님의 건승을 기원합니다. 또한, 봉황의 나래 소리 제 4호의 발간과 함께 부산시 종회 '제 22차 정기 총회 및 회장단 취임식'을 갖게 된 것을 13만 일가님들과 함께 진심으로 축하드립니다.

우리 진주 강씨 부산시 종회는 지난 1971년 발족 된 이후, 올해로 40년이 훌쩍 넘어섰습니다. 그동안 일가 여러분들의 많은 관심과 참여로 그 어느 종회보다도 더 큰 발전을 이루어왔습니다. 저도 과거 10여 년간 종회 회장을 맡으며, 종회 회관 건립과 재부 13만 일가님들의 인명록 발간, 그리고 종회 회보 창간호 발간 등 일가 여러분들의 많은 도움을 받아 종회 발전에 이바지 했다고 생각하니 무한한 자긍심을 느낍니다.

제 22차 정기 총회를 맞아, 그간 종회의 위상을 높이기 위해 노력해주신 전임 회장님과 임원 여러분의 노고에 치하 드리며, 새로이 종회장을 맡으신 신임 회장님과 임원진 여러분께도 종회의 화합과 발전을 위해 더욱 힘써주실 것을 기대합니다. 저를 포함한 일가님들도 신임 회장님과 임원진 여러분을 도와 진주 강씨 부산종회의 지속적인 발전에 도움이 될 수 있도록 적극 동참하도록 하겠습니다.

一 남모르게 베푼 음덕이 자손을 위한 계책

2018. 2.
진주 강씨 부산종회 정기총회 축사

　　진주 강씨 부산종회 현종 여러분 정유년 한 해가 쏜살같이 지나가고 무술년이 시작되었습니다. 새해에도 모두 강녕하시고 만사형통하시기를 기원합니다. 제24차 정기총회 및 회장 이·취임식을 진심으로 축하드립니다. 부산종회의 기둥이 되었던 강대조 이임 회장의 노고에 감사드리며 강판수 신임 회장이 우리 종회에 새로운 활력을 불어넣어 주기를 기대합니다.

　지난겨울은 무척 추웠습니다. 곳곳에서 동파사고가 발생하였고 전력수요 감축 요청이 10여 차례나 발령되었습니다. 그러나 머지않아 꽁꽁 얼어붙었던 땅에서 새싹이 돋아나고 메마른 가지에서도 꽃이 필 것입니다. 우리네 삶도 이와 같아서 당장의 고난에 낙담하지 말고 호시우행(虎視牛行)의 자세로 미래를 향해 나아갑시다.

　옛날 중국 초나라에 '손숙오'라는 어진 재상이 있었습니다. 그가 어렸을 때 외출을 하고 집에 돌아오더니 어머니의 손을 잡고 울었습니다. 어머니가 "무슨 일이 있었느냐"고 물었더니 손숙오는 "머리가 두 개 달린 뱀을 보았는데 그 뱀을 본 사람은 며칠을 못 살고 죽는다고 하니 어머니를 뵐 날도 얼마 남지 않았습니다"라고 답하였습니다. "그 뱀을 어떻게 하였느냐"고 묻자 "저는 살날이 얼마 남지 않았지만 다른 사람이 불행을 겪지 않도록 죽여 파묻었습니다"라고 말하였습니다. 그러자 어머니는 "너는 결코 죽지 않을 것이다. 남모르는 덕을 베풀었는데 하늘이 어찌 무심하겠느냐"라며 아들을 안심시켰습니다. 손숙오는 훗날 현명한 재상이 되어 많은 공을 세웠습니다.

송나라 때 재상 사마온 공은 "금을 모아 자손에게 물려주더라도 반드시 자손이 모두 지키지 못할 것이요, 책을 모아서 남겨주더라도 자손이 모두 읽지 못할 것이니, 남이 모르는 가운데 음덕(陰德)을 쌓아 자손을 위한 계책으로 삼느니만 못하다"라고 하였습니다.

현종 여러분! 선조들의 음덕 덕분에 오늘의 우리가 살아가는 것이니, 우리 또한 부단한 노력과 함께 서로 화합하고 선행을 베풀어 진주 강씨 후손들을 위한 밑거름이 되기를 기원합니다.

一 진주 강씨
부산종회의 산증인

2018. 4.
강수현 전 진주 강씨 부산종회 상근부회장 저서 축사

　　우리 민족은 오랜 세월동안 혈연과 지연으로 이루어진 공동운명체였습니다. 조상을 숭모하며 상부상조하는 미덕을 이어왔습니다. 오늘날 그 폐해가 지적되기도 하지만 농경사회와 유교문화의 부득이한 특징이었습니다.

　그런데 산업화와 도시화가 진행되면서 아름다운 전통은 점점 사라졌습니다. 대가족 제도가 핵가족으로, 심지어 1인가구가 많아지면서 인간관계는 파편화되었습니다. 믿음이 불신으로 바뀌고 공생공존하려는 이타심 대신 자신만 편하고 이익을 취하려는 이기심이 커져가고 있습니다.

　선조는 우리의 시원(始源)입니다. 선조님들이 없었다면 오늘의 우리도 존재할 수 없는 일 아닙니까. 『명심보감』에 '미래를 알고자 하면 이미 지나간 일을 살펴보라(欲知未來 先察已然)'고 했습니다. 또 '밝은 거울로는 모습을 살피고 지나간 일로써 지금을 알게 된다(明鏡所以察形 往古所以知今)'며 옛일의 소중함을 강조했습니다. 뿌리가 튼튼해야 나무가 무성하게 자라는 이치와 같습니다.

　진주 강씨 부산종회 강수현 고문님은 진주 강씨 동래지역 종친회 창립을 시작으로, 은열공파 종친회인 두방회 발족, 진주 강씨 부산종회 재건에 이르기까지 열과 성을 바쳐왔습니다. 사무국장 시절 비록 임대이지만 사무실을 마련했고, 종보 구독사업, 자동차보험 사업을 펼쳐 부산종회의 운영에 보탬이 되고자 노력하였습니다. 1990년대에는 전국에 산재해있던 선조님 유적을 카메라에 담아 '선조유적 사진 대동보'를 발간하였습니다. 학창 시절 6.25전쟁 와중에 죽을 고비를 두 차례나 넘었고, 혹독한 군사훈련과 장기 군복무 때 단련된 정신력 덕분이었으리라 생각합니다.

필자가 부산종회 회장을 10년 동안 맡았을 때 강 고문은 상근부회장으로 서로 발을 맞추었습니다. 기업 경영에 분주했던 회장을 대신하여 회장 역할도 겸하였습니다. 사직동에 종회회관을 구입하려고 강 고문은 실무책임을 맡아 건물을 물색하며 모금을 하느라 온 몸을 내던졌습니다. 또 중국 요녕성에 있던 시조 묘소를 종회 회원들과 함께 참배했으며, 복원하기도 했습니다. 강 고문은 부산종회가 재건돼 활성화하는 데 견인차 역할을 하였습니다. 지금 생각해도 무척 고마운 일이었습니다. 그동안 노고가 많았습니다.

이 책은 저자의 어린 시절부터 재부 하동향우회, 진주 강씨 부산종회의 역사를 오롯이 담아내고 있습니다. '역사를 모르면 소와 말에 옷을 입혀놓은 것과 같다'는 말이 있습니다. 젊은이들이 이 책을 읽고 진주 강씨 부산종회의 뿌리를 이해하기를 바랍니다. 그리하여 부산종회가 활기를 찾고 더욱 발전할 수 있기를 기대합니다.

그리운 얼굴 자주 만나
정 주고받고 상생해야

2017. 11.
이반성면 향우회 정기총회 축사

　　이반성면 향우회가 출범한 이후 두 번째 정기총회 개최를 진심으로 축하합니다. 이순호 회장님을 비롯한 초대 집행부의 노고에 감사드립니다. 최성호 회장님 등 2대 집행부의 활약을 기대해 마지 않습니다. 저도 이 자리에 참석해 그리운 얼굴들을 만나보고, 고향 소식을 나누며, 정을 주고받아야 마땅합니다만, 해외 출장이 계획되어있어 부득이 인사만 전하게 되었습니다.

　　지난 주 진주 한국토지주택공사 남강홀에서 KNN 방송국 주최로 '서부경남 발전포럼'이 열렸습니다. 저는 개회사를 통해 진주와 사천을 둘러싼 서부경남의 군 지역이 앞으로 30년 이내 인구 감소로 소멸될 위기에 처했다고 말했습니다. 진주를 더욱 발전시켜 인구 100만인 거점도시로 육성해야만, 군 지역과의 상생을 통해 서부경남 전체를 지킬 수 있다고 강조하였습니다. 우리 이반성면도 인구 감소로 사라질지도 모르는 위기에 놓여있습니다. 부산에 계시는 향우회원님들이 고향사람들을 더 찾아내고, 향우회에 나오도록 권유하여, 모두가 고향 발전에 힘을 모을 수 있기를 소망합니다.

　　오늘 고향과 향우회를 위한 아이디어가 많이 나오기를 기대하며 회원 여러분과 가족 모두 하시는 일 원만성취하기를 기원합니다.

고향 발전 염원하며
서로 돕고 살자

2018. 11.
진주시 이반성면 향우회 축사

향우회원 여러분, 그동안 잘 지내셨습니까. 집행부 여러분의 노고에 감사드리며, 참석해주신 분들의 애향심에 큰 박수를 보냅니다.

이반성은 우리가 태어나서 자라고 잔뼈가 굵어진 고향입니다. 부모님이 계셨던 곳이고, 친구들과 함께 뛰어놀던 터전입니다. 꿈엔들 그 어찌 잊을 수 있겠습니까.

남귤북지(南橘北枳)라는 말이 있습니다. 중국의 회수 남쪽에 있던 귤나무를 강북에 옮겨 심으면 탱자나무가 된다는 의미입니다. 그만큼 사람은 살아가는 환경이 중요하다는 뜻입니다. 이반성 향우회가 결성되고, 정기적으로 모임을 갖는 것도, 객지에서 살더라도 고향을 잊지 말고, 예전의 순수한 마음으로 돌아가 고향 발전을 염원하며 서로 돕고 정을 나누자는 취지입니다.

얼마 전 재부 진주향우회 골프대회가 열렸습니다. 300여 명이나 되는 고향 사람들이 모여 함께 운동하면서 고향 진주와 부산의 발전을 간절하게 기원하였습니다. 반가운 얼굴들을 다시 만나니 몇 십 년 전으로 돌아간 느낌이었습니다. 오늘 이 자리도 그런 흥겨운 시간이 되기를 기대합니다.

제가 지난해에도 인사말에서 강조했습니다만, 일본에서 지방 소도시 894개가 30년 이내 소멸하고, 우리나라도 머지않아 마찬가지랍니다. 그런데 일본의 지방 소멸은 젊은이들이 대기업이 많은 도쿄에서 살고 싶다는 바람 때문입니다. 젊은 여성들이 급격하게 대도시로 빠져나가니 출산율이 낮아지고 지방은 고령화 현상이 발생합니다. 일본은 지방도시마다 인구 감소를 막기 위해 다양한 정책을 내놓고 있다고 합니다. 우리도 지혜를 모아야 합니다.

우리나라도 지방 소멸의 위기는 마찬가지입니다. 서부경남의 경우 진주와 사천을 제외하고는 주변 군 지역이 머지않아 인구가 줄어들어 사라질 것이라고 한국고용정보원의 연구 결과에서 나왔습니다. 저는 한국농업연구원 등 3개 국가 기관을 서부경남에 옮기도록 노력했고, 성사시켰습니다. 제 자랑은 아니지만, 이와 같은 애향심이 우리 회원님들에게 함께 나눌 수 있다면 이반성면과 진주가 더욱 발전 하지 않겠습니까.

우리나라의 경제가 어렵다고 우려하는 이야기가 자주 나옵니다. 모두 힘을 모아 이 고비를 잘 극복해야 하겠습니다. 이반성 향우회 회원님들의 가정이나 직장, 사업체도 무고하시고 더욱 번창하시기 바랍니다.

고향 진주와 부산의 상생 발전을 기원하며

2015. 6.
재부산 진주향우회 정기총회

　재부산 진주향우회 정기총회를 진심으로 축하드립니다.
　향우회 창립 이후 6년 동안 조직 체계를 갖추고 회원들의 마음을 하나로 모을 수 있도록 노력해 오신 박주태 회장의 노고에 깊은 감사를 드립니다. 향우회 출범 당시만 하더라도 불모지 상태와 다름없었는데, 이제는 읍·면단위 조직을 모두 갖추었고, 산악회, 골프회, 여성회 등 산하단체까지 결성하였습니다. 그야말로 무에서 유를 창조해낸 것입니다. 진주향우회의 더 큰 도약을 이끌어낼 김영주 신임 회장의 취임을 축하드리며, 진주와 부산이 상생 발전할 수 있는 전환점이 되기를 기대합니다.
　우리들의 고향 진주에는 혁신도시가 완공돼 LH공사와 한국동남발전을 비롯한 10개 공공기관이 이전하였고, 경남도 서부청사가 개청되었습니다. 진주유등축제는 유료로 전환되었음에도 대성공을 거두었고, 진주시의 4대 복지시책 가운데 '진주 아카데미'는 이창희 시장이 지난해 청와대 토론회에 참석해 설명할 정도로 크게 주목받았습니다. 특히 한국항공우주산업(KAI)이 한국형 차세대 전투기 생산 우선협상대상자로 선정됨에 따라 90조 원의 생산유발효과와 연인원 30만 명의 일자리 창출이 기대됨으로써 진주를 비롯한 서부경남의 획기적인 도약이 기대되고 있습니다.

　하지만 서부경남의 거점도시인 진주가 부산이나 울산, 창원과 어깨를 나란히 하려면 갈 길이 아직 멀고 험합니다. 지난해 3월 진주의 고향 마을 학교에 장학금을 전달하기 위해 방문한 적이 있습니다. 과거 1,600명을 넘었던 한 중학교의 전교생 숫자가 몇 년 전 200명으로 줄었다가 이젠 129명에 불과하다는 교장선생님의 말을 듣고 너무나 안타까웠습니다. 질 좋은 일자리가 부족하니 젊은이들이 대도시로 옮겨가게 되고, 학생 수도 감소하게 되었던 것입니다.

　적어도 인구 100만 명 자족도시가 되어야 경쟁력을 갖출 수 있습니다. 그러기 위해선 대규모 산업단지를 조성하여 일자리를 늘려야 하며, 인근 시·군과의 통합도 필요합니다. 재부 향우회원님들의 관심과 성원을 기대합니다.

　향우회 출범 이후 '진주·부산 발전협의회'도 가동되었습니다. 진주 발전을 위한 여러 가지 논의가 오고 갔으며, 고향을 위한 지원과 협력이 실행되었습니다. 그러나 부산 측의 적극적인 노력과는 달리 진주 측의 소극적 태도가 매우 아쉽습니다. 남강댐의 물을 부산과 창원 지역의 식수로 제공하는, '먹는 물을 통한 상생' 논의가 전혀 진전이 없습니다. 부산과 창원의 식수로 이용되는 낙동강 물은 서울에 비해 수질이 굉장히 나쁘다는 연구결과도 나온 바 있습니다. 진주 시민이 35만 명이지만, 부산에 사는 진주 출신 출향인과 그 가족도 45만 명에 달합니다.

　저는 지난해에 이어 금년에도 경상남도 신년인사회에서 "서부경남만 낙후되어서야 되겠습니까. 다 같이 잘 삽시다"라고 건배사를 하였습니다. 그 결과인지 알 수 없지만, 홍준표 지사가 경남도 서부청사 개청을 강력하게 추진하여 도청 이전 90년 만에 진주에 서부청사가 문을 열게 되었습니다.

혁신도시가 완공되고 수도권에 거주하던 공공기관 직원들이 이주했습니다만, 가족들이 함께 진주에 거주하려면 양질의 교육이 뒷받침되어야 합니다. 국제고등학교 같은 명문 학교 설립이 절실합니다. 400억~500억 원으로 추정되는 설립 비용의 일부라도 부산시가 지원하는 방안을 논의할 수 있지 않겠습니까. 남강댐 물, 그것도 남아도는 물을 동남권에 제공하고, 교육도시라는 진주의 옛 명성을 되찾을 수 있는 방안을 모색해야 합니다.

우리나라에서 가장 보수적이며 배타적인 지역성을 가진 도시가 대구인데, 진주도 대구에 못지않다고 합니다. 진주의 시민성이 외지 주민들과 화합하고 상생할 수 있도록 보다 개방적으로 변화하기를 간곡하게 호소합니다.

재부산 진주향우회 새 집행부 출범과 함께 고향사랑과 상생 발전이 진일보하기를 희망합니다. 회원 여러분의 건강과 건승을 기원합니다. 감사합니다.

인구 늘어나고
현안 순조로운 진주

2017. 2.
재부산 진주향우회 환영사

친애하는 재부산 진주향우회 회원 여러분! 그리고 공사다망하신 가운데 이 모임을 축하하러 참석해주신 서병수 부산시장님! 먼 길을 마다하지 않고 찾아주신 이창희 진주시장님! 얼마 전 설날을 지내고, 24절기의 시작인 입춘까지 보냈으니, 그야말로 정유년 새해가 시작되었습니다. 새해 복 많이 받으시고 소원성취 하시기 바랍니다.

우리나라는 정치적, 경제적, 외교적으로 여러 가지 난관에 처해 있습니다. 온 국민이 똘똘 뭉쳐 이 위기를 슬기롭게 극복하길 바라마지 않습니다. 그런 가운데 진주는 인구가 계속 늘어나고, 현안사업이 순조롭게 추진되며, 빚이 없는 도시로 탈바꿈했습니다. 이창희 시장님과 진주 시민들의 노력 덕분이라고 생각합니다.

부산시 또한 조선 해양산업의 구조조정으로 어려움에 봉착했습니다만, 서병수 시장님의 탁월한 행정 덕분에 수도권 기업들이 대거 부산으로 이전해오고 있습니다. 진주와 부산, 부산과 진주가 서로 도우면서 상생 발전해 나가기를 간절히 바랍니다.

향우회원님들과 내외 귀빈 여러분들의 댁내에 정유년 붉은 닭의 기상이 전해져 늘 건강하시고 화평하며, 번창하시길 기원합니다.

05

건강 챙기며
우정도 쌓고

우리네 인생도 마찬가지라고 생각합니다. 꽃길만 계속될 수 없고 가시밭길도 불쑥 불쑥 나타납니다. 그래서 저는 '심청사달(心淸事達)'이라는 네 글자를 항상 마음에 새겨둡니다. 마음이 맑고 평정하면 모든 일이 잘 풀린다는 의미입니다. 라운딩을 할 때도, 기업 경영을 할 때도 지나친 욕심을 경계합니다.

─ 어려울 때 서로 돕는
   선후배, 친구 됐으면

2012.
보라CC 8주년기념 골프대회 축사

여러분, 반갑습니다. 지난여름은 유난히도 무더웠고, 또 얼마 전에는 태풍도 여러 번 불었습니다. 오늘은 덥지도 않고, 가을 기운도 제법 느껴집니다. 우리 회원들이 화기애애한 분위기 속에서 단합을 다지기에 아주 좋은 날이 아닌가 생각됩니다.

오늘 우리 회원들이 이렇게 부부동반으로 좋은 모임을 가질 수 있게 많은 수고를 하시고 지원을 해주신 권홍사 반도개발 회장님과 이남규 운영위원장님에게 먼저 감사의 말씀을 드립니다.

권홍사 회장님이 정말 의욕적으로 만드신 보라CC가 개장한 지도 엊그제 같은데 벌써 8주년을 맞이했습니다. 우리 회원들이 아름다운 경관에다 멋진 시설을 해놓은 보라CC에서 서로 만날 수 있다는 것도 보통 인연이 아니라고 생각합니다. 오늘 친선대회를 계기로 이런 좋은 인연을 더욱 돈독히 해서, 폭넓게 교류하면서 친목과 화합을 다지고, 또 어려울 때는 서로 돕는 선배 후배가 되고, 친구가 될 수 있기를 바랍니다.

최근 들어 '100세 시대'라는 말을 많이 합니다. 건강관리만 잘하면 인생시간표를 얼마든지 늘릴 수 있게 됐습니다. 저도 한 번씩 부부동반으로 이곳에 오는데, 나이가 들어 부부가 함께 즐기면서 건강을 관리하기에는 골프만 한 운동이 없다고 생각합니다. 흔히 '골프는 잘 치면 타수가 적어 기분이 좋고, 또 잘 치지 못해도 여러 번 치게 되니까 건강에 좋다'는 말을 합니다만, 우리 회원들이 앞으로는 더 자주 보라CC를 찾아와서 서로 친분을 쌓으면서 건강도 지켜 나가시기를 바랍니다.

오늘 이처럼 좋은 자리를 마련해주시고 상품도 푸짐하게 준비해주신 권홍사 반도개발 회장님과 이남규 운영위원장님을 비롯한 관계자 여러분께 다시 한 번 수고가 많으셨다는 말씀을 드리면서, 회원 여러분의 가정에 행운이 충만하기를 빕니다.

감사합니다.

절체절명의 순간에도 자신감 있으면 해낼 수 있다

2016. 10.
재부 진주향우회 회장배 골프대회 축사

진주향우회 회원 여러분, 대단히 반갑습니다. 경남의 금강산이라고 불리는 신어산 기슭의 짙푸른 초원, 가야CC에서 만나게 되어 무척 기쁜 마음입니다. 향우회원들의 단합과 건강을 다지기 위한 오늘 행사를 준비해온 김영주 회장님과 집행부 여러분의 노고에 대해 감사드립니다. 고향 진주에서 오신 송병권 진주 부시장님, 하계백 진주상공회의소 회장님을 비롯한 상공인 여러분 고맙습니다.

지난여름은 무척 무더웠습니다. 폭염과 열대야가 계속돼 비지땀을 흘려야 했고, 잠 못 이룬 밤이 많았습니다. 그런 과정을 거쳤기 때문에 풍성하고 쾌청한 가을을 맞게 되었습니다.

지난 리우 올림픽에서 진주의 젊은이 박상영 선수가 따낸 금메달은 우리 국민들에게 희망과 용기를 안겨주었습니다. 10대 14로 뒤진 절체절명의 순간에도 박 선수는 "할 수 있다"라는 말을 되뇌면서 역전을 이루고야 말았습니다. 우리 재부산 진주 향우회도 "할 수 있다"는 자신감을 가지고 고향 진주와 부산의 발전을 위하여 더욱 분발했으면 하는 바람입니다.

저는 진주와 부산의 상생발전을 위하여 남강댐 물을 부산에 공급해주기를 여러 차례 하소연해왔으나 아직 진전을 보지 못해 안타까운 심정입니다. 진주향우회가 재발족되었던 7년 전 부산시민이 마시는 낙동강물의 수질이 전국에서 가장 나쁘다는 언론 보도를 보고, 어릴 때 마셨던 남강댐의 맑은 물을 부산에도 공급해주기를 진주향우회를 중심으로 추진해왔습니다. 진주·부산발전협의회를 결성하고 교류를 확대해왔으며, 허남식 전 부산시장이 진주를 방문하기도 하였습니다.

남강댐 물을 부산에 공급하면 부산시도 진주발전을 위한 획기적인 지원 사업을 펼치리라고 약속하기도 하였습니다. 그러나 아직까지 진주로부터 긍정적인 반응은 나오지 않고 있어 안타깝습니다. 그렇지만 고향을 사랑하고 지원하고자 하는 저희들의 마음은 변함없을 것입니다. 부산에 거주하는 진주 출신 향우가 지금 진주시 인구 36만 명보다 훨씬 많은 45만 명에 달합니다. 진주가 옛 명성을 되찾고 서부경남의 중추도시로 성장하는 데 재부진주향우회원들이 큰 힘이 되리라 확신합니다.

회원 여러분! 오늘은 리우 올림픽에서 금메달을 딴 박인비 선수처럼 평소의 기량을 충분히 발휘해서 즐겁고 신바람 나는 라운딩이 되시기 바랍니다. 대단히 고맙습니다.

고향 산천 남강 맑은 물부터
부산 향우들도 마실 수 있어야

2017. 10.
재부 진주향우회 한마음 골프대회 격려사

진주 향우회 회원 여러분 안녕하셨습니까. 천고마비의 계절에 신어산의 맑은 공기를 마시며 1년 만에 다시 만나게 되어 무척 기쁩니다. 고향 진주에서 찾아주신 분들을 포함하여 모두 65개 조, 260명의 향우들이 한 마음으로 한 자리에 모였습니다. 가족이든, 그 어떤 사회조직이라도 만나야만 마음을 하나로 모을 수 있습니다.

고향 진주는 혁신도시가 완성되고, 90년 만에 경남도 서부청사가 세워졌으며, 경남항공우주산업단지가 지정돼 도약의 발판이 마련되었습니다. 진주유등축제는 흑자 4억 원을 기록하는 등 유료화에 성공하였습니다.

마스다 히로야의 저서 『지방 소멸』을 보면 앞으로 30년 이내 일본의 자치단체 절반인 896개가 인구 감소로 소멸될 것이라고 합니다. 지방의 소멸은 도쿄 등 대도시에도 영향을 미칠 것이라고 내다봤습니다. 우리나라도 다를 바 없습니다. 한국고용정보원의 전망에 따르면 30년 내 84개 시·군·구가 소멸되고 1,383개 읍·면·동이 사라진다는 것입니다. 저출산과 대도시로의 인구 이동이 가장 큰 원인입니다.

전문가들은 지방 중핵도시를 거점으로 삼아 인접한 생활경제권과 유기적으로 연결해야 인구 유출을 막고 귀농·귀촌 인구를 수용할 수 있다고 진단합니다. 쉽게 말하면 댐 역할을 할 수 있는 거점 도시를 육성해야 한다는 것입니다. 전국에서 소멸 위험이 높은 지방 읍·면·동 20위 가운데 서부경남에 5개 면이 포함되었습니다. 서부경남의 합천, 거창, 산청, 남해, 하동, 의령 등 진주와 사천을 둘러싼 모든 군 지역이 소멸 위험 지역에 들어갔습니다.

　저는 오래 전부터 진주를 인구 100만 서부경남 거점 도시로 육성하자고 주창해왔습니다. 서부경남의 젊은이들이나 인재들이 타 지역으로 유출되지 않으려면 무엇보다도 진주가 발전해야 합니다. 우수한 교육기관이 늘어나야 하고, 질 좋은 일자리가 많아져야 하며, 생활편의시설이 확충되어야 합니다. 진주에 살아도 서울 등 수도권을 부러워하지 않을 정도가 되어야 합니다.

　진주가 발전하면 인접한 서부경남의 군 지역도 활기를 띠게 될 것입니다. 의료기관이나 문화시설을 이용하려면 가까운 진주로, 진주 시민들은 휴식하고 여가를 즐기기 위해 인접 군 지역을 찾아가게 됩니다. 이른바 서부경남의 상생 발전입니다.

　우리의 고향이나 다름없는 서부경남의 여러 군 지역이 언젠가 사라질지도 모릅니다. 재부 진주향우회 회원님들이 뜻을 모으고 힘을 모아 진주를 서부경남의 거점 도시로 발전시켜야 하는 까닭입니다.

　아울러 지난해 이 자리에서도 말씀 드렸습니다만, 남강댐의 맑은 물은 중부경남과 부산에 공급되어야 합니다. 부산에 거주하는 향우와 그 가족 45만 명도 고향산천의 물을 맛보게 해야 합니다. 내년 지방선거를 계기로 발전적 논의가 이루어져 진주와 부산이 상생 발전하는 획기적인 전환점이 마련되기를 간절히 바랍니다.

이 자리를 마련하기 위해 애써주신 김영주 회장님 등 향우회 집행부 여러분들께 감사의 말씀을 드립니다. 오늘은 시월의 마지막 날입니다. 운동을 즐기시면서 깊어가는 가을을 만끽하시기 바랍니다.

여러분, 대단히 고맙습니다.

태산은 한 줌의 흙도 버리지 않는다

2019. 4.
동아대학교 총동문회 골프대회 축사

신정택 회장님과 동문 여러분! 한석정 총장님을 비롯한 교직원 여러분! 봄 햇살과 신록이 눈이 부시도록 아름다운 계절입니다. 우리는 건강을 다지고, 단합을 증진하며, 모교의 중흥을 이루기 위해, 만사를 제쳐놓고 한 자리에 모였습니다.

'한수 이남의 최고 명문 사학'이었던 모교의 위상이 위축되고 있습니다. 대학 기부금 모금 순위를 비롯한 여러 부문에서 영남대가 지방 사립대학 가운데 선두를 차지하고 있습니다. 기부금이 많은 대학 상위권은 모두 수도권 대학들이 차지했으며, 모교는 지방에서도 여러 대학에 뒤처지고 있는 게 현실입니다.

모교가 급변하는 세월에 떠밀려가도 동문들은 무관심했습니다. 우리가 이대로 주저앉을 수는 없지 않겠습니까. '동아 100년 동행' 프로젝트는 모교를 중흥시켜 위상과 명예를 회복하고 사회에 공헌하고자 시작된 것입니다. 연구와 교육 경쟁력 강화는 대학이 전념하고, 동문들은 대학 재정에 십시일반 기여하여, 세계를 선도하는 인재를 육성하는 대학으로 도약하자는 취지입니다.

미국의 명문 하버드 대학은 오랜 역사만큼 기부금 또한 1위입니다. 노벨상, 아카데미상 수상자, 올림픽 입상자, 각국의 정상을 비롯한 유력 정치인들이 배출되었습니다. 그런데 스탠포드 대학이 하버드를 맹추격하고 있습니다. 지난해 하버드 기부금은 14억 달러, 스탠포드는 11억 달러였습니다. 실리콘밸리에서 성공한 기업인 졸업생들의 기부 덕분입니다.

'우리가 할 수 있을까?'라는 패배주의를 날려버려야 합니다. 21만 동문이 함께 가면 멀리 갈 수 있습니다. 중국의 명언에 '태산은 한 줌의 흙도 버리지 않고, 바다는 한 줄기의 물도 밀어내지 않는다'고 했습니다. 동아대라는 큰 용광로에서 강철 같은 인재들이 배출되기를 기대합니다. 신정택 동문회장을 중심으로 모든 동문의 마음을 하나로 모읍시다.

감사합니다.

아는 것, 좋아하는 것은 즐기는 것보다 못하다

2015. 4.
넥센세인트나인 프로암 골프대회 대회사

　　김해의 명산 신어산 기슭, 청정 자연 속에서 여러분을 뵙게 되어 무척 반갑습니다. 한국여자프로골프가 세계 3대투어로 도약하기 위해 열정을 쏟고 있는 구자용 협회장님, 그리고 귀한 시간을 내어주신 KLPGA 선수 여러분을 환영합니다. 한국여자프로골프의 발전을 염원하며 프로암 대회에 동참해주신 내빈 및 골프애호가 여러분, 감사합니다.

　　2년 전 창설된 KLPGA 넥센세이트나인배 마스터즈 대회가 올해 3회째를 맞았습니다. 지난해 이 대회에서 우승한 백규정 선수는 한국 무대에서 여러 차례 우승한 뒤 올해는 미국 무대에 진출하였습니다. 올해 태극낭자들은 LPGA 6개 대회 연속 우승하며 국위를 크게 선양시켰습니다. 이번 대회에 출전한 선수들도 수준 높은 기량을 갖추고 있어 머지않아 세계무대에서 두각을 나타낼 것으로 확신합니다.

　　부산 경남의 골프 애호가 여러분. 프로 선수들과의 라운딩을 통하여 기량을 높이시고, 소중한 추억을 만드시기 바랍니다. 그리고 국위를 선양하는 선수들을 많이 응원해주시길 기대합니다.

　　『논어』에 "아는 것은 좋아하는 것보다 못하고, 좋아하는 것은 즐기는 것보다 못하다"는 말씀이 있습니다. 선수 여러분 및 애호가 여러분, 오늘 이 행사가 즐겁고 소중한 시간이 되었으면 하는 바람입니다.

감사합니다.

一 마음이 맑고 평정하면 일이 잘 풀린다

2018. 4.
프로암 골프대회 만찬사

    필드에서 보낸 오늘 하루, 즐거우셨는지 궁금합니다. 넥센-세인트나인 마스터즈 프로암대회에 참여해주신 내빈 및 선수 여러분께 먼저 감사의 인사를 드립니다.
    벚꽃이 지고 나니, 이제 유채꽃이 한창이고, 철쭉도 빨간 미소를 자랑하고 있습니다. 봄은 왔지만 비가 오고, 바람이 불며, 미세먼지와 황사가 기승을 부립니다. 이러다가 곧 초여름 무더위가 닥치겠

지요. 우리네 인생도 마찬가지라고 생각합니다. 꽃길만 계속될 수 없고 가시밭길도 불쑥 불쑥 나타납니다. 그래서 저는 '심청사달(心淸事達)'이라는 네 글자를 항상 마음에 새겨둡니다. 마음이 맑고 평정하면 모든 일이 잘 풀린다는 의미입니다. 라운딩을 할 때도, 기업경영을 할 때도 지나친 욕심을 경계합니다.

여러분의 성원 덕분에 저희 넥센타이어는 전 세계 140여 개국에 타이어를 수출하고 있으며, 올 하반기에 체코공장을 가동하게 되며, 미국과 서울 마곡 연구소를 준공할 예정입니다. 국내시장 톱 브랜드 반열에 오른 세인트나인은 골프공 매출 성장과 더불어 골프용품 시장에서 세계적 톱 브랜드가 되도록 노력하겠습니다.

2013년 시작된 넥센-세인트나인 마스터즈는 올해로 여섯 번째 대회를 갖게 되었습니다. 저희는 오래 전부터 청소년 골프대회를 개최해왔는데, 한국여자프로골프가 세계 정상권에 올라서 국위 선양을 하는 데 밑거름이 되지 않았을까 생각해봅니다.

앞으로도 우리 선수들이 세계무대에서 우뚝 설 수 있도록 지원을 아끼지 않겠습니다. 귀한 시간을 내어 참가해주신 내·외빈 및 선수 여러분의 건승을 기원합니다.

대단히 감사합니다.

一 제2의 박세리·고진영 선수를 기다리며

2019. 4.
넥센 세인트나인 프로암 골프대회 만찬사

　골프를 사랑하는 동호인 여러분! 세계 정상권 기량을 자랑하는 KLPGA 선수 여러분! 넥센-세인트나인 KLPGA대회와 프로암 대회에서 여러분을 뵙게 되어 무척 기쁘게 생각합니다.

　얼마 전 미국 조지아주 오거스타 내셔널골프클럽에서 처음으로 열린 여자 아마추어 대회에서 박세리 선수가 LPGA의 전설이나 다름없는 선수들과 함께 시타를 하였습니다. 이 골프클럽은 미국 남자 프로골프의 심장부와 같은 곳으로, 그동안 여자 선수들이 참가할 수 없었기에 '금녀의 공간'이라고 불렸습니다.

　박세리 선수 본인에게는 잊지 못할 감격의 순간이 되었을 것이고 우리 국민들도 무한한 자부심을 가지게 되었습니다. 박세리 선수의 US오픈 우승 이후 21년 동안 한국 선수들은 LPGA 대회에서 우승 상금의 29%인 518억 원을 받았습니다. 2017년 성적으로 LPGA 100위권에 한국 선수가 40명이나 포함되었습니다. 우리 선수들은 서로 경쟁하면서도, 격려하고, 응원하는 동지였습니다.

　지난주 LPGA 대회에서 우승한 고진영 선수는 세계랭킹 1위에 올랐습니다. 3년 전 넥센 프로암대회에서 "왜 미국에 진출하지 않느냐"고 제가 묻자 "캐디에게 영어를 배우며 철저하게 준비한 뒤 도전하겠다"고 답하였습니다. "랭킹이나 성적보다는 코스에서 가장 행복한 사람이 되고 싶다"는 고진영 선수의 평정심이 스트레스와 위기를 극복하는 비결인 듯합니다.

어떤 직업이든지 마찬가지입니다만, 정상의 자리를 오래 지키려면 나태해지지 않고 끊임없이 도전하십시오. 이번 대회의 타이틀이 된 '세인트나인'은 제가 타이어를 생산하면서 기술지도를 받았던 일본 스미토모 고무의 골프공을 모델로 삼아 개발했는데, 지금은 세계적인 브랜드로 도약하고 있습니다. 이 자리를 함께해주신 여러분들이 애용해주신 덕분이라고 생각하며, 아울러 무한한 감사의 인사를 드립니다.

넥센-세인트나인 골프대회는 부산과 경남, 울산에서 개최되는 유일한 KLPGA대회입니다. 동남권에서도 골프 저변인구가 더욱 확대되고 세계적인 선수들이 나와 국위를 선양하기를 소망합니다. 이번 대회에 참가하신 선수들이 제2의 박세리, 고진영 선수가 될 수 있도록 저희들은 열심히 응원하겠습니다.

여러분, 즐거운 시간 되십시오.

대단히 감사합니다.

시련과 절망 헤쳐 온
도전과 혁신의 리더십

다시
희망을
노래
하자

지은이 강병중
펴낸이 박미화
초판 1쇄 2020년 3월 25일

펴낸곳 미디어줌
총괄진행 박수정
기획·편집 책임 안서현
편집디자인 박아림 곽소록 박언주

주소 부산광역시 수영구 수영로 440
전화 051-623-1906 | **이메일** mediazoom@naver.com
등록번호 제 338-251002009000003호
등록일자 2009년 4월 2일

ⓒ 강병중, 2020 ISBN 978-89-94489-49-0 03040

- 이 책은 저작권법에 따라 보호받는 저작물이므로 무단전재와 무단복제를 금하며, 이 책 내용의 전부 또는
  일부를 이용하려면 반드시 저작권자와 도서출판 미디어줌의 서면 동의를 받아야 합니다.
- 책값은 뒤표지에 있습니다.
- 파본이나 잘못 만들어진 책은 구입하신 곳에서 교환해 드립니다.